U0931837

給 Rachel、Jonathan 及 Naomi

他們給我時間與自由寫作，

而他們的打擾

總是足以讓我持續堅固地植根於實在。

神學乃信仰思考。

—— 富希士（Peter Taylor Forsyth）

信故我思

神學思考方法獻議

哈特　著
歐力仁、鄧紹光　譯

▼

系統神學叢書

信故我思

神學思考方法獻議

Faith Thinking

The Dynamics of Christian Theology

作者
哈特 Trevor Hart

譯者
歐力仁、鄧紹光

審校
鄧紹光、沈靜筠

責任編輯
沈靜筠、吳國雄

裝幀設計
奇文雲海 · 設計顧問

■

出版 / 發行
基道出版社
香港沙田火炭坳背灣街 26 號富騰工業中心 1011 室
LOGOS PUBLISHERS
Unit 1011, Fo Tan Ind. Centre, 26 Au Pui Wan St., Shatin, Hong Kong
電話：(852) 2687-0331　傳真：(852) 2687-0281
網址：http://www.logos.com.hk

承印
陽光印刷製本廠

●

10/2015 初版
Cat. No. LP259
ISBN: 978-962-457-505-7
Originally published in English under the title
Faith Thinking: The Dynamics of Christian Theology
by Society for Promoting Christian Knowledge

Printed in Hong Kong

刷次	10	9	8	7	6	5	4	3	2	1
年份	2024	2023	2022	2021	2020	2019	2018	2017	2016	2015

目錄

第四部　傳統的轉化

譯序

時光飛逝，距離我第一次接觸《信故我思：神學思考方法獻議》這本書已經將近二十年了！一九九六年，我到聖安德烈斯大學求學時所選的第一門課是哈特教授開授的「現代神學議題研討」，《信故我思》就是他的指定參考書。從該書和課堂上討論的內容可知，哈特的目的並非追逐時下流行的「新」議題，而是透過指出現代人對神學或信仰的誤解，從而建立正確的神學觀、把握信仰的基準點。因為在書中，哈特所使用的語言和觀念是「古代對神學的描述：『信仰者尋求理解』（*fidelis quaerens intellectum*）」，一點都不新（參本書頁 1）。他對神學下了一個簡潔扼要的定義，就是本書的英文書名——faith thinking（信仰思考）。

「神學是透過信仰（faith）來理解它自身、它的對象（object），以及它在今日世界中的位置的嘗試。……這樣的探尋是信仰存在其自身無法逃避的必然結果。因為，如果信仰是真正的信仰的話，會禁不住地提問並尋找答案。」（參本書頁 1）「……換句話説，神學的任務不僅要問『教會所傳所信的是甚麼？我們要如何適切地表達出來，好讓當代的人理解？』，更重

要的是必須詢問並回答『今天的教會**應該**傳甚麼、信甚麼？』」（參本書頁 4）

很多時候，基督徒把「信仰／信心」想得太膚淺了。也就是說，我們先產生一個自己想要某某東西的「慾望」，接下來使用「意志力」堅持自己一定要得到它，然後要上帝按照我們的期望去完成這件事。很多基督徒認為，這就是信仰／信心的過程。但我們有仔細思考過嗎？上帝在這種所謂的信仰／信心過程中所扮演的角色，如同被關在阿拉丁神燈裏，替人完成三個願望的奴隸精靈。

近年來，「世俗化」的思潮和異端邪教的衝擊力道，似乎讓華人教會難以招架。誠然，「信仰的挑戰」在基督教歷史中未曾停止過。因此，二十一世紀華人基督徒的處境，並沒有比教父時期或宗教改革時期的信仰前輩更艱難。但是整體而言，我們不得不承認，今日華人教會的信仰抵抗力與神學戰鬥力相對薄弱、片面、短暫。大多數的教會只能眼睜睜地看著世俗化的入侵，卻束手無策，只能乾著急或採取視而不見的態度，眼不見為淨。

筆者不禁要問，為甚麼華人教會遭遇信仰的衝擊與挑戰時總是力不從心？主要的原因，可能與教會普遍**不重視深度的信仰思考**有關。當違反信仰的勢力潛伏和醞釀的時候，大多數的教會既不帶領也不鼓勵信徒進行深度的神學思考，她們寧可安逸地沉醉在《活出美好》（*Your Best Life Now*）的春夢裏。彷彿只要藉由成功神學式的自我或相互催眠，加上近乎自戀的《熱愛今生》（*Love Your Life*），就能《活出全新的你》（*Become a Better You*）。當我們的弟兄姊妹都被這些似是而非的教導所麻痺，如何期待他們遇到攻擊的時候會有反擊和守望的能力呢？

誠如前面所言，《信故我思》的內容在於引導讀者掌握神學思考的方法，在多變的思想洪流中確立基督教信仰，因此本書必定有助提升和深化讀者的神學思考能力。

哈特教授是一位思想敏銳、辯才無礙且授課生動的神學家，也是一位信仰堅定、溫柔謙卑且樂於服事的牧者。翻譯和閱讀本書，讓我猶如重新置身聖安德烈斯大學聖瑪麗亞學院的課堂和蘇格蘭聖公會聖安德烈堂的教堂中，聆聽他活潑熱情的授課與講道。

在此，我要感謝吳國安博士和謝樂知博士兩位年輕學者的協助，讓我翻譯本書前半部的過程更加順利。他們都是中原大學宗教研究所碩士班的校友，畢業後分別前往愛丁堡大學與阿斯伯利神學院攻讀博士。敝人有幸在中原大學宗教研究所與他們相識，目睹他們在課堂上和課餘時的用心與成長，因此可以確定他們今天能夠在歷史神學和新約研究方面的成就，絕對不是偶然的。

最後，也是最重要的是，我必須感謝紹光兄的邀請，讓我能夠參與 *Faith Thinking* 的翻譯；更感謝他不辭辛勞地校閱我的譯文，讓中文譯本能夠忠實地傳達原作者哈特教授的想法。對我而言，紹光兄不僅是聖安德烈斯大學的學長、神學界的前輩，更是提攜、鼓勵和安慰我的主內好弟兄。從他的身上，我學習到基督徒學者應有的熱忱、謙卑與愛心。遺憾的是，由於我的翻譯能力不足和行政事務纏身，使得本書的出版進度嚴重落後，拖延至今才和讀者見面。對於基道出版社、紹光兄以及引頸期盼本書出版的讀者們，我感到萬分的抱歉。如今 *Faith Thinking* 的中譯本終於問世，紹光兄和我深切盼望它能夠對華人神學界做出貢獻，讓關心教會的中文讀者一起從事深度的神學反思。

歐力仁

二〇一五年八月一日

中文版導讀

・　這是一本怎樣的書？　・

基本上，這是一本探討神學方法或進路（approach）的作品。但是作者在這裏要講的方法，並非一種手冊式、實作式的方法。所以「進路」一詞更為恰當。我們也可以說，這本書是屬於神學知識論的著作，討論神學知識的進路，並由此而無可避免地同時觸及神學知識的本性。事實上，這兩者是雙生的：有怎樣的神學知識進路，就有怎樣的神學知識本性，反之亦然。

在此需要立即補充或提醒讀者的，就是本書所講的神學，並非狹窄地指到系統或教義神學中的各種教義或論説，而是神學（theology, the doctrine of God, the study of God）這個字的基本意思：對上帝的認識。因此在本書不會找到任何三一論、基督論的討論，也不會找到這些教義或論説如何被建立起來的論述。

・　從本書的書名說起　・

本書的英文名字叫 *Faith Thinking*，是弔詭的組合。為甚麼是弔詭的呢？這涉及啟蒙運動（Enlightenment）以來的思考方式。一般來說，大家都會認為信仰與思考是互不相容、彼此排斥的。要嗎是信仰，要嗎是思考，怎麽可能出現信仰思考這種情況呢？

然而，信仰思考正正是本書的主題。換另一種本書經常出現的說法，就是「信仰尋求理解」（faith seeking understanding）。對於作者來說，這不單只是基督教的說法，更是一切知識的基本結構。未經證實的信仰或信念，是繼後知識的起點。離開了某一特殊的信仰或信念，不再以之為起點，就得轉換另一特殊的信仰或信念來建立知識。因此，信仰或信念是所有知識的立足點。問題只是這是一個怎樣的立足點。

信仰不單是繼後知識的立足點，也推動和軌約（regulate）以後尋求知識的活動。這種做法，無疑是否定知識論之中的客觀主義（objectivism）和相對的多元主義（relativist pluralism）所倡議的進路。前者排斥任何未經證實的信仰或信念，追求絕對確定無疑的知識，此中惟有理性可以勝任這一任務。後者並不相信理性，又拒絕委身於某一特殊而非普遍與必然的立場，而在眾多不同的觀點之間遊移往來。本書要走的，是在上述的兩條道路之外的第三條道路。

·　本書結構、進路　·

本書除了導論之外，共計四部分十一章。作者把整個做神學的議題，置於文化、哲學的氛圍之中來處理，因此本書並非純粹討論及建構一種神學方法或進路，而也同時是回應及批判特別是啟蒙運動以來的攻擊。是以，本書頭三部分的寫法，都首先展示及闡述這些看法，然後再行分析它們的困難，予以批判，並證立（justify）基督教神學尋索知識的方法或進路。至於

第四部分，則各章都夾以批評也提出看法，可說是來回於拆毀與建立之間。

第一部分「信仰的復興」包括三章。第一章為讀者鋪設了當代的知識場景，展示出自啟蒙運動以來信仰或信念（不只是宗教意義上的）失去了應有的尊重，而被劃入私人領域之內，有別於公共領域的知識。這種對知識的看法其來有自，可以回溯至理性哲學家笛卡兒（René Descartes）對確定性的追尋。本書在第二章就分析這種客觀主義的知識論及其背景，以及其後提出異於客觀主義的經驗主義，以及嘗試整合兩者的康德（Immanuel Kant）的超越觀念論（transcendental idealism）。

作者一直想突出的重點是，這些哲學在追尋知識的過程之中，都低貶及排斥特殊信仰或信念的委身，而渴想、羨慕「從無立足處觀看」。只是客觀主義以為得著了，而相對的多元主義者則承認最終不可得，兩者都不願意委身於某一特殊的信仰或信念立場。前者致力尋找客觀的確定性，要把知識建立在這樣的基礎上面；後者則因為無法得知這樣的基礎，而在眾多的特殊信仰或信念立場之間遊移往來，不作停駐。

對於這兩條追尋知識的進路，作者相繼援引了波蘭尼（Michael Polanyi）和麥金太爾（Alasdair MacIntyre）的個人知識（personal knowledge）和傳統（tradition），來批判客觀主義和相對的多元主義，指出究極來說它們都是以特殊信仰或信念為知識的基礎，卻不自知。作者並以他們這兩個觀念所構成的知識論為基礎，吸取納格爾（Thomas Nagel）的自我超越這看法，建構批判的實在主義（critical realism），以表示這種進路並非自我循環。這是第三章的主題。在與實在（reality）的接觸底下，特殊的傳統可以被調整、修改，形成新的傳統。由此，獲取知識就並非靜態的或往後循環的，反之乃是螺旋動態向前的。

相應於第一部分所檢視的兩種當代知識論，而有兩種基督教神學的回應。這是本書第二部分「恢復神學中的信仰」要展示及超越的。這部分由兩章組成。第四章分別以潘寧博(Wolfhart Pannenberg)及麥奎利(John Macquarrie)為追尋客觀(普遍與必然)基礎的神學代表，以林貝克(George Lindbeck)為自閉的相對的多元主義的神學代表。前者高抬普遍共有的理性及經驗而貶低信仰，後者卻自限於特殊的信仰系統並自絕於跟實在的接觸。因此到了第五章，就回到傳統，但因著所接觸的實在而超越傳統這種討論之中。在基督教神學，這涉及了上帝在耶穌基督裏的自我啟示。這上帝的自我啟示既是過去的也是現在的亦是將來的，那麼面對上帝的自我啟示，特殊的神學傳統就落在恆常的調整與修正的過程之中。可是，基督教神學所講的故事，並非惟一的，它需要面對其他學科所講的故事，並且作出整合。但是，首先我們要知道基督教是怎樣講述它的故事，而這就進入了本書的第三部分「弄清楚聖經的意思」了。

本書第一部分和第二部分是要一起閱讀的，並且不能抽離第一部分來閱讀第二部分。這兩部分可說是對當代神學知識論的批判性分析，以及第三條道路的獻議。

如果在第一部和第二部所討論的第三條路，相當形式化而不夠具體，那麼第三部分就進入具體的討論了。這本書的第三部分由兩章組成，討論聖經的解釋，以及聖經的本性。第六章檢視了三種解釋聖經的方法，分別是歷史鑑別法(historical criticism)、讀者—回應鑑別法(reader-response criticism)、文學(正典及敍事)鑑別法(literary〔canonical and narrative〕criticism)。這三種鑑別法，其實相應於客觀主義和相對的多元主義(任意的視角及自閉的觀點)。第七章以第六章為背景而重新檢討聖經的本性，以講章為類比指出聖經結合了事實的記錄與事實的解釋。其實，任何記錄都是解釋，沒有純粹的事實記錄，這是為甚麼歷史鑑別法有所不足、雖屬必然但不足夠。作者指出聖靈加力給信仰羣體，不單寫成聖經也解釋聖經。這就表示閱讀聖經既不能忽略人的因素也不能忽略上帝的因素。聖靈在信仰羣體解釋聖經時，扮演橋梁的角色，使得聖經自身的傳統，在以後信仰羣體的解釋之中，仍然在核心的信息上得以延續不斷。

信仰羣體的傳統就建基於其對聖經的閱讀，由此進而可以討論傳統的轉化，這是本書第四部分「傳統的轉化」的內容。這部分共分四章。作者在第八章重新檢視傳統的灌輸在學習的過程中既是必要的環節，也是日後獨立思考的根基。但由於傳遞給不同羣體的需要，翻譯信息是不能避免的，以致可以從一個文化傳到另一個文化、一代傳到另一代。但這中間卻要留意核心信息的延續的問題。第九章就此即作出分析，並且涉及了這個故事自身的整合（integration）及融貫（coherence）。這要求是出於基督教信仰自身的，是相應於受造世界的結構的，由此而無可避免地要處理其他學科對世界的講論，在這個故事之中可以佔有的層次或位置。福音要講述一個整全、融合的故事。

到了第十章則全面進入整合的討論，但這裏要處理的是，在整合的過程之中涉及了福音故事的相關性（relevance）。面對今天已經不一樣的世界，聖經所講述的故事，為甚麼不是已經陳舊過去，而需要重新包裝，去除與時代脱節的種種，作出全面的更新？這不單是上帝的好消息如何在世界之中傳遞的問題，更是這好消息的內容是否可以脱離特殊的地方、羣體而呈現出來嗎？作者表示沒有去除歷史、文化的純淨福音，不可能提煉出毫無雜質的信息。這種追尋仍然是客觀主義的作祟，因此只有回到特殊的傳統之中，來從事螺旋動態的神學活動。最後的第十一章，作者表明這個進路本身所具有的風險。因為在當中沒有任何客觀的確定性，我們的特殊立場或傳統本身不是惟一的，並且實在也不在我們手中，這一切都使得神學知識是冒險的。然而，這又在於我們相信我們所站之地是最佳的視角，可以信心滿滿的把看到的跟別的看法比較，推薦給別人，並且這一切都不是自閉的，因為我們所接觸的實在/上帝會向我們發出聲音，不斷修正、塑造我們對它/祂的認識。

第三部分與第四部分的關係，可以以聖經的相關性來連繫。聖經自身是一個傳統，但這個傳統跟今日的世界有甚麼相關性？這是作者最後要處理的議題，但我們也可以說，這是全書要處理的議題。

神學是甚麼？沒有思考的信仰是空洞的，沒有信仰的思考是盲目的。神學就是信仰思考，就是信仰尋求理解。

鄧紹光

二〇一五年七月十日

致謝

本書的生命始於亞伯丁大學的學士講課。我十分感激好幾代的學生，他們容忍接納全書不同部分的早期（以及較少潤飾）版本，並幫助我查看有甚麼地方需要修改。我也感謝某些朋友，他們在這書成形期間，有分刺激思考，參與批判性討論，修正錯失和誤解，並踐行了鼓勵的服事。需要特別提及的是 Michael Partridge，他從早期就不斷慫恿我，告訴我這是一個很值得從事的企劃，並幫助我認定某些紮實的哲學方位，是需要邁向的。也得提及 John Yates 和 Leslie McCurdy，他們以無比的耐性，看了又看那在不同階段逐漸成形的文稿；還有那些批評、給予意見的朋友，他們的幫助都在眼前的文本中反映出來。不用說，仍然存在的不足與錯誤，不過表明我忽略了他們的忠告。

還要多謝很多人，沒有他們的幫忙，本書不可能寫成。多謝 Gospel and Culture 的 Andrew Walker 邀請我提交寫作建議，並適時地推薦給 SPCK 納入這個系列。多謝我曾接觸過的 SPCK 的 Judith Longman、Brendan Walsh、Naomi Starkey 及其他職員，多謝他們不懈的鼓勵、幫助與支持。多謝我的同事與系主任 Professor David Fergusson，他讓我可以享用安息年假期，在這期間得以完成本書的大部分工作。多謝於一九九三年秋天我在劍橋時為我提供各種幫助和支持的人。多謝 Michael 和 Margaret MacCormack ，他們友善地邀請我們到他們的家中。多謝 Tyndale House，使我可以待在它的聖所圖書館（Cambridge University Library）中，完成本書的大部分研究。多謝劍橋大學的圖書館、劍橋大學神學系，以及 Ridley Hall ，它們各自慷慨地借出可供使用的設施。

最後，多謝我的妻子 Rachel，以及我的孩子 Jonathan 和 Naomi。他們發現我關上書房的門好作研究，卻從沒投訴，容許我自私地佔用自己的時間，又打岔他們的計劃以迎合我自己的行事曆，他們又給我充滿愛與支持的家庭環境，把挫折與困難留給自己，讓我可以安心寫作。我懷著愛，興奮地將本書獻給他們。

哈特

亞伯丁舊城

導論

> 今日宗教最需要的是神學。不清楚自己位置的宗教無法生存。當今的宗教就是不知道自己的位置是甚麼。它厭惡被迫提問題。它討厭神學。
>
> 富希士（Peter Taylor Forsyth）

在本書中，我想要解說和發展的神學模式，就是古代對神學的描述：「信仰者尋求理解」（*fidelis quaerens intellectum*）。神學是透過信仰（faith）來理解它自身、它的對象（object），以及它在今日世界中的位置的嘗試。用我們的書名簡單地說，那就是：faith thinking（信仰思考）。這樣的探尋是信仰存在其自身無法逃避的必然結果。因為，如果信仰是真正的信仰的話，會禁不住地提問並尋找答案。因此，神學絕不是高尚的學術智性遊戲，只祕密地保留給少數初學者而已，以至在本質上跟一般的基督徒實際生活扯不上關係。當然，我們可以在高度的智性層次上從事神學，而且也需要有人致力於這種專業。但是，名為「基督教神學」（Christian theology）的活動，是生活在真實世界裏會思考的基督徒勢必產生的結果。我在這裏所說的

「思考」，單純是指我們人類日常生活中所做的智性活動，如閱讀報紙、看電視，以及和初次見面的人互動、適應新環境、接收新資訊等，並且試著把它們整合至我們那較大的世界圖畫之中，以及把我們的所在置於這些東西之中。照這樣看來，儘管我們並非全是受過正式訓練的神學家，但是我們都是在從事「神學」，基督教信仰對我們來說，也要整合到那幅圖畫而成為其中一部分。

我們可以說，就信仰羣體的生活而言，每一個層次的介入都是不可或缺的。上帝會在不同的時代中重新呼召教會，讓她為信仰提出融貫（coherent）的講述，為上帝託付她的活潑真理——基督的福音——做見證。這樣的形構（articulation）和宣
2 告，不能單局限在一個智性層次上，或是受制於任何一種社會羣組或文化。不論我們的智性資源如何，上帝都呼召我們，為我們的生命和盼望的源頭忠實地做見證並把見證形構出來。但是如果我們一開始沒有盡上己力了解基督教故事的基本要素，並思考如何適切地在我們的世代中重述這故事的話，那麼這個任務即使開始也不可能。單就這個理由就足以說明，神學思考不能夠只在大學或神學院裏進行，而是在每一位基督門徒的日常生活處境中進行。正如信仰為了跟其鄰舍分享一己所有，就必須尋求理解它自身（faith seeks to understand itself）、它的內容以及情境（situation）。我們不一定全都會成為偉大的福音使者或護教家；但是，肯定地，就如同在上帝的教會裏，像「信徒皆祭司」一樣，也有一種凡是上帝的子民都可以擁有的神學特權，而這特權不是只屬於學術菁英界之祭司（學術聖殿的守護者）而已。因為，認真負責任地思考關於上帝、信仰的任務，也就是信仰尋求理解自身並且形構該理解，正是基督教神學的本質。當然，這樣看來，「每一位思考上帝的男女老少都算是在從事神學」。[1] 沒有人例外！每一個人作為信仰和見證羣體的一分

子，都蒙上帝呼召參與神學任務。

信仰尋求理解自身的時候，首先的意思是，必須注意並確
信信仰本身就屬於人類基本的天賦（disposition）。我現在並不
是特別指基督教或其他宗教的信仰，而是一般術語下的「信仰」
（當然宗教信仰是其中的一種），也就是：熱切委身於在我們面
前並要求我們做出適當回應的真理的那種天賦。但是，必須一
提的是，這種委身的最終合法性（legitimacy）和真實性無法透過
見證或與不信者對質而毫不懷疑地被證實或建立。當前的智性
氛圍對諸如此類的天賦頗為不贊成，甚至視為二等的知識。最
好的情況是，他們會說，這類委身純粹是個人喜好，只要在公
眾場合中控制得宜，不要以宣稱（claims）糾纏別人，就可以讓
人完全接受。最糟的情況則是，把我們當作某種非理性的附庸
或與時代脫節的迷信者。因為我們所相信的，是沒有受到任何
有力證據所證實的無根意見，所以，為了我們個人自己和整體
社會的益處，最好棄之不用。我們愈早擺脫幻覺（無論年代如何 3
久遠或多麼讓人喜愛），就愈能在真實世界裏安心地生活並目光
清晰。在這種氛圍下，我們認為，信仰應當鼓起勇氣面對這種
情況，認清事實並接受自己之本相，並且找回可以跟自己共同
存活的自信心；要將自己從「想要在質疑其存在必要性的人眼
前，證立(justify)自己的存在，卻不斷感到希望渺茫，甚至絕望」
的情境中解救出來。本書的前三章將盡力促進這種自我調整，
將信仰的本性視為人類的天賦，並且探討它在基督徒生活中所
扮演的角色，特別是它和神學活動的關聯。我們努力的結果會
讓讀者看到，信仰或信念（belief）的天賦絕對不是一般感知作用
（perception）中的賤民，反倒是一切人類認知和思考——其實
是一切真正「理性的」活動——整全（integral）而必要的一部分。

其次，信仰必須不斷尋找更好地理解信仰所相信的內容。當我們相信某些東西或對它投注相信時，這個事實首先一定隱

含了初步的理解，儘管只是部分而已。畢竟我們總不能說，我們相信某些東西但又對它毫無看法、完全不懂。但是，很多時候，我們最初的把握是非常微不足道，甚至幾乎是難以言喻的。然而那想要把握和掌握事物，並將其轉變成信仰對象（object of faith）的熱情，不會滿足於這麼微小的成果太久的。信仰——如果是真正的信仰，而非只是智性上同意某某命題——總會想辦法更完整和更深入地認識和理解當中最要緊的事物。因此，基督徒的信仰是由一種渴求所驅動：想要更多認識作為其源頭和存在之理由的事物；想要學習如何才能更恰當地言說和思考那個「實在」（reality）和信仰羣體歷多個年代傳遞下來有關信仰知識的不同組成部分；思考出一種讓關乎我們所相信的這個實在的一切能彼此融貫的方式；並發掘適用於它的真理樣式。總而言之，信仰關乎的是它自己的故事或福音有著所謂的「內在融貫性」（internal coherence）。

我們可以從這項任務中辨認出（identify）兩種非常不同的
要素：一方面，有描述性和解釋性的要素，藉此，信仰得以用
清晰和融貫的方式把所相信的一切的總和，在當代的情境中展
4 示出來，並解說明白。這樣一來，就必須仰賴既有的信念傳統
和信念形構，也就是（以基督教信仰來說）具體表現在信經、
敬拜、講道和其他各種教會生活與踐行方式的傳統。然而，
努力維護基督教信息的內在融貫性的任務，不能單靠描述、形
構和解釋而已。所以，另一方面，也包含了同樣重要的規範
性（normative）和指引性（prescriptive）任務。換句話說，神學
的任務不僅要問「教會所傳所信的是甚麼？我們要如何適切地
表達出來，好讓當代的人理解？」，更重要的是必須詢問並回
答「今天的教會**應該**傳甚麼、信甚麼？」。關注內在融貫性的
同時，也必須注意教會所宣講的故事之「外在指涉」（external
reference），是否符應那在世界之內和世界之外所發生的事

情的實際狀態，這是它對處在其面前又想要談論的客觀實在（objective reality）應該擔負的責任。這一點非常重要，如果神學在本質上是要維持對真理的追尋，而不單只是（被懷舊所驅動或歷史義務感所誤導）不計代價地維護某個特定神學傳統的形貌和融貫性。

換句話說，這種反思是切合信仰與真理的對話，那正是一種批判性反思，而不僅僅是盲目地複述既有的真理體系。但這不意味著我們可以任意伸展想像，輕忽既有的傳統，甚至以為不需以此為起點，無須經常牢牢立足其中，就可以從事神學。但是如果我們真心想要認識真理，並且讓真理模造和形塑我們的思想並進而言說它，那麼我們的神學思考就有必要維持最近一位作者所說的「詢問式的」態度，而不是「教義式的」態度。[2] 因此，我們可以說，站在由過去傳承而來之傳統肩膀上的信仰，無論如何必須永遠對「因為與真理相遇，迫使自己和傳統以某種基本的方式徹底分離」的可能性保持開放。我們不能認定這種情況一定會發生，但是必須保持有這種可能的開放性。如此一來，「委身於傳統」和「察覺有需要背叛傳統」之間便會產生張力。當我們因著明顯的原因而察覺有背叛傳統的需要時，必須仔細查驗和評估，但是永遠不能事先禁止，除非我們準備穿上基要主義（fundamentalism）或教條主義（dogmatism）這類智性上的束身衣，一開始就抹殺掉真正的進展或發現的可能性，5
或創造性上天才的可能性。當然，只要這類問題一旦出現，就要立即對評估的判準（criteria）做仔細的考量，這些考量在處理知識時會被用上的。本書的部分篇幅要關注的就是各種「信仰的權威」（聖經〔scripture〕、傳統、理性、處境〔context〕、經驗……等等），以及做神學時，它們可以、曾經以及正在如何被使用和誤用。

第三，信仰必須尋求理解它自身在其特殊歷史和文化處境／

脈絡中的位置。解釋與批判性反思這兩項任務都自然會要求和導向這種提問，並且嘗試認清教會信息的內在融貫性無法離開這種額外、進一步的任務。對我們來說，這包含詢問：基督教信仰的異常內容與當代大多數人所接受的世界觀與人類的地位（二十世紀晚期西方社會整體思維背後的認定〔assumption〕、態度與踐行）有多吻合。這不但是非常必要的工作，且必須不斷恆常地更新。因為昨天的答案已經不能對應今天的問題。儘管神學的任務或「信仰尋求理解」不限於解答社會議題所生起的提問或難題，但是，即便是作見證、為自己和盼望的對象提出有意義的說明等這類更基本的任務，信仰必定已經考慮這些因素，否則它只能藏身在自己構築的部落裏面，自我囚禁於不相關與蒙昧主義（obscurantism）之中。接下來的幾章，我們正是要探討，神學是「相關的」（relevant）或成為「相關的」是甚麼意思。但是，不論是否有其他因素，神學與衍生它的社會之間的相關性（relevance）在於，神學使用該社會的語言（字面的或隱喻的都有），同時也熟悉該社會的關注和思考方式。這種熟悉度是所有溝通的先決條件，更何況是一切「**良好的**」溝通：我們與人見面、說話，必須因地制宜。

實際上，我們基督徒在世界上生活，大部分時候並沒有急迫到非得思考這些問題不可。只有當我們遇到與基督教信仰基
6 本立場相牴觸的大眾態度和認定時，或是在現實生活的經驗中
遇到信仰的難題或挑戰時，才不得不想。因為，的確「信是未見之事的實底」，而且福音「對希臘人來說是愚拙的」，我們可以合理的預期這類針對我們的問題會無可避免接踵而來。當然我們所處理的，並不是與基督徒對立的社會或文化的認定與態度。假如我們是身處異國的宣教士的話，就會如此。然而，作為基督徒，我們在自己的處境裏尋求理解信仰，實際上我們本身是同一社會和文化的一部分（是它的產物），因此那種態度和

認定也或多或少內化在我們裏面。

這樣，我們必須做的不只是與那些挑戰我們看法的人，做外部對話而已，還要進行自我的內部對話。因為，我們在某種程度上既屬於信仰羣體，也屬於該羣體之外的社會，需要向其見證那意義豐富的基督主權。正如美國天主教神學家特雷西（David Tracy）所說的：與其說基督徒活**在**（in）世界裏卻不**屬於**（of）世界，倒不如說，基督徒**為了**（for；另譯朝向）世界而**脫離**（released from）世界。[3] 以神學來說，這意謂著——除非我們想做一個精神分裂的人——我們應當按照自己的方式、時間和能力，面對如下的難題與可能性：將我們的信仰的各種向度整合進社會所接受的更廣闊的事物圖畫之中；這樣我們就能居住在一個比較整合的世界，一個宇宙（universe）而不是多重宇宙（multiverse）。惟有如此，我們才能忠於「用有意義的方式向住在同一個世界中的人見證福音」的呼召。既然基督的（Christ-ian）信仰和當代人的想法不盡相同，那麼，在這個過程中雙方必定會相互的付出與收取、重新思考和重新塑造，好達至滿意的調整。至於信仰要如何付出與收取才算合理，是一個值得深思的問題。

毫無疑問，我們常常發現自己的生活中有很多與我們共存但尚未解決的問題，因為我們所共有的信仰，即是我們從文化
之中繼承過來對事物的廣泛理解，不斷地改變與發展。這表示 7
這個任務是永不停止的。在本書中，我們把這項任務稱為信仰對福音「外在融貫性」（external coherence）的關注，也就是對福音與廣泛的人類理解如何整合的關注。在這裏我要再次指出，我們不能只關心融貫性而已，必須把真理的問題，當成我們細心整合後的「理解」（我們的看法和陳述〔statement〕）是不是能和實在自身的形貌符應的問題。因此，神學帶有勾勒出「實在」的智性輪廓的企圖，因為它發自於對基督活潑與積極主動的

信仰，也就是「從真實無偽的信念所產生的足以說明存在那全然複雜意義的持續性智性努力」。[4] 我認為，這是在現存與發展中的理解傳統（tradition of understanding）（亦即「信仰與踐行的羣體」）內部所進行的活動。只有在這種羣體裏面，才會對福音或其他事情進行嚴謹的思考。

實際上，這三種信仰尋求理解的嘗試向度無法分割，屬於同一個神學過程的三項要素。我再重複一次：這樣理解下的神學是完全符合信仰本質的活動，是無論何時何地信仰自然而不可避免主動產生的活動。但是自然的與不可避免的東西，不必然是理性所保證而以條理或合宜的方式產生的東西。英格蘭教會教義委員會（Church of England Doctrine Commission）的報告《基督徒信仰》（*Christian Believing*），精簡地說：「神學不是不可取的，而是不可避免的。問題是，它必須是好的神學。」[5] 所以，重要的是，我們教會中數百萬的「平信徒神學家們」，必須好好思考如何從事神學的任務，才是最恰當的。

我就是以這樣的心思寫下這本書。所以，這本書的內容主要不是供學者或神學造詣很高的讀者閱讀的，乃是針對初次摸索如何做神學的初學者而寫的。基於這樣的考量，本書內容會盡量避免專業術語和神學著作的贅言。假如因為某種原因不得不用的話，也會加以說明和解釋。本書將處理做神學時常出現的核心問題，但不是為了提供指引性的答案，引導達至保證的成功（彷彿真的可能！），而是讓我們實際地看到這些五花八門
8 的問題，如何透過在世的信仰行動獲得解答。換句話說，我們要做的是描述如何做神學，並從中學習，好讓讀者自己在神學領域的探險中獲得指引。除此之外，（為了吸引已經讀過其他神學方法導論的書，並且打算把這本書放回書架上的人）我希望一開始呈現的是一種包含某些簇新向度和創新向度的做神學模式，這模式可以用比較新鮮和富啟發性的進路處理某些既古老

又惱人的問題。

「提問是作為人的責任之一……，靠著上帝在耶穌基督裏的恩典的亮光提問，則是基督徒的責任之一。」[6] 所以，我們可以說，每一位基督徒都背負著從上帝那裏來的神學呼召和責任，也就是深思耶穌基督的福音，以及反思它的內在與外在融貫性。我希望，本書能夠成為有意願擔負起責任，並認真回應此一共同呼召之人的指引；幫助他們避開某些陷阱，辨認某些比較明確、更為有效的途徑。這樣也有助他們更新其對基督教信仰的信心，把它當作觀看和參與現代世界生活的一個值得尊重的立場。

註釋：

1. Church of England Doctrine Commission, *Christian Believing* (SPCK 1976), p.4.
2. Migliore, D., *Faith Seeking Understanding* (Paternoster Press 1972), p.1.
3. Tracy, D., *The Analogical Imagination* (SCM Press 1981), p.48.
4. *Christian Believing*, p.4.
5. *Christian Believing*, p.4.
6. Migliore, *Faith Seeking Understanding*, p.17.

第一部

信仰的復興

1.

尋求尊重的信仰

愛莉絲說：「我無法相信。」

「不相信嗎？」皇后同情地說：「再試試看，深呼吸，然後閉上眼睛。」

愛莉絲笑著說：「試了也沒有用。人無法相信不可能的事。」

「我敢說妳一定不常練習。」皇后說：「我在妳這個年紀的時候，我每天都練習半小時。這是為甚麼？有時候我早餐前甚至會相信到六件不可能的事。」

卡羅爾（Lewis Carroll）

神學無可避免是信仰的活動。也就是說，只要有相信耶穌基督並願意活出門徒的樣式的人存在的地方，就會有人從事某種層面的基督教神學。當然，做得好不好又是另一回事。我認為，好的神學是信仰羣體對託付給他們的福音所做的嚴謹和批判的反思。這反思是在信仰羣體的內部、根據信仰所給予的立場，而且（雖然不是全然地但也必定是首要地）是為了信仰羣體的益處而進行的。既然如此，基督教神學就是教會的事務，是屬於基督教會的人，嘗試更完整地探索和掌握他們受召在不同方面接受和活現出來之真理的模樣和結構。

這種思考神學的方式是有爭議的。這對於不熟悉神學的人而言，可能看起來比較平淡無奇，甚至是十分簡單直接的定義；但是在時下智性的氛圍裏，這種思考方式卻是極端（radical），甚至是可恥的。當我們這樣談論神學的時候，會有人提出反對和質疑，我們必須預先作好準備，並在這個階段向他們表達我們的看法。

12 · 信仰的尊重危機 ·

這類反對可能聚焦於神學跟信仰的明確關聯。當然，沒有人能合理地否認神學以某種方式跟信仰交織在一起。在某個層面上，很清楚它是寄居在信仰上。既然它與信仰所關懷的直接有關，因此沒有信仰，它就不會、也無法存在。所以，我們完全可以把兩者的關係做如此的界定：信仰穩固地堅立於關係的一邊，神學則在另一方。我們可以說，神學描述和探索信仰所關懷的，反之，信仰則提供神學合法的（legitimate）研究對象（object of study）。這樣的講法應該不會令任何一方不悅。

然而，當講到這公式的另一邊「信仰」時，且神學被描述為一種信仰的**活動**而不僅是科學地**研究**信仰的時候，反對就會快速地從信仰羣體的內部和外部接踵而來。因為在我們的社會裏，信仰遇到身分和尊重的危機。有一個普遍的認定（assumption）說，當我們要從事嚴謹的智性活動時，最好把個人的信念（personal beliefs）或委身置於一旁，以免它們會對我們所做的產生不良影響，或是讓我們看不到某些可能性與實在（realities）。所以，一般人把信仰當作是追求知識與理解的潛在阻礙而非助益，可能使人無法誠實地提出問題，或嚴肅地面對懷疑。智性的尊重和可信，其標記被辨認為毫不含糊地訴諸理性和經驗所獲得的證據。摒棄了這些被認可的知識資源，僅僅依靠所「相信」的，而不是被認識的乃是如此，等於冒險讓整個事業蒙塵，以及破壞所得之成果的誠實（integrity；譯按：譯為誠實，意即沒有欺詐，實至名歸）和價值。

・ 委身的私有化 ・

我們的文化之所以普遍接受這樣的說法，其源頭可以追溯到大約三百五十年前所謂的歐洲啟蒙運動（Enlightenment），也就是我們下一章要探討的、西方智性發展歷史中的一個片段。這個運動其中有一個特別能彰顯其特色的，就是劃分出公共的和私人的領域。[1]

當然，我們會比較熟悉在資本主義經濟中聽到公共和私人 13
這種用語，一方面是指屬於國家的（或公共乃國家的公民），另一方面是用自己私人的收入購得而歸於個人名下的。以這些術語作為隱喻，延伸和應用到真理、看法與信念的擁有權，是有幫助和教育價值的。這裏所說的「公共」領域是指普遍「共有的」或認可的知識的領域，指凡是有理智的人就可以獲得的知識。我們也可以說，知識就是人類所有公民共同擁有的，如同公共資產。假如某事物是「公共真理」，那麼，它必定是**每個人都能夠認識為真的事物**，對人類理性是可供觀察的或自明的，所以具有普遍約束力。

另一方面，屬於私人領域的就是，（不論何種原因）無法按照這樣的標準成為公共資產或查驗的陳述（statements）或命題（propositions）。私人領域就是價值觀的領域、關乎意見和信念方面的領域。也就是說，不論真假，原則上只要是無法透過公共認可的標準所證明的，就不會獲得普遍的憑證。這裏所說的是指我們私下個人選擇去相信的事物，卻沒辦法提出其所含有客觀或具有公共說服力的證據或證明。這類事物可以是我們個人的信仰所委身的對象，因為沒有取得理性證立（justification by reason）過關的通行證，所以不能行進入公共領域。它們就是我們習慣所說的：「那是你的意見。你有權利這樣堅持，但是除非你能夠證明它是真的，否則我無法同意。」人們主張，不能將諸如此類的東西當作知識。

我們的社會一般把基督教信仰歸入這類範疇。長久以來，人們把它和人類其他的信念領域私人化，而且習慣將它當作最好深鎖在私人生活裏的事物。它在職場和市場的公共論述（public discourse）之中沒有合法的地位。如果有人堅持要引進討論，很有可能會遇到令人困惑的尷尬、合理的冷漠，或甚至來自感到個人隱私被侵犯之人的敵意。總之，在公共場合談論這種話題，就是不恰當！

14 · 神學作為公共的探詢 ·

對我們的智性生活做這樣的區隔，是很多神學家共同合作的結果，因為他們可能擔心不這麼做會產生不良的後果。他們或許會堅稱，神學這種智性的追求必須在恰當的學術和科學的基礎上從事。因此，儘管信仰可以作為從事神學的動機，可是一旦要按照「公共的」遊戲規則進行時，信仰就必須靠邊站，以便讓理性運作暢行無阻。他們認為，把神學視為對信仰作出外部探詢（接受理性的審問），這樣做，對信仰自身終究是好的。這樣的探詢，其標準並非由帶有特殊趣向（interest）、尋找特定成果的羣體所提供，而是遵照普遍接受的真理和合理性的準則（canons of truth and rationality）而定，坦然「一絲不掛地」將基督教信仰攤開在嚴謹的理性與批判的反思面前。這樣不但不會削弱信仰，反倒強化它。他們認為，通過這般考驗和檢視的基督教，比較可以推薦給現代世界的有理智的人。

・　神學共濟會的危險　・

從另一方面來說，他們認為，如果基督徒的信仰，如同神學家必備的工具套件（就如理性、具備某種歷史、語言和分析技能等等）那樣重要的話，那麼神學這個學科的誠實（integrity）和公共可信度將會一直受到質疑。不允許沒有信仰的人做神學，就如同關上門的商店（只有付了錢的基督徒才可以進去從事的活動），不能算是合格的科學性研究，因為它違反了進入學術殿堂應具備的準則：公共性，而這是已經廣被接受的。這勢必會受到持守這種智性標準之人的輕蔑，甚至排斥，而且會冒著自我孤立的危險，拒絕和社會大眾進行嚴肅的辯論和對話。更嚴重的是，無法達成自己訂定的目標。因為，以尚未證實且不容質疑的信念和委身為起點，從一開始就排除某種提問方法或拒絕承認某些已然達至的獨特的結論的合法性，其實不是真正的智性探詢研究。這種探詢是遮掩，它的過程其實是循環的， 15
因為結論早就預設好了。在這樣的意義下，主張神學是信仰或委身的外顯活動，就等於承認「信仰就是相信『早餐前六件不可能的事』（譯註：《愛莉絲夢遊仙境》（*Alice's Adventures in Wonderland*）中的對話）」的指控而不作辯護。但是神學的任務正是為信仰所相信的事提出理由，而非只是深呼吸，然後眼睛閉起來就算了。

例如，希伯爾韋特（Brian Hebblethwaite）主張：「皈依（conversion）或信仰都不是神學思考的必要條件。」他另外論說：「將神學抽離理性討論的領域，導致的是：荒謬地宣稱神學的合理性（rationality）有一套屬於自己的私人邏輯」。[2] 希伯爾韋特所投訴的就是，如果把信仰這有利位置（vantage point；或譯制高點、局外點）被當成從事神學的必要條件，而且強調如果沒有共享這有利位置，就無法欣賞神學的邏輯或進行有意義的神學討論，便是將神學從公共論壇的理性對話處境中割裂開來。他主張，不論神學家的個人委身是甚麼，**身為神學家**他卻不能躲在私人世界裏生活和運作。宣稱這是必須的就構成了某種蒙昧主義，終將迫使神學被放逐到自己屯墾的智性少數部落。

如果福音真的是普世的（universal）福音；如果它作為公共真理的意思是超越文化和歷史藩籬的真理，那麼正如希伯爾韋特主張的，真理的確必須使用全人類共有之理性官能可以理解的方式表達。不能把它當作僅有少數受啟迪光照的人才懂的祕密靈知（secret gnosis）。假如想要組織一個神學的共濟會（theological freemasonry）的話，就會犧牲智性的可信度，在護教上無法説服教會及信仰領域之外的心智和良知。

・ 公平競爭環境的需求 ・

希伯爾韋特想説的是，實際上學術性的神學，就是信徒與非信徒之間心智開放的對話，也就是在理性的基礎上探討人類存在的終極意義和目的等問題，並重新思考基督教傳統對這些問題已經提出的答案。對有信仰的神學家來説，他們必須自我批判地遠離信仰架構（framework），而沒有信仰的人也必須願
16 意著手探討基督教神學所説的上帝的存在和本性等假説。因此，「信徒與非信徒在對話中要檢視之最根本的假設就是，對被指認為上帝一人相遇的媒介（譯按：即耶穌基督）的批判性研究，能否獲得客觀和似乎有理的（plausible）上帝觀和世界觀。」[3] 這類討論的目的不會對任何一方特別有利或不利。因為運用的研究方法是屬於「哲學家、歷史學家、古代文獻學者和神學家共

用的資產」。[4] 在這樣的條件下，亦惟有在這樣的條件下，神學才可以宣稱具有學術的誠實。但是，這種神學是完全理性的活動，操作程序和信仰沒有直接的關係。

這樣的主張是因為底下的深層確信（conviction）：基督教的故事（至少在實質和重要的部分）可以用這種方式證明它在理性上和道德上是可信的，也就是符合「實在」可讓人辨認之本性那種意義上的「真」。也就是説，希伯爾韋特其實是懷著護教和嚴謹的學術動機，不接受信仰是神學任務的先決條件。基督教信仰宣稱的理性與道德真理，必須是在信仰之外可以確認和證明的，否則沒有信仰的人永遠無法靠自己看見、確認或掌握那個真理。因此，希伯爾韋特確信，正正是基督教的真理導致堅決拒絕接受信仰作為從事神學工作的條件或不可或缺的工具。

・　關於絕對主義的傲慢　・

對社會中的其他人來説，將明確的信仰態度帶入公共領域裏是不恰當的，因為基督教故事的真理是**無法及永遠無法**被證實的。今日許多學術圈裏，愈來愈流行對徹底多元主義者（radical pluralist）寄予同情，對於這些人來説，真理永遠不是甚麼絕對或普遍的東西，乃是相對於特別的處境——文化、歷史、語言、宗教或甚麼的。所以，某個時空下的某個羣體認為是真理的，對其他人來説不必然是「真」的。因此，沒有可以
被證實為真的生命上和意義上的視角（perspectives）；有的只 17
是各種不同的架構，各自擁有自己認為甚麼是合理或不合理的看法。一旦我們確認這種合法的多樣性之後，就會為了它豐富了人類的存在而感到歡欣鼓舞。因為它可以讓個人和羣體變得更謙卑、包容與互相尊重，而這是多麼高尚的人格與羣體。我們作為個體，總是會從屬於某個羣體，而且會寓居於該羣體的

特殊視角來看待世界和理解世界的意思。但是必須知道，我們不能合理地期待別人用同樣的眼光觀看事物，或分有我們所繼承的真理和思考準則。而且，我們沒有合法的根據可以説服他們，或使他們確信我們的看法更勝他們。這樣的説服的舉動，等於否定他們的看法具有同樣的有效性（validity）；這對於鼓勵不同的確信要和平共存的現代社會來説，是不能容忍的。其他人的處境和傳統可能會讓他們以不同的視角來看待事物，但是，既然沒有絕對的真理可被辨認，我們就要接受其他的視角同樣有效，可以互補。同時，亦不存在某種中立的「真空地帶」，使得智性介入或爭辯可以進行，以致提供客觀和權威的裁判。

因此，在這種無數不同羣體為了追求知識而聚集的公共學術處境中，惟一恰當的做法，就是把每一種傳統或架構都當作具有相同的參考價值，預備接受或同情地進入每一個都要探究那全然在我們掌握之外的深層及終極真理與意義（如果存在的話）的獨特地方。我們絕對不能肯定任何一個架構能提供比其他架構更好的立場。這裏要再次強調，學術的誠實就在於「不干涉」的中立進路；不從某種抽離的有利位置評論不同的觀點，而是內在地並以它們自己的方式作「現象學的描述」。對多元主義者來説，沒有絕對真理。或者説，即便有，我們也無從得知。因此，舉例來説，我們對某個宗教傳統要提問的不是「它是真的嗎？」（不可知論的答案是畫在牆上的了），而是「它對我們尋找屬靈／精神的意義和實現來説，能夠提供甚麼有幫助的地方供我們站立嗎？」

18 我會提出，基督徒的信仰在某種層面上隱含了對真理的終極委身。這種委身的特點不是永無止境的探索，好像旅行的過程比到達目的地更重要一樣，而是見證，為前人所留下來的偉大遺產作見證。但是，在多元主義的氛圍裏，雖然個人可以在私底下如此委身，卻不容許在公共領域這麼表現。如果有人私下想要做一位部落主義者或基要主義者（所有主張終極真理存在者被貼的標籤），他們有權這樣抉擇，但是作為高度自我尊重的公共市民而言，他們不會讓這種確信介入或干擾智性的交流或專業的方法論。例如，可以從基督教信仰的視角探索真理，只要我們把它當作眾多可能途徑之一就好了，而不是妄稱已經找到想要找到的。如此説來，最誠實的學者，就是能夠隨時拋開自己的信仰委身跟他者交流的人，以便他們能夠用真正開放的心智和寬容的態度追尋那前所未有的真理。

·　拒絕智性的種族隔離　·

我們的社會迫使我們以不同的方式在兩個十分不同的世界之中生活，而為其中的公民。我們好像拿了一本雙重的護照，可以在「私人委身」和「公共交談」這兩個世界之間自由進出，不受盤查。惟一的要求是，我們要時時刻刻提醒自己當下處於哪一個世界，因為兩個世界管治行為的規矩差異極大。我們不要忘記，在這裏可以用來買很多東西的現鈔，在那邊卻被當作非法流通的金錢，必須在邊境上用十分不化算的匯率兑換貨幣才行。

接下來的幾章，我會論證，將生活安排成兩個不同的智性領域是既危險又不必要的。之所以危險（至少對基督徒而言），因為它孕育出一種要我們的委身被區隔開來的思考方式，讓基督教變成和最適合在星期天穿的衣服一樣掛在衣櫥裏，或是和丟在牀頭邊桌子上的書卷（Bible；譯按：譯者將以「聖經」翻譯 scripture 一字，有別於 Bible 一字）一樣，而不是帶到辦公室、
工廠或社會的其他地方，作為社會所需要的淨化和照明的鹽和 19
光。從神學的角度來看，這是令人無法接受的，因為這樣就否定了「基督是人類生活每一個層面的主，而非只掌管一般社會視

為私人領域的部分」的真理。

基督教福音的核心本質（認信基督是主）與這種安排領域的做法有所衝突。基督教信仰不像水龍頭一樣，可以任意開關。基督的主權並非對某些人而言是真，對其他人則為假，或是我們生命的某些部分認信其為真，其它部分卻不確認。基督徒明確地強調他們所持守的信息（轉化他們生命／生活的緣由），正正具有「公共真理」的地位。也就是說，無論何時、何處、對何人來說都同樣為真。[5] 因此，對它故作沉默或在公共處境就置委身於一旁，都是嚴重的錯誤。因為，我們被召正是為了和人分享它，把它呈現在別人面前，讓他們有機會考慮，也讓它形塑與鑄造我們生活中的任何一個層面的思考和行動。實際上，這到底意味著甚麼？我們稍後會探討這個問題，但是我們必須首先注意，認可或接受或同意將人類的生活分割為：一方面是仰賴「信仰或委身」而生活的家園，另一方面是依靠「理性」或「經驗」等所謂的普遍天賦（universal dispositions），這種做法，會嚴重危害在基督底下活出門徒生命的生活。

・ 仰慕國王的新衣 ・

這類雙重的生命／生活見解不僅危險，也是非常錯誤的，所以我們不需要背負這個重擔。這種見解是基於對信仰與「理性」的本性與彼此的關係出現了嚴重錯解，但卻是常見的誤解。信仰被當作是與理性截然不同的天賦（disposition），而且是比較不可靠、沒有價值或不合法的天賦（正如本章經常見到的）。不論何時，只要這兩者一起出現或產生對立的時候（正如素常理解的），一定是理性佔優勢。信仰要是這樣做，只會付上犧牲智性（*sacrificium intellectus*）的代價，因為借用愛莉絲的話，「人無法相信不可能的事」，而且一般人都認為理性乃是「可能之事」

惟一可靠的標誌。今天基督教常常被指控為相信「早餐前六件不
可能的事」。不論教會內或教會外，時常聽到「福音必須符合今 20
天凡是理性的人可以相信」的要求。很顯然，到處都有人用不同的方式尋找「合理的基督教」。但是，我們用以探求所謂的「信仰尋求尊重」的根基卻已經腐爛，必須更換。我們將辯説，強調將信仰和理性這兩個人類天賦分割開來，從而把理性高抬過於信仰，乃是非常危險的誤導。這不論是對想要讚許與證立信仰的人，對想要為它贏得某程度的尊重的人，或是對想要完全避開它的人來説，都是如此。心與頭腦（heart and mind）分別所關注的，遠比信仰的辯護者或其最強烈的批評者一般所確認的，交織得更為緊密。

我會在本書強調，神學絕對是不折不扣與無須羞恥的信仰活動。在此，「信仰」這個詞語意謂著兩件十分不同、但是對我們同樣重要的事。第一，它指到踐行者（agent）一種基本的天賦；委身與信靠的天賦，願意接受和以此未經證明的認定（assumptions）與信念為執行神學任務時絕對必要的平台。第二，「信仰」這個詞語也指涉特定的一套信念和認定。這信念與認定就説明了基督教作為思想與行動的傳統的特色。就上述第一個意思來説，我將論證，神學**一向**是信仰的行動，儘管還有很大去蕪存菁的空間。我會指出，當其正正是基督教神學的時候，它就是第二個意思的信仰活動。

這顯然是一條非常具挑釁性的路線。在大學的環境之中教授神學，我當然不想被貼上蒙昧主義者的標籤，或被指控為從理性討論領域逃離出來。我也不想表現得好像很部落式狹隘或偏執缺乏包容。其實，這些指控有很嚴重的錯誤。但是我絕對不接受「把神學（或任何其他智性規劃〔intellectual project〕）當作明確的信仰行動就犯了上述的罪」的説法。相反地，本書前幾章的內容，就是想要對那些希望贏得他人智性的尊重而玩現

代或後現代遊戲，且被誤導以為可以塑造一種「不需要委身的神學」之人，提出艱難的問題。我將論述，信仰有一種惱人的習
21 慣；它會出現在最令人意想不到和最不受歡迎的地方，而且一切試圖擺脱它的影響所做的努力都註定會失敗。那些自以為在這方面已經成功的人，事實上其所走向的模樣和方向，會讓自己變得更脆弱。自己不但無法掌控它的方向，反而在不知不覺中成為它的奴隸。

實際上，沒有那種只侷限於某個特定部落的信仰，或可以在「信仰」和「理性」的運作之間劃一條利落的界線。反之，我會主張，信仰是人類每一認知行動無法避免且必要的因素。所以，信仰不是理性的窮困親戚，或是丟臉的另一種選項。其實，信仰提供理性運作的必要條件，缺少這些條件，理性就無法發揮作用。因此，在一個高舉理性的領域裏，必定也是信仰活躍和積極運作的地方。同樣地，信仰也無法脱離理性獨立運作，而正正是互相合作。換句話説，實際上，信仰和理性無法分割且相互依賴。惟一的問題是，人們有沒有確認這一點。不論為了甚麼目的，凡是將它們切割開來的人，都如同在瀰漫於社會的假象之中犯錯或白忙。如果連我們都從眾認同，並假裝仰慕國王的新衣的話，對我們的社會是毫無益處的。

因此，堅持神學必須在委身的架構內、一定要在信仰的基礎上進行，決不是狡辯或自我放逐到智性部落裏。**所有的**智性活動，都需要在這個或那個的委身架構之內進行。儘管這個事實常常被否定，卻無法抹殺它是真的。然而，如果我們沒有確認這個錯誤，反而允許它繼續存在，就會引致嚴重的自我欺騙，而且造成自己對知識的地位那荒謬和自大的宣稱。我們要用來結束這一章、但是會繼續在本書的其他篇幅中持續探討的問題是：如果信仰和批判的探詢兩者不相牴觸，而是我們生活中的不同組件，在某種意義上互相依存，那麼基督教信仰在從

事神學任務時，應該使用哪一種批判的反思，方才恰當？而這樣的一種從事又是怎樣的？

接下來的兩章，我們將對如下宣稱提供實質支持：信仰不僅無害於且不阻礙理性的有效使用，實際上反倒是理性不可或缺的條件。我們首先會考量導致現代人將信仰和理性兩極化的環境，以及把信仰貶抑為使人學習不到真正知識之天賦的環境。

註釋： 22

1. 例如 Newbigin, L., *Truth to Tell: The Gospel as Public Truth* (SPCK 1991)。
2. Hebblethwaite, B., *The Problems of Theology* (Cambridge University Press 1980), p. 20.
3. Hebblethwaite, *The Problems of Theology*, p.17.
4. Hebblethwaite, *The Problems of Theology*, p.18.
5. 關於這個主題，請參見 Newbigin, *Truth to Tell*。

2.
信仰與尋找確定性

前面我已經提過，信仰在現代遭遇到不受尊重的危機。那麼，這個危機是如何產生的呢？我會在這一章裏面說明，它的產生和另外一件事情有必然的關係，亦即，對人類知識之可靠性（reliability）失去信心的危機，以及伴隨而來對確定性（certainty）的探尋。現代性的智性氛圍，就是由這些事情造成的。

探尋確定和可靠的知識並不是現代特有的現象。這可説是好幾世紀以來人類探尋意義的特性。我們都希望尋找到不受生命／生活裏明顯無法預期的與偶發的事件所動搖而持久的事物。我們渴求穩固並可抓緊的事物，好讓我們能夠在看來「無意義」之中，謙卑地建立一套價值體系，藉此得以在險如急流、波浪滔滔的生命旅途中找到前進的方向。每一個人似乎或多或少，都會覺得奠立這種生死存亡的根基是有必要的。但是，懷疑主義（scepticism；認為終究我們知道並沒有甚麼東西是可靠的）告訴我們，要麼就擁抱「凡事都沒有意義」，否則就要自己設計一個建構「意義」但卻沒有把握的規劃。現代情境最大的諷刺之一就是，竟然在追求確定性的過程中，把自己帶入這腹背受敵的災難之中。這一章的目的，正是要探尋這個命定的探詢。

・ 消失的常識宇宙 ・

有一支著名的德國啤酒電視廣告，一開始觀眾看到的是，
一位男士站在浴室的鏡子前刮鬍子。至少看起來是這樣子。
這一支廣告讓人印象最深刻，迫使觀眾不得不改變原來看法的
是，當那位男士的手伸入鏡子裏面時，鏡面開始在我們面前溶
化，映在鏡子裏面的他也隨之嚴重扭曲，最後破裂而成極大的
24 液體漣漪和波浪。後來廣告的攝影鏡頭逐漸拉遠到讓觀眾可以
看到更廣闊的景物，此時觀眾不舒服的感覺才獲得舒緩。這就
立即清楚了，觀眾看到的「鏡子」其實從一開始就是一缸完全靜
止的水，而那個男人是彎著腰面向它，突然伸手進去，抓了一
罐新鮮冰涼的啤酒。這一支廣告讓我們明白，有些事情很多時
並不像我們第一眼看到的那樣子。即便是看起來最清楚不過的
現象，很有可能也是誤導的。我們必須注意，不要太早對所見
所聞下定論，反倒要隨時準備提問，進一步追索，尋找其他視
角，以確保我們找到一個看法乃是事物的本來面目（things as
they really are）。

這支廣告具有娛樂性，初次看到時甚至很有震撼力。但是實際上，我們大部分人看完之後，仍然會忽視其中蘊含的哲學（甚至包括商業）重點，依舊回復到原先「對自己可見、可聽和可觸摸到的事物感到相當信心」的生活進路，即便我們還是會對許多事物抱持某種「健康」程度的懷疑主義。我們對物質世界感到舒適自在。對我們來說，沒有比看電視時所坐的那張椅子或所喝的那杯咖啡更實在的東西了。然而，這正好反映出一個事實：絕大多數的人都是毫無哲學素養的受造物，因為現代哲學家所提出之最深刻和尖銳的問題，就像這支廣告一樣，正是挑

戰這種穩妥的確定性，並且主張我們所經驗到的世界可能和獨立於我們心智「以外」的實在（reality "out there"），（如果有的話）有很大的差距。然而，諸如此類的哲學辯論留給我們社會的態度和認定（assumptions），對我們的影響非常深刻，即便我們認為自己只是哲學的門外漢。

鄂蘭（Hannah Arendt；或譯阿倫特）指出，這種現代特有
的在認知上的信心危機，可以回溯到十七世紀早期一連串的科
技發展。這些發展促使我們用新的方式看待事物，因而讓我們
對宇宙的思考方式和與它打交道的方式，產生革命性的改變。
伸入宇宙鏡面的科學之手，迫使人類產生深刻而痛苦的思想調
整。隨著這種根本視角改變而來的是一種識別：到目前為止，
每一個人看起來很清楚的事物，實際上並不是它們的實在的本 25
來面目。這種結果動搖了知識的根基，也就是人們以前對感官
的感知（sensory perception）那種天真的基本信任。那麼，這種
被激起的焦慮，到底想要抨擊甚麼呢？

1. 最後的日落

這段時期最有戲劇性的事件之一，是義大利數學家兼物理學家伽里略（Galileo, 1564～1642）發明的新科學儀器——望眼鏡。這項發明開啟了「觀察和發現」這一個廣大而新穎的領域，那遠比到目前為止人類的肉眼所能達到的地方還要廣闊、深遠。這是人類第一次可以透視到外太空，親眼看到先前肉眼不能看到的奇妙景象。有了這樣的經驗，人們很快便發現到，很多事情並不是像過去所看到的那樣。不只是現在能看到過去無法窺視的天文現象，更發現宇宙遠比任何人在最清晰的夜晚，用最明亮的雙眸所觀察到、所想像得到的還要巨大、複雜，雖然肉眼所見的已經震懾人心。到目前為止，這段歷史插曲中最重要的是伽里略用他的新儀器證明了，跟我們在外表看到的以

及口耳相傳的常識（common sense）所不同的是，稱之為太陽的星球並沒有在早晨「升起」，在傍晚「落下」。也就是說，它沒有繞著我們轉，而是我們繞著它轉。這是今天每一個在學小孩都知道的看法，因為很多精美的掛圖或藏書票上都繪上了太陽系運作的圖畫。我們很難想像，他所證明的事對當時造成多大的智性傷害。伽里略將宇宙上下裏外完全翻轉過來。他們眼前的鏡子竟然硬生生地變成了水！

現在人們原先有關他們自己、世界和知識的思考，被迫做了兩個重大的調適。其實第一個就夠大了。因為自古以來，人類就認定，不論從宇宙論來看或者就人類存在的地位與重要性來看，他們的世界就是實在（reality）的中心，所有的事物都環繞著它轉動。從感官而來的證據顯示，地球十分巨大並且靜止不動，為人類的存在提供了最佳的舞台。相較之下，比較不重
26 要的太陽與月亮輪流出現，供應人類所需要的光和熱能。這個證據與基督教傳統所教導的「人類及其歷史乃是上帝創造與心意的中心」相吻合。因此，這兩方面都讓人自以為站在上帝所創造之宇宙的中心。然而，自從這個毀滅性的發現曝光之後，地球和人類生命就從高位大幅度下滑。從原本作為一切事物的中心點被逐出，成為圍繞在太陽周圍的一顆孤星，與其他無數環繞類似星體的衛星一樣，被放置在廣大黑暗且浩瀚無際的宇宙中，是可以想像的。這其中所蘊含的意義令人感到困惑，足以讓天性比較會深思熟慮的人感受到他們暫時失去生存的平衡。如同一位學者評論說：「這種改變不一定會剝奪人類作為創造高峯的傲人地位，但是肯定會對那樣的信仰的有效性（validity）產生質疑。」[1]

然而，就可能影響的結果來說，第二個思想調適其實是更大的。伽里略證明了感官經驗有犯嚴重錯誤的可能。早在幾百年前（編按：按作者寫本書的時間計起，即一九九五年），波蘭

的天文學家哥白尼（Copernicus, 1473～1543）就已經在沒有類似伽里略的望遠鏡可以提供的實驗證實下，提出「是地球繞著太陽旋轉，而不是太陽繞著地球」的說法了。他以數學的簡易性為基礎，提出了日心說（heliocentric）的宇宙觀，反駁了地心說（geocentric）。但是他的理論，以及當中蘊含了就人類自我理解方面不愉快的意義，很輕易地就被刻意摒除為純粹的假說（hypothesis）。不管是當時的科學界或是教會界，都沒有人願意把人類從其長久以來在舞台上所佔的中心位置趕下來，而且他們有很清楚的「常識」作為穩固的證據。

但是，這一切都因為新技術的來臨而改變了。伽里略證實了哥白尼對太陽系那滿有智性的解說是可以獲得實驗印證的。他「替以前僅止於靈感上的推測建立了可以證明的事實」。[2] 他藉由擴展人類的視野，以及對遠方宇宙實在的描述，為人類的知識提供了「感官感知的確定性」，迫使人們認清真實性/真理（truth），並接受這些令人不悅的結果。[3] 當時的世界還沒準備好接受這個痛苦的視角轉變，這可以從兩方面看出：一方面是 27
羅馬教會對伽里略新發現的態度，另一方面則是（據說），儘管帕多瓦（Padua）的哲學教授接受伽里略的邀請，卻完全不願意透過望眼鏡觀看為何需要轉變的證據。[4]

2. 關於原子與虛空

十七世紀的科技發展不僅在宏觀（macroscopic）知識領域上有長足的進步，就連微觀（microscopic）層次上亦有新的發展。這個時期的光學儀器也發展到讓人可以看到過去肉眼看不到的視域。這使得後來對於物質以原子和分子分析所引起的深層次及嚴肅問題（物理世界日常知識的特質）之重要性，不亞於伽里略發現月球表面並不是光滑和平順的，以及木星如同小型的太陽系一樣，有衛星環繞著它運行。伽里略本身是一個物質原子論的擁護者，並且從中演繹出一些更具挑戰性的意涵（implications）。我們每天肉眼可以看到、雙手可以觸摸到的物質對象，都具有某些性質（qualities）。我用來寫作的桌子摸起來是硬的，顏色是棕色，桌面是平滑的。桌上放著的板球（cricket ball）是圓的、紅色的，而且因為常常被球棒打擊，所以表面是粗糙的。不過，微觀視角所揭開的是完全不同的世界。使用精密高倍放大鏡片觀察和分析後，可以證實我們眼前的物體是由更複雜的原子構成，而不是我所列出的那些性質。那麼，這些外貌是怎麼來的？伽里略非常清楚，物質的基本結構成分本身沒有顏色、聲音、味道或形狀等任何東西。他寫道，這些是我們的五官所提供的，因此是由我們內部產生，而非存在於我們意識之外的「在外面」（out there）的世界。如同希臘哲學家德謨克利特（Democritus）在好幾個世紀以前推測的，「外面」只有「原子和虛空」（atoms and the void）而已。因此，不能將讓我們經驗到的世界變得更有特色的顏色、味道、質地、形狀和其他性質，歸功於「實在自身」（reality itself），反倒是我們的心智（minds）所提供的，我們的心智提供這些性質並讓世界變成比其實際更具吸引力的地方。這樣一來，平常感
28 官感知傳達給我們有關真實世界的知識之可靠性，就變得非常可疑了。於是，在我們平日熟悉的物質世界，以及現在認為構成物質實在（physical reality）的無色、無形、無味和無聲的物質實體（physical substance），兩者間的裂縫就開始逐漸擴大了。

非常諷刺的是，這些科技相繼的發展，促使人類有效地擴展了感官感知的能力，但是這樣反倒讓他們對於原本使用相同感官感知的能力所講述的日常故事，最終失去信心。感官經驗在這場競賽中互相對抗，甚至破壞自己的聲譽。當然，感官會騙人、視覺會錯亂，也不是甚麼新鮮事。歷代懂得變戲法的人和魔術師，早就懂得運用這種知識了。但是，「兔子從帽子裏跑

出來」或「年輕小姐被鋸成兩半」，與「（科學家用魔杖輕輕一點）證明我們從小認識和喜愛的世界其實並非真的存在，而是用細心製造的宇宙飾品包裝好的一大堆在空間的混亂粒子」，兩者對我們的影響有極大的差別。因此，試圖將這些新發現和自己的哲學思考作整合的人，必須面對一個難題。既然連生活中最基本、最全面且最明顯的部分（我們身邊所熟悉的世界，以及天空中的日、月、星辰），都是受我們的感官欺騙所導致的大幻覺，我們如何可能肯定**任何東西**呢？

因此，人類的知識獲得劃時代進步的結果，其本質卻是甜中帶苦的滋味。科學往上探入了宇宙太空的隱密處，往下深入到世界不可見的分子底部結構，讓人類的知識領域推展到未曾有過的境界，但是一些具有哲學反思能力的人所感受到的不是興奮，而是某種程度的絕望。因為，雖然人類的知識領土可能擴張了，但是也確認了：在這個過程中，人類知識本身的誠實（integrity）遭到質疑。受到感官經驗背叛的感受，伴隨著「一朝被蛇咬，十年怕草繩」的情緒。因此，接著而來的反應是極度的哲學懷疑主義，伴同著絕望地尋找某種不容懷疑的知識形式，作為抵達真理之確切與恆久的途徑。

・ 懷疑作為確定性惟一的基礎 ・ 29

在鼓吹策略性懷疑，並且想替人類排除那伴隨懷疑而來的焦慮和不安感的主要思想家之中，最著名的是法國數學家和哲學家笛卡兒（René Descartes, 1596～1650）。他本身是哥白尼假說的熱情皈依者，但是他很快就確認到，這個假說對於人類有關世界的知識的性質和地位，含有更多不幸的意義。進行深思之後，他發現自己就像其他同時代大部分人一樣，從小就在不肯定所知的是真的情況底下，接受許多事物為真，但卻把這些對事物的資訊（information）建基於他人的看法或權威的觀念之上。顯然，我們很容易因為非批判地接受別人所提供的視角觀看事物而受騙。即便是我們自己的各種感官（那些看起來最可靠、最少可疑之處的權威）也不能絕對採信了。只要運用現代科學方法檢測，就可以發現它們會製造很大的假象。笛卡兒提出，假如感官可以如此並且嚴重欺騙我們，從今以後就要對它們常存疑問，視之為不可靠的指引，所提供的圖畫，有偏差或扭曲事物真實面目的傾向。

笛卡兒不願意一直處在思想不確定的狀態，或不想再依靠不值得信賴的資訊來源，所以決定為知識尋找一條絕對確定的途徑，是在每一情境底下都可以信靠的。他強調，我們所需要的是足以避免錯誤、直接認識世界本來面目的方法。藉此不僅可以提供檢驗每一個視角與觀點的判準（criteria），也可預防可能產生的偏見或扭曲的效果。

1. 設立免除信仰的區域

獲得這種知識的路徑，笛卡兒稱之為「懷疑方法」。這可以合理地理解為一種將人類知識帶進「免除信仰區域」（faith-free zone）的嘗試。信仰，在本質上是對某些權威根源的信靠態度，現在已經被證明具有非常容易被不可靠的說法欺騙的傾向。人類正是過於相信由感官而來的證據，卻沒有檢驗它，所以才一
30 直生活在「以地球為中心」的幻覺中。不過，只要人們毫不考慮地接受他人對事物的講說，本質上同樣的情況也會發生。因此，在「勇敢新世界」裏，這種非批判的信任都會被當作過度天真的行為，也被認為是沒有為自己嚴肅地抓緊實在或是為自己的知識負上責任。所以，笛卡兒的哲學最直接的後果，就是拒絕讓信仰涉入知識領域中。如同英國哲學家洛克（John Locke, 1632～1704）後來描述的，信仰被當成「缺乏知識的說服行

徑」，只能被視為具有次等的和暫時性的地位的一種看法。因此，信仰必須退位給知識，因為若只是信仰或信任的對象，理論上是很可疑的，而且會帶來麻煩。

所以，笛卡兒決定自己在這方面不落入上述的情況，而放棄他先前持守的一切信念和委身，從頭開始他建構知識的任務。他希望透過徹底清理地基，能夠發現值得人類相信的事物，並且可以合法地（legitimately）成為可靠真理知識的基礎。他的方法確實很徹底。為了達到目標，他有系統地懷疑一切可以懷疑的命題，而且只接受無法懷疑的（也就是可以顯出自明的確定性或必然性的性質的）。他堅持，只有在這樣的基礎上，知識才可以建立起來。不能在這種絕對確定的基礎的面前呈現而被考量或證實的，都沒有資格稱為「知識」，只能繼續作為純粹信仰或迷信的對象。

我們已經觸碰到笛卡兒規劃中最具爭議的重要因素了，也就是現代性（modernity）所繼承到最有爭議的遺產。我們已經提過，笛卡兒是數學家，所以他的哲學和數學一樣，有種強烈要求必然的真理，以及因此而來的絕對可靠真理的傾向。「必然」的真理，就必須是那樣子的，在邏輯上不能有別的可能，無論何時何地都必定展現為真。因此，根據定義它是普遍真理，完全不受反覆不定的視角或偏見的扭曲所動搖或影響。他寫道：「凡是尋找嚴格的真理道路的人，不應該把精神耗費在無法和 31
算術或幾何一樣可以顯明同等的確定性的對象身上。」[5] 換句話說，笛卡兒所要的是，所有的知識，其確定性與「三角形內角總和為一百八十度」或「二十五的平方根是五」此等命題，是同樣的。不能證明自身擁有這種程度的確定性之命題，就不值得相信，也不夠資格成為知識的對象。

笛卡兒用這樣的舉措，在信仰與知識的範疇之間劃下了清楚的界線，也為後者的入門資格訂立非常高的標準。他的目的在於拋棄純粹信仰的認識方式，並且將確定性的認識方式提升，藉此實現和抓緊作為理性之人該有的責任與權利。當他提出這個挑戰時，實在是不可能的崇高指令，並且已經證明對他那個擁抱其為理想的時代來說，要求太過嚴苛。

2. 接種預防絕望的疫苗

然而，笛卡兒本身對於達到這個要求的可能性，倒是很樂觀。他辯說，一切沒有經過驗證的視角或觀點，會使人類的知識產生有害的偏見，並造成錯誤。所以，它們提供的證據必須暫時擱置，直到能夠被某些可靠的判準證實或證偽。為了達成目標，需要採取完全客觀的立場，以便觀看事物的本來面目。也就是好比坐在不受任何欺騙的視角遮蔽的觀眾樓座（spectators' gallery），可以佔有優勢地瞥見實在，直截了當地接觸世界本身，[6] 好像以「上帝的眼睛」（God's eye）來觀看事物那樣，觀察宇宙。假如有人拿了很多張看起來非常不同的照片，卻告訴我們，這些照片所拍攝的是同一處地點。如此一來，能夠選出最可靠呈現那地方的照片的最佳方法，就是放下照片親自到那個地方看一遍，而不是繼續翻看更多照片。事實上，笛卡兒要求的也類似，也就是揭開自身感官螢幕的能力，致能親自觀看螢幕背後到底是甚麼。只有這樣，他才能夠放心地對在螢幕上所呈現出來的真理做判斷，以及做必要的調整。
32 這樣，他就不需要再被迫相信，不再受欺騙，也可以坦然地說他真的知道了。

這種為了客觀地觀看世界而從原有緊繫著觀看者的視角擺脫出來的嘗試，從哲學開始時就存在了。笛卡兒相信，這樣做的可能性其實很大。他宣稱，人的心智一旦被「懷疑原則」從偏見或沒有憑證的確信（unwarranted conviction）中解放出來，自然具有挖掘絕對確定真理的資源，這絕對確定性跟著成為裁決和塑造其他知識的可靠基礎。換言之，有一座自明的和必然的真理的穩固基石，足以讓人的心智不需要依靠其他證立（justification）就可以絕對地認識它。它們可以做為可靠和客觀的根基，使用其他來源獲得的資訊而建構知識。一旦嚴謹地質疑一切可疑的看法，清理好地基，心智就能夠轉到螢幕背後，告訴我們世界的真相，並且運用這個知識印證或否定我們感官或其他可能的資訊來源所提供的有關現象的看法。這裏的真理來源，是不可能質疑的，並且因而足以成為評估所有號稱是知識的判準。

笛卡兒主張如此嚴格地運用懷疑原則，目的肯定不是要讓人一直處於懷疑的狀態，反而是想成功擺脫它。就好比打預防針治療疾病一樣，他認為有必要用病毒對抗病毒，讓免疫系統產生作用。他想要用懷疑做為工具，嘗試發現不可能懷疑的東西，因而可以成為他知識規劃中更新的信心的焦點。經由印證哥白尼的假說，伽里略將人從宇宙的中心移除，把他們拋進信心的危機之中。笛卡兒解決的方法是有效地把人重新置於事物的中心，如果這不是宇宙論式的，那麼至少是理性的，理性有能力踏出既有的有利位置（vantage point）的限制，從而掌握宇宙。

3. 躲避惡魔

我們必須再提到一點，不然就不算完整地介紹笛卡兒。那就是，笛卡兒後來不得不因為自己至為無情的一致性而被迫承
認，就連他在重建知識時終極建基於其上的「自明的」理性真理 33
（self-evident truths of reason）也是可疑的。他沉思之後指出，放置在我們心智裏的這些「自明」真理，以及我們對世界的整體經驗，很有**可能**是受到惡魔的影響，是整個大幻覺的一部分。也就是說，惡魔對宇宙的一部分耍了把戲，然後將之加在我們

身上，使我們產生幻覺。我們必須趕緊說明，笛卡兒並不相信事情真的是這樣子。但是，他自己為所有真知識所訂下的判準，在這一個環節上反倒產生不利於自己的結果，因為他無法用**絕對確定性**來證明事情並非這樣子（被惡魔欺騙）。所以在這裏，他發現自己需要重新找到一個即便在最糟的可能情況下，也不會再受到懷疑的真理：即是，他自身存在作為思考的主體（thinking subject）這真理。「我思故我在」可以說是思想史上最有名的一句話，它就是在我們現在討論的思想脈絡下產生的。笛卡兒推論，即便我們全部的經驗和心智裏面的觀念都是一大騙局，有一件事情是無法懷疑的：「我」存在的事實讓我被欺騙。因此，只要我能質問和懷疑我的知識和經驗，我就能夠確定我自己以心智的方式存在。笛卡兒承認，乍看之下，相對於一開始投資的心力，這樣的報酬確實非常糟糕。然而他相信，這正是他想要的穩固腳踏，好讓他足以建立關於實在的有用和可靠的知識。他就以這個狹小但堅固的基礎為出發點，立即用兩項理性的證明來證明良善神明的存在。他堅持，這舉動立即驅除惡魔的夢魘，以及確保那給予人類心智中之理性真理的真實性。

當懷疑過一切可疑的事物，並且在這個過程中辨認出（他相信是）微小卻足以在上面奠立不容質疑的根基以講述事物的性質（這是他現在熱切浸沉當中的規劃）之後，笛卡兒總算有信心繼續進行認識世界的規劃。但是，誠如很多評論者的觀察，他的成功付出了極大的代價。一方面，他運用對感官經驗的徹底懷疑當作認識實在的指引，而拒絕信仰對負責任的認知者乃是有價值的天賦（disposition）。另一方面，他使用自己偏愛的
34 數學為建立知識標準的典範，但是市場最終證明不能維持這種標準。對那些（不論因為甚麼原因）無法使用笛卡兒他那重建知識的特別道路的人來說，他遺留下來的可以說是「絕望的沼澤」

（Slough of Despond），因為在其中找不到絕對的穩固的腳踏。惟一的選項是，不能夠停留委身於任何一處太久，恐怕會沉沒得無影無蹤。所以，不久之後，他尋索絕對確定性的強力做法就產生了反效果：導致「甚麼都沒有得到」的沮喪結論，而且把人類打入他自己經驗的監牢裏。我們將看到，曾經被笛卡兒召喚出來的惡魔的幽靈，並沒有如他所期待的被驅除乾淨。

· 從觀眾樓座到鏡子門廊 ·

正如我們已經看到的，伽里略的科學假說與發現，加大了我們平常看到的世界和借助顯微鏡和望遠鏡等科學儀器所見到的「本來面目」之間的差距。再借用德謨克利特的話，「習以為常的顏色、甜味、苦澀，**在實在上**（in reality），只有原子和空虛而已。」到目前為止，我們還沒有對「在實在上」、「世界的本來面目」等詞句提出挑戰。現在已經到了該拆穿它們真面目的時候了。我們可以合法地問，在甚麼的根基上，我們認為放大的功率所提供的視角享有這種特權地位？的確有兩種對世界不同的講法：一個是日常由五官所提供的，另一個是科技使我們從不同的視角看到的。可是我們根據甚麼基礎判斷某個看法是「事物的本來面目」的方法，另一個就是不準確或相對地欺騙人的？為甚麼電子顯微鏡所呈現的就會被認為是比較本真的看法（好像只要把物體弄得愈細小就可以掌握實在），但是透過我們的眼睛和手指等的日常生活經驗所帶給我們的（顏色、質感、味道、聲音及氣味）則是蒙騙的看法？或者，為何以地球為中心的「地球—太陽」關係是「誤導的」，但是以太陽為中心的看法就是正確的？如果說，我們的感官傾向欺騙我們，那麼就必須自我提 35
醒，不論是顯微鏡或望遠鏡，也不能讓我們倖免於這種風險的可能性。我們還是要徹底檢視。我們每一次從感官那裏獲得的資訊，都和平常接收到的不一樣。它們看起來不同。我們被容許以新的視角觀看事物。但是，我們為甚麼要堅持這個新的視角就是通往實在的本來面目的入口，而我們平常比較熟悉的樣子卻某程度是扭曲了或隱藏了實在？關於這一點，答案不是那麼明顯的。

1. 端賴你的觀點

如果用比較簡單的例子説明，可能有助於我們理解這一點。[7] 例如，我們都注意到，物體外觀的尺寸大小會隨觀看者的視角不同而改變。根據權威的旅遊指南手冊記載，壯觀的杜倫座堂（Durham Cathedral）那座塔約有二百一十八英尺高。但是，當你從該城市的南邊進城的時候，第一眼看到那座矗立在地平線遠方的建築物卻非常小；你舉起手在你面前量度時，就會發現小到只有食指的一半而已！即便是比較接近時，看起來會大得多，但也沒有旅遊指南手冊上説的二百一十八英尺高。實際上，那座高塔呈現出很多不同的高度，端賴你從甚麼地方看它。當然，有人會説，那只是人盡皆知的視角把戲。不過，我們再次在此設立了毫無根據的認定，那就是：在那座塔的眾多不同「視角」的看法和高度，跟「實際」、「真正」、「真實」的高度之間，存在著某種既定的區別。我們大概認定，那是直接透過非常精準的儀器丈量而得知的。或許使用很長的捲尺，從頂端量到底部。不過，難道這不也是一種「視角」，不也是另一種「觀點」嗎？當然是。這是大多數人因著實作上的目的，確認這樣可以提供那座高塔之真正或準確高度的視角。然而我們也必須知道，這樣做沒有絕對的必要。只要大家都同意某種視角具有優勝的地位，我們就可以對那座塔的高度達成一致的共
36 識。但是，這種共識可能會被認為是科學常規（也就是文化地相對）的事情。而它的結論就是，沒有絕對的「真正高度」，只有

從眾多不同的視角中選擇一個「經過同意後的真實高度」。

「形狀」也會產生類似的現象。例如，大部分的人都同意一英鎊的硬幣是圓的。不過真的是這樣嗎？再一次，嚴格說來，要看從哪一個角度觀察它。這裏有兩種特殊的角度，從上而下直接地與垂直地觀察硬幣的兩面，看到的是符合我們所知道的幾何圓形。可是，只要稍微改變角度，我們看到的就不是圓形，而是橢圓形了。事實上，我們在日常生活中，幾乎每一次看到錢幣的時候都不是圓形的，而是其他形狀。那麼，為甚麼我們一直堅持它就是圓的？再一次，我們可能又會說，因為大部分的時候是受到視角所引起的光學錯覺的影響。然而再一次，當我們這樣說的時候，表示硬幣的形狀之所以看起來不一樣，是因為沒有從我們特別挑選出來（不是大多數人平常特別採取的）的視角看它。

上述的講法告訴我們，嚴格來說，人們在世界之中感知的對象的性質，會因選擇的視角不同而產生變化。也就是說，這是相對於我們這些感知的人、相對於我們的「觀點」的。這種確認使得笛卡兒之後幾十年的哲學家們堅持，這類性質（尺寸、形狀、質地、味道、聲音等等）不是真的「在外面」（out there）的外部世界之中，而是在個別認知者的心智之中。換句話說，我們「認識」的只是自己心智製造出來的形象（images）或知覺（sensations），不是產生這些知覺的「在外面」的事物本身（大概認為事物產生知覺）。假如從一個角度或位置觀看某物，我們「看到」的圖畫可能和另外一個人看到的非常不一樣（即使我們看的都是同一部位）。我們「看到」的已經改變了。不過，一般而言，我們不會認為事物本身改變了，所以會立刻承認，我們「看見」的和「事物自身的本來面目」不同。洛克論說，這是因
為我們「看見」的不是事物本身，而是大腦受到感官的刺激後製 37
造出的表象（representation）或現象（appearance）。表象會依

照我們和物體距離的遠近、觀看的角度等等而變化，然而事物本身卻依然不變。我們其他的感官也有相類似的情況。當皮膚接近火焰的時候，心智就產生「熱」的觀念（idea）。可能伴隨著視覺的傳遞，也會在心智之中誘發黃色或橘色的觀念，亦可能經由耳朵產生火焰燃燒之爆裂聲的觀念，以及經由鼻子產生的煙燻味的觀念。這肯定不是絕大多數人可以想到的日常生活方式，因為驟眼看來這種講法似乎過度複雜了。但是，仔細思考之後就會發現，其實生理學家們對眼、耳等如何運作的描述，在某種程度上支持這種說法。

2. 實在⋯⋯似乎是

生理學家指出，當我們說我們「看見」某物時，其實是一個複雜的過程。由對象所產生的光波傳到我們的雙眼，將兩個略為不同的影像投射到視網膜上，隨後腦部的視覺神經會產生信息，並且解讀和協調那兩個資料位元，使它們成為（與前面兩個都不同的）該對象的單一影像。此過程是費時的。雖然一般事物的流動只是一瞬間而已，但是從光波離開對象，到我們腦部感知該對象的這一過程中，時間的確流逝了。就理論而言，在那段時間裏，該對象本身消失了。這聽起來雖然有點荒謬，可事實上這很可能與我們的視覺經驗有密切的關係。科學家說，當我們注視遠方的一顆星時，它的光波事實上花了幾百萬光年才抵達地球，刺激我們的視覺器官，而且光波離開的那顆星的時候，那顆星很有可能早就燃燒殆盡了。那麼，儘管我們還是欣然地言說它，仿如它還存在，但事實上看到的不太可能是那顆星本身。上述的差異只是程度而已，同樣的情況也可以應用到我們「看到」的身邊的一切事物。這個說法亦適用在其他的
38 感官。例如，有關觸覺，物理學家認為，當我在打字時，指尖碰觸到鍵盤的時候所產生的感覺，並不是平常所想到的是來自

鍵盤本身的。嚴格地説，我的手指沒有直接碰觸到鍵盤。相反地，我的「感覺」是手指的原子和鍵盤的原子之間連串相互電擊的結果。它們透過手掌和手臂的神經傳送到大腦，導致產生我對鍵盤的「感覺」。不過事實上，即使沒有任何對象，也可以產生那樣的「感覺」，只要以恰當的方式刺激相同的神經即可。

如果是這樣的話，我們應該如何呢？假如我們接受洛克的講法，就必須承認我們只能夠用感官間接地接觸世界。這種接觸好像有三個要素：我們的心智、「在外面」的世界，以及由知覺提供、介於兩者之間用以相互聯繫的「表象」或「觀念」。對洛克來説，心智所認識的是由真實世界的對象創造、引發或刺激後所產生的觀念。可是，我們的知識內容和「在外面」的世界之間一旦有了裂縫，很快就會引起人們對兩者之間的確實關係的質疑，以及對知識的可靠性或真理的質疑了。總之，按照洛克的説法，我們無法認識「真實世界」本身，只能透過我們的經驗內容推論其存在。再者，洛克自己（在這一點追隨伽里略）也辯稱，很多從對象感知到的性質（qualities），根本不是外在地存在於外部世界之中，而是心智所產生的，是認知過程的一部分。下面這段引自懷海德（Alfred Whitehead）的説話，可以為這種看法下一個令人不舒服的結論：

> 我們感知的那些具有某些性質的物體，實際上只是心智的產物而已。因此，自然所獲得的讚賞其實都應該歸於我們自己：玫瑰的香味、夜鶯的歌聲和太陽的光輝。詩人們徹底地錯了。他們應該把詩歌的內容獻給自己；把它們變成對人類心智優越性的自我頌讚。自然是枯燥無味的東西，無聲、無味、無色；只是一堆倉促混亂的物質而已，永無止境，毫無意義。[8]

3. 受困在自己的主體性裏？

39 除此之外，跟著還有更徹底的結論。蘇格蘭的哲學家休謨（David Hume, 1711～1776）承繼洛克有關人類知識性質的説法，並且嚴格地推進而達至一個可想而知的結論。他沉思，如果我們對外部世界的認識僅僅是間接的，那麼我們實際**認識**的並非世界本身，而是在心智中出現的世界表象。如此一來，我們永遠不能確定該表象是否可靠，或是準確地描述那「在外面」的世界，因為我們所知的那個世界可能和感官告訴我們的完全不同。然而，是否就是如此亦不得而知，因為無法拿我們的觀念和呈現出該表象的原物作比較。沒有辦法拿副本和原版作對照。我們好像受困在自己的觀念後面，這些觀念隱蔽了外部的世界，但它們可能被視為要向我們揭示世界。前面已經提到，正是因為如此，笛卡兒才想訴諸某種確定的基礎的理性真理，藉以拯救知識，好讓我們一睹「真實的世界」，也藉此強調取得思想的觀眾樓座以獲取優越的看法的必要性。不過，洛克和休謨都拒絕這種説法。對他們來説，人類知識只有一個來源，就是由感官經驗供應給心智的內容。沒有普遍和永恆的理性真理可以依靠。這種徹底的經驗主義帶來了深遠的後果，因為休謨必須被迫承認，既然認知者的心智永遠不能探知從感官得來的觀念或表象其背後的實在，既然離開經驗就沒有言説真正知識的基礎，那麼嚴格説來，根本對那「在外面」的世界沒有任何知識。事實上，我們沒有真正的憑證，也沒有需要設定這樣的一個外部世界的存在。換句話説，心智所認識的是自己原本就有的內容、由感官提供的觀念，我們不可能越過這面紗。

可是，假如「外部世界」不存在，或者更正確地説，如果我們永遠不能得知有這樣的世界，或它是怎麼樣的世界的話，那麼真理的問題就變得非常棘手了。「真理」有多種方式定義，但是最受推崇的正統看法是，人們所想所説的世界符應世界真實的情況。也就是說，真正的思想或陳述（statement）某意義上必須符應事物的本來面目。然而，倘若我們永遠不能有方法接觸「真實的世界」，如果「真實的世界」根本不存在，那就無從核 40
實真理或證偽我們的思想或感知，因為缺少可供對照的事物。我們實際上被幽禁在自己的經驗裏，因為那就是我們所知道的一切。留下的只是潛伏的恐懼，因為「我們所知的實在」或是在我們面前顯現的實在，可能只是電腦遊戲在我們心智裏製造出來叫人興奮的虛擬實在。我們好像被關在佈滿鏡子的長廊，不論站在何處或往何處看，所見到的都是我們自己心智內容的反映。世界本身已在眼前消失不見，剩下的只是一堆我們自己製造的扭曲影像。在這樣的情況下，真理不得不變成「事物在我面前顯現的模樣」。必須承認每一個視角都同等地真，因為沒有甚麼可以獲得的來源，能夠對任何特殊的觀點作出考查。結果，真理必須被重新定義為：心智提供給我們的融貫講述，而不是那些講述和在講述之外（隱藏的）的世界之間的符應。

·　心智作為創造者　·

現在必須討論另一位在哲學舞台上，為現代的知識危機佈置場景的要角，就是普魯士裔的天才康德（Immanuel Kant, 1724～1804）。他承繼和整合笛卡兒理性主義和休謨經驗主義的洞見，又嘗試避免兩者的重大弱點。康德要建構一種可以讓人放心地認識世界的知識論的基礎，同時也確認人類理性能力的真正限制。康德的學說對現代具有長足深遠的影響，以致即使從未聽說過更遑論讀過他著作的人，亦被他影響了對事物的理解。

不同於休謨的是，康德同意笛卡兒的看法，主張在認知的過程中，人類心智提供了先天就具備且已知的一套基本真理，

並具有自身的結構與組合。正如前面已經說過的，笛卡兒認
41 為這是防止我們有可能受到感官經驗欺騙的保證。但是康德相信，在理性原則和我們感官對世界經驗之間，已經具備良好的對應關係。換言之，我們經驗到的世界與心智事先認識的世界相當一致。感官比笛卡兒那種極端的懷疑主義所容許的更可靠，足以作為我們認識事物性質的引導。當然，有些時候對事物的第一印象需要受到理性的命令所修正和檢驗，不過，那只是例外而非慣例。

因此，例如，擅長提出理性假說再藉由繼後的實驗核實的科學家們往往發現，世界事物的表現和他們事先對事物的思考而制定的普遍「法則」十分吻合。可是，由於我們對科學的熟悉，以及認定它為認識世界的可靠指引，導致容易忽略一個由這種科學的預測能力所引發的問題。為甚麼理性和經驗之間能夠彼此對應呢？為甚麼心智可以在我們實際經驗世界之前，提供一幅描繪世界實際情況的圖畫呢？哥白尼的大膽假說僅是一個不可思議的想像性巧合，還是心智在獲得任何感官核實之前就真正洞察宇宙內在的合理性呢？康德認為是後者，所以必須面對我們剛才形構的問題。一個可能的答案是「上帝」（一切事物的創造者和設計者，以及一切事物的理性的源頭）將心智賜給那按照祂形象受造的人類，使之可以一窺祂偉大設計的藍圖。這種主張是某些理性主義固有的看法，而且對很多人來說是一個頗具吸引力的解決謎團的方案。不過卻不是康德提出來的答案。

1. 感官經驗是被編輯過的而非原材料來的

康德解答難題的方式，是採取否定尋常的做法來出發。康德論說，我們無法（如笛卡兒提出的）將感官和理性提供的證據分開來處理。不能把感官經驗當成有關世界的資訊的獨立來
42 源；感官經驗其實是心智根據理性的原則或範疇，把外面進到

心智之中的東西加以分類與形塑，然後再賦予形貌的複合物。他下結論説，感官經驗之所以符合理性原則的原因，正在於理性已按照自己的理性形式在感官經驗上面運作了及打印後了！在成為我們的經驗之前，它已經被心智處理過了。我們的心智就好像「大自然的立法者，吩咐我們所認識的世界應該以何種形式、在何種條件下向我們展現」。[9]

那麼，這個知識論可以説把人類心智的主動角色推到了極限。我們在世界裏感知的秩序和美好並非出自上帝美好的創造；其實它們是我們心智的產物；是心智把結構置放在宇宙裏，而不是我們從宇宙中發現的。所以，心智認識的不是世界本身，乃是實在和心智間相互作用後的結果；是對那在外面的世界大量加工之後的版本，不是原始的實在本身。在此，康德和休謨一樣，極度懷疑我們有能力認識世界「本身的樣子」。事實上，康德堅持我們不能認識世界的本來面目，因為我們認識的實在已經是個被大量地編修過的版本。

不過，就如他之前的笛卡兒，康德的目的是要把人類從休謨和其他人產生的那種哲學的懷疑主義陷阱中釋放出來，給他們一個不隨觀點改變而波動的看法。於某層次而言，他的哲學主張人類牢牢地受限於心智供應的視角，否定人類可以對「事物在其自身」（things as they are in themselves）擁有任何優勢的看法。然而他卻同時堅持，所有人類的心智結構都一樣，並運用相同的概念配置，因此可以將它們對事物的看法當成普遍與客觀的觀點。也就是説，假如我經驗的世界並不等同世界自身，而是心智作用於世界所產生的產品，那我能肯定的是，所有其他人的心智，也會以相同的方式運用同樣的理性原則作用於世界；因此我們居住在其中的世界和我們棲居於其中的對事物的看法，也會是一樣的。事實上，即使我參加的是一個大型的虛擬實在遊戲，只要其他每一個人也參加，並遵守同一套遊

43 戲規則的話，真與假的觀念其實可以重新制定，而不損遊戲。真理不只是「我站在所站之地所看到的事物」。因為，實際上，我所站之地（我看見的世界）也是大家所站之地，即使這不一定是「世界在其自身」。因此，「事實」就是大家一致同意的事。換言之，它是我們所有人的心智一起向我們呈現出有關世界的某些面向。因此，人類理性的普遍範疇提供且認可大家認同的視角，藉此可以提出和回答真與假的問題、已證明和否證的真理宣稱。

康德對此有非常嚴格的限制。這個限制滲進了我們社會意識的根部，也對神學有著別具傷害的含義。他告訴我們，理性有能力處理某些事實的知識，但只能在規定的界限之內，即是在感官經驗限定的範圍內。所以，凡是不能經由感官方式供給我們的，就不能得到理性的認可，它們既不是事實，也不能作為我們的知識的一部分。因為我們永遠無法肯定或證實它，因此必須把它歸入不同類別的領域——靠「信仰」運作的領域。康德的目的不是要批判信仰。他只是認為人類某些跟實在打交道的方式應該屬於不同範疇，是超出理性的責任和能力範圍的。宗教信仰恰恰屬於這種範疇。他堅持，與上帝打交道並非這樣的一種理性活動，因為理性既無法證實亦無法否定之。它與「事實」的宣稱無關，而是屬於比較直接的、直覺的和道德的類別。它是一種和絕對的道德實在的關係，不是與物質世界間接的思想相遇。然而，在這他稱之為「為信仰留地盤」裏，康德有效地將神學從理性論述和爭辯的場域中移除。這個現代的「成果」，把人類的理解二分為真正的知識（可檢驗的經驗「事實」和理性真理）和純粹信念或信仰。

2. 我們的心智都一樣嗎？

康德的哲學一度成功地驅逐了相對主義的幽靈，並解除了

有關世界的人類知識其地位的焦慮。人類不再需要如笛卡兒那
樣追求從「上帝的眼睛」來觀看事物。畢竟我們「居住」的世界 44
不是上帝建構的，而是人類的心智。因此，我們的心智提供的視角就等於是上帝眼睛的看法。它正是創造者的觀點所看到的，正如我們已經指出，康德相信，這種視角必然是每一情況都相同的。他認為，每一心智用其先天概念，為事物提供了普遍不變的面貌，為我們提供了穩固的基礎以提出和檢驗真理的宣稱。

然而，這種固有但未經驗證的認定很快便遭受質疑，懷疑的惡魔已被釋放出來再次折磨我們了。有人說，或許人類心智建構的世界並不是每種情況下都是一致的；或許它用來思考和創造的概念或理性工具並不是普遍的，反倒是隨著時間、地點和文化的不同而有所差異；所以實際上說來，我們居住在各種特殊的世界之中，而這些世界又在於我們特殊的歷史和文化的位置（historical and social location）。可能我們理解和觀看世界的方式，並非如康德想像的是一種普遍的「既予」（universal "given"），而是受我們的特殊故事所決定——我們的文化告訴我們世界及其結構和方向的故事。當然，拒絕這種看法最明確與直截的方式，就是訴諸「事物的本來面目」，直接證明真理。不過，這正是康德整個哲學思想要否定的。

自康德開始的兩百年，我們對過去和現在的人類的認識向前邁進了一大步。但是我們所學到的，並不很支持他的樂觀普遍主義（optimistic universalism）。很多時候，反倒是不同的人類羣組，他們各自認定為合理的信念或可接受的行為之間的基本差異，才對我們造成強大的衝擊。試圖為一切有理性的人辨認不容否定的理性和倫理原則的哲學家、道德學家、歷史學家和人類學家們，始終無法產生共同承認的成果。反之，就著「真」與「善」，浮現的是巴別塔般的多樣性與混亂的記號。所

以，在現代我們常常聽人提出的「普遍的」、「可驗證的」，以及確定的知識這些理想，只不過是迷惑人的磷火罷了，不值得浪費時間追尋。更徹底的，仍然是「根本沒有真理」這種絕望的宣稱。頗有影響力的德國哲學家尼采（Frederick Nietzsche）曾
45 說，「真理是虛構的」，我們的世界及其標準正是我們創造的，它們的意義只是我們投資其上的價值，等等。每一個人類羣體都講述自己的故事，也會為自己編造自己適合居住的世界。每一羣體的合理性與道德觀，其塑造和發展都離不開各自的歷史和社會處境，就如每一羣體塑造和發展自己的語言。事實上，根據更徹底的後現代思想家的看法，這些不同的世界觀不但不相同，甚至完全不相容。正如希伯爾韋特主張的：「世界自身已經被一台受文化操控的巨大螢幕遮住而消失了。」[10] 在這種環境裏，缺乏理性工具以判斷爭競的看法，衝突的可能性與部族式固執偏見就乘虛而入。

探討完所謂的啟蒙運動時期的哲學發展之後，現在回過頭來省思今日各種不同的生活態度和認定。我們可以從不拘一格與籠統的整理之中，再次辨認出現代性思想模式中的兩種主要思路。它們顯然都出於這個複雜的哲學思潮，各自以自己的方式對信仰和神學作出重大的挑戰。一方面挑戰信仰作為我們社會智性所尊重的天賦，另一方面挑戰神學作為公開並以同一基礎所追求的學科。

一方面，它要求我們在採納任何真理宣稱之前，或是要求我們在合理地期望其為真理之前，一定要能夠提出事實的或邏輯的證據來支持這種「信念」的合理性。很多人帶有嚴重的笛卡兒式懷疑主義，雙腳不敢站在任何還未獲得絕對確定性的平面上。我們還未親手觸摸到實在的傷痕之前（譯按：就像多馬一樣），不肯說「我相信」。我們非得要「事實」清楚地呈現，努力清除堆積如山的各種解釋、個人判斷及視角，並用懷疑的酸劑

溶解未經驗證的信念和認定不可。我們必須保持客觀的觀點，在委身之前要以「事物的本來面目」看待它們。我們渴望符合啟蒙運動的思想標準，為自己的知識負責，亦即事必躬親，而非道聽塗說。我們可以將這種看法稱為**客觀主義**（objectivism）。

另一方面，有些人不再對確定性的追尋抱持幻想，並且認 46
為這是一個失敗的嘗試，反過來擁抱**相對主義**（relativism），以之作為自己絕對的依靠。對這些人來說，除了每個羣體（最極端的是主張每個人）為自己創造的真理之外，沒有真理。沒有不受解釋污染的「事實」，因為它們是心智和世界之間交易後的產品。沒有普遍的理性真理足以彌補這個缺失。只有你、我、他的視角罷了，而且（如果有的話）誰也不知道誰的比較好。惟一能確定的就是，甚麼都不確定！

我們要提醒自己，上面的看法絕不容許有人說「我相信 X 是真的」。因為，對某些人而言，它沒有達到理智人類的最低判準。對另一些人來說，它是一種教條式的傲慢（企圖把自己所選擇的看法強加給毫不懷疑的世界），將一切絕對化或普遍化成為單一看待事物的視角。諷刺的是，這兩種看法最後都適得其反，跟自己所宣稱的對立。也就是說，兩者實際上均放棄了它們對知識該有的責任。一個只是聳著肩說：「不關我的事。很明顯，只需考慮你自己的事實。」另一個則是攤開雙手說：「我怎麼知道呢？真理完全是個人製定的，所以做你自己想做的就好！」

不過，其實有第三條路，這真的是為自己的知識負責任的做法。這個選項不僅是比較令人滿意的人類求知的模式，同時也提供一個智性氛圍讓「信仰尋求理解」可以發生，讓「相信耶穌」可以被高舉而為被尊重的立足點，由此而觀看並參與今日世界中的生活。我們現在的第三條路，就是要在同樣令人不快與不可能的客觀主義與相對主義、絕對的確定性與令人絕望的懷疑主義之間，穿越過去，這是下一章我們要探討的。

47 **註釋：**

1. Dampier, W., *A History of Science and Its Relations with Philosophy and Religion* (Cambridge University Press 1946), p.123.
2. Arendt, H., *The Human Condition* (Chicago University Press 1958), p.260.
3. Galileo, *Siderius Nuncius* (1610)；引於 Alexander Koyré, *From the Closed World to the Infinite Uniserse* (1957), p.89。收錄於 Arendt, *The Human Condition*. p.260。
4. 在與一羣羣極度保守的權貴發生衝突之後，伽里略在一六一六年將他的發現帶到羅馬的教會法庭上，但是卻正式被判不能發表，並且入獄。哥白尼的日心說也被判「錯誤且違背聖經（Holy Scripture）」。直到大約兩個世紀後的一八二二年，教宗終於還給太陽自由，讓它獲得「作為太陽系中心」的合法地位！（參見 Dampier, *A History of Science and Its Relations with Philosophy and Religion*, p.124。）
5. *Rules for the Direction of the Understanding*；引於"Descartes," *Dictionary of Philosophy* (Pan Books 1979), p.89。
6. 感謝紐畢真（Lesslie Newbigin）主教提供這一個隱喻。
7. 我對喬德（C. E. M. Joad）感到抱歉，因為必須借用他對這個問題所做的精采說明。參見 Joad, C. E. M., *The Guide to Philosophy* (Victor Gollancz 1963), pp.26～30。
8. Whitehead, A. N., *Science and the Modern World*；引於 Joad, *The Guide to Philosophy*, p.40。
9. Joad, *The Guide to Philosophy*, p.368.
10. Hebblethwaithe, B., *The Problem of Theology* (Cambridge University Press 1980), p.75.

3.

仰慕無立足處的觀看

女士，告訴我事實，只要事實！ 48

凡迪（Joe Friday；《拖網》〔*Dragnet*〕）

「事實」，就像單筒望遠鏡和紳士的假髮一樣，是十七世紀的發明。

麥金太爾（Alasdair MacIntyre）

本章我特別要進入波蘭尼（Michael Polanyi）和麥金太爾的哲學。他們兩位都嘗試在客觀主義和相對多元主義（relativist pluralism）左右夾擊之間找尋出路，以説明人類理性活動的本性。他們各以自身獨特的方式，就啟蒙運動那種對絕對客觀性的追尋加以嚴格審視，最終認定在本質上這種追尋是徒勞無功的而加以拋棄之。美國哲學家納格爾（Thomas Nagel）曾將這種追尋描述為「無立足處的觀看」（view from nowhere）。不過，波蘭尼和麥金太爾基本上仍委身於真理的意念，委身於人類知識即是對真理的追尋。相對主義宣稱，絕對確定性（absolute certainty）之外的另類選項，就只能是絕對化的不確定性；但是對此種觀點，波蘭尼和麥金太爾絕不讓步。兩人都不願屈就於重新定義真理，認為真理乃相對分量（relative quantity），是由內在於一種特殊的信念系統的融貫性（coherence）所判定，而不是在於其對實在（reality）的符應程度。

很引人入勝的一點是（同時也是他們各別的做法可能對基督教神學作出貢獻之處），他們都將人類理性活動的本性，視為與實在之間進行的有意義的打交道；在論述中，兩位都感到有必要介紹並使用一些在現代（modern）主流討論中早被視為不可信、棄而不用，並從公共真理（public truth）領域被放逐出去的範疇（categories），這些範疇在過往曾經發揮核心作用。因此，麥金太爾的論述環繞著批判式的理性活動此意念，視之為在一個權威的傳統的生活與發展之中所發生的事物，而波蘭尼則著
49 眼於個人委身（personal commitment）和信念（belief），視之為所有真正理性和「客觀」知識的不可或缺的部分。很明顯，兩位學者是從基督教神學傳統借用了這兩個範疇，並加以使用，以脫離他們認為現代哲學討論已走進了的死胡同。因此，當援引他們兩位的思想時，我們並非單純借用哲學材料以建構或支撐一種基督教神學的模型；這並不是神學隨哲學起舞。相反，這些（哲學）洞見與重點是從基督教神學中借用的，而在現代性（modernity）的氛圍中，神學家本身反而不敢去持有這些東西——我們僅是在回收利用（reclaim）它們。因此，為著這些東西能得到妥善保管、加以發展，並能最終歸還，我們必須承認，我們的確受惠於哲學。

我們也許可如此總結歐洲啟蒙運動的中心抱負：他們嘗試為所有人提供一套清楚的標準和方法，用以決定在某特定情境中哪些事物可算是理性上或道德上得以證立（justification）。換句話説，要相信甚麼事或做甚麼事，才算是「合理的」？在此情況下，理性的人會採取甚麼行動？會委身於哪一套信念？在當

時看來，人們若能具備這些原則，被無誤亮光正確引導，就能為自身行動和信念負起責任，這是任何理性的人都會接受或容許的。要達到這些理性或公義的普遍原則，就得持續、有意識地越過或除去那些將物質、歷史、文化或社會處境/脈絡和看法，跟另一種處境/脈絡和看法互相區別的事物。個人的特殊性（personal particularity）就像一層層的洋蔥，須逐漸剝開，才能顯露核心部分，也就是普遍、絕對確定的人類理性和道德。但剝除過程結束後剩下的究竟是甚麼？如同先前所言，想在這點上取得持久的共識實際上異常困難。確切來說，剝除過程該在何處停止？最後剩下的東西究竟是甚麼？大家在這類問題上爭論不休，使得很多人開始認為這種探究並無價值，其實人類的理性和道德根本不存在普遍的核心。當洋蔥的最後一層被剝除後，人們才發現使人困擾的真相：其實甚麼東西也沒有剩下。

・熱切與科學程序・ 50

不過，知識應是可知且不變，不受特定的歷史與文化位置（historical and social location）污染，不被特殊的人類視角、偏見或解釋架構所扭曲——這個理想在我們的社會中仍然活躍與安好。最明顯的例子是一般大眾對自然科學方法的看法，而這個方法又被提升成為典範（role model），人們必須加以依循，才算是在我們的社會之中以負責任的方式認識事物。正如波蘭尼（他本身是科學家）的觀察，我們今日的大眾神話創造者所描繪的科學活動，本質上其實是以冷漠的進路接觸實在。科學家身著白袍，過程中耐心地工作，觀察自然世界，毫無偏見地收集資料（data），加以編目登記。他們進行實驗，小心翼翼控制條件，排除一切可能的干擾因素，以收集事實。然後「定律」（laws）和理論就制定了，但實際上它們不比「對事實的素樸描述」(description of facts)[1] 強多少。這些描述一方面成為對過去經驗的實質的方便記錄，一方面使我們得以估算事件未來的可能走向。

如此看來，這裏呈現的認知進路不容許個人偏見或私人持守的確信(convictions)的扭曲、欺騙以致出現誤用或誤傳事實。嚴格來説，對於這種結果，科學家本身幾乎沒有甚麼責任，因為他僅是以客觀方式進行觀察，將所見報告出來，然後拼湊碎片敍事，描述我們所居住的世界是甚麼樣的地方及其中日常發生的是甚麼樣的事。對於他所説的故事，人們能以公認的方法加以測試，並予以核實。那麼，這是否就表示達到了啟蒙運動所渴求的那種客觀性呢？

上文對客觀認知這種想法，很大程度上與康德式(Kantian)傳統有關。這傳統認為「事實」就只是被給予(are simply given)認知者、而成為人所共有普遍經驗中的一部分。事實就只是它本來的樣子，不論我們是誰，不論我們的看法、背景、信念等為何。事實就在那裏，有待收集、整理，然後了解其意思。
51 最後這個程序——我們可稱之為解釋——必然涉及某程度的變異，甚至可能產生結果上的衝突，因為它引入了人類主體性(subjectivity)這個因素；但我們處理的是事實本身，就必然存在某種基本的客觀性/客體性(objectivity)，以滿足我們。不論對你、我或其他人而言，事實就是事實，也就是由經驗提供、保證而為前反思的(pre-reflective)或前解釋的(pre-interpretative)純數據。如此，若我們將理性活動建基於這些能被普遍確認的經驗單位，若我們從認知過程中儘可能除去視角、偏見、熱切(passion)和未經證實的認定等污染源，我們就能獲得知識的客觀性——只有這樣的客觀性才是康莊大道，通往光明和真理。在我們的社會中，主要是科學家，再加上少數歷史學者和偵探(「告訴我事實，女士，只要事實」〔譯按：小説人物名言〕)，他們每天所作的事被視為最接近上述這種不關涉個人、抽離、真正客觀知識的理想。

1. 認知作為技能

針對科學客觀性這個迷思，波蘭尼的攻擊向來毫不留情。他堅持，不論是實驗室裏的科學家或任何人，都不可能只是全然中立、被動地接收此迷思所提出的那種有保證的純粹資料。實在並非這樣子交付給我們，彷彿我們在認知行動中惟一的責任，就是把它妥善保存，使之不受污染。相反，科學或其他領域的每個認知行動都是需要技能（skill）的行動。為善其事，我們須使用種種實物、概念和語言的「工具」，我們常常要作出精細判斷，並全心投入過程、推斷和結果當中。認知就是這類活動，它是結果無法得到保證的一個過程。若成功了，認知者本身佔有很大的功勞。當然失敗的風險也經常存在，並且其結果永遠無法足以產生絕對的確定性。永遠都有一種內建的偶發性與波蘭尼所稱的「人為係數」（personal coefficient）直接相連。

2. 科學家作為視象家

就科學家的活動而言，此「人為係數」明顯可在幾個層面上被辨認出來。若要制定科學理論，其中一個必要的能力，是辨識或直觀自然界中的秩序式樣（patterns of order）或內在理性（intrinsic rationality）；隨後，再以此種直觀為基礎，設計實驗和 52
測試，以核實暫時的主張。在這樣的意義下，科學理論為新的科學活動提供了起點，而不只是結論，或是描述過去經驗。但無論如何，不論我們怎樣嘗試，這種確認式樣或形式的能力，都不能被設想為本質上非人性、不參雜感情的客觀程序。波蘭尼如此描述：

> 在科學領域中，發現客觀真理就在於掌握合理性；此合理性叫人尊敬，教人欽佩……此種發現雖然使用感官經驗作為線索，卻藉著接受那在感官印象之外有關實在的視象（vision），超越經驗本身；此視象能引導我們不斷對實在產生更深入的理解，這就是其價值所在了。[2]

波蘭尼注意到，某個理論一旦被科學羣體接受，就會被注入一種類似先知式預視的力量：「我們接受一個理論，從而希望與實在接觸；該理論本身固然是真的，但我們更希望它的真理能在未來數個世紀、以它的作者想像不到的方式彰顯出來。」[3] 我們注意到，波蘭尼在此所用的詞彙：沉思冥想（contemplation），即醉心於一種能使我們超越自身凡俗存在的視象；亦是先知式的想望、期盼某種尚未核實或成真的事物未來終將實現；甚至呼召我們順服一種與我們相對、無法實證免於懷疑的實在。波蘭尼對「確認式樣」能力的描繪讓人聯想到藝術的感受或滿足。所有這些語言都是出於多種不同的人類處境，而為我們熟悉，包括宗教和禮儀那種語言，但或許這種語言與通常用來描寫追求科學目標與使用科學方法的語言，大相逕庭。

3. 挑選專業的工具

理論或視象一旦形成，證實或證偽的過程就必須啟動。在我們的想像中，至少是科學家穿上白袍、進入實驗室，拿起試管、顯微鏡和所有相關器材，開始「客觀」實驗的程序。即使這樣，波蘭尼仍不會讓我們的想像安舒。確實，科學家開始收集
53 資料，檢視事實，加以整理。但這個過程並非與個人無關、不牽涉情感的。

我們大多數人都不是特定科學領域中的專家，面對這些

設備以及所要探索的實在時，我們也面對一個難以克服的障礙——我們根本不知道從何開始、要尋找甚麼，以及如何進行。我們不曉得哪些程序要用到哪些器具，對於如何從中獲取想要的資料和測量數據，更是一頭霧水。這説明一個重要事實：不論哪個科學領域，獲取資料的過程總是需要相當程度的訓練。它預設了一套知識，並期待你熟悉已然確立的技術和方法。為了有效收集資料（事實），科學家接受科學羣體的訓練，使用這個羣體先行規定的這一套「工具」。但要使用這些工具並不簡單直接或容易。過程中，你必須持續判斷在某個環境下究竟該使用哪種工具，或如何使用高度敏鋭或複雜的儀器以讀取數據。波蘭尼聲稱，這些工具本身實際上成為科學家自身性格與實在打交道的一種延伸。選擇並使用這些工具時，我們其實並不自覺，而是理當如此地使用，信任它們是收集所需資訊的可靠且適切的設計。至此，我們應該能看出，在實驗室觀察和記錄資料的過程於本質上絕非被動或中立，使資訊單純地被展現和恰當地被記錄；相反，這過程非常複雜——當中個人因素如信任、投入、判斷等都佔有重要地位。波蘭尼寫道，「即使最嚴格機械化的程序都仍有賴個人技能的操作，如此，個別的偏見就有可能趁虛而入。」[4]

4. 挑選專業的招數

波蘭尼指出，從一般常識就可知道，科學領域中許多實務技能的取得必須是「捕足而非教授」。這當中充滿無法言傳、難以分析的因素。它們之所以能代代相傳，是透過「學師」的過程、師傅與徒弟所建立的親密關係，而不是經過閱讀關於該主題最經典、涵括範圍最全面的書籍。只要稍加思索，我們 54
會發現生活中許多事物都是如此。老祖母依照數十年家傳祕方（「一些這個」、「少量那個」）製作的約克郡布丁（Yorkshire

puddings）總是美味絕倫，依賴昂貴食譜的精準指示所造成的，反而成了看起來不怎麼樣，且食之無味的代替品。這是為甚麼？騎單車、擲回力棒，或熟練地揮動高爾夫球桿，祕訣究竟何在？若說這幾方面的專家都熟知成功表現所需要的科學公式，那實在太過牽強。即使他們真知道，這類知識對他們來說也毫無實際用處。事實是，要成功做到這些事，所需要的技能遠多於科學分析所能揭露的訊息片段。想學習這些技能，你只能效法行家的榜樣，在他們的監督下不斷練習，直到熟練精通，直到發現竅門所在。

因此，科學家也必須經過上述這些訓練的過程。但當然，這類學習（以及以它為基礎的任何後續行為）絕非通俗意義理解下的客觀。我們再引述波蘭尼的一段話：

> 藉由榜樣而學習就是對權威的順從。你效法師傅，因為你信任他做事的方式，即使當你無法分析或仔細講述它的有效祕訣何在。藉由觀察師傅親身的榜樣，模仿他的努力，學徒在無意識中習得該項技藝的規則，包括連師傅自己都未必明確知曉的規則。只有那些完全降服自身、毫不批判地模仿別人的人，才能吸收這些隱藏規則。[5]

在此我們找不到一種抽離、無偏見、毫不熱切的態度；相反，這裏牽涉到的是權威、順服、信任、偶發、風險、委身等字眼所描述的過程。

・ 紳士的單筒望遠鏡和假髮 ・

科學活動的宗旨在於跟「事實」打交道，而上述分析卻揭露這類活動也有著隱默的條件（tacit conditions）。其實這種分析能運用在我們更熟悉的處境中。認知從來不是一種與世界之間非個人的交易（impersonal transaction）；相反，它一向都是一種高度熟練的活動，在此活動中我們由始至終都必須全人投入。我們每個人都帶著現成的解釋架構，進入即使是看來最簡 55
單直接的認知活動。這些架構並非普遍的，而是取決於特殊人類羣體的參與者所具有的個人特殊性，以及特殊背景、經驗、期望的人。

前面提到，每種感官的感知活動都牽涉複雜地解釋資料的過程，不論我們是否意識到它的存在。因此，「我看見房內另一頭的桌子上有一份報紙」是一項事實的陳述，為了斷言在我們之外的那個世界的某些事物；但它並非與認定、解釋、信念等毫無關係。我們「看見」甚麼，其實很大程度上取決於我們帶著哪些思想範疇（mental categories）來處理感官資料。所呈現給我們的這類資料其實十分複雜，但我們能從中熟練地剔出一部分，把它辨認為一個單獨的物件——報紙、桌子，或其他甚麼的。但這預設了我們熟悉這些概念，以及作出判斷——熟悉這些概念對特殊經驗的可應用性，且相信「報紙」、「桌子」等語言符號能恰當地把我們的意思傳達給他人。這些東西並非單純「既予」（given）的。如果有一個社會根本不認識報紙和桌子這類東西，以上的陳述就毫無意義。該社會中的觀察者所「看見」的將不同於我們看見的，他們對事實的報導也相應地與我們的不同。

類似地，「事實」需要的不只是單純被辨認，也要經過選擇和分類。每天有大量事物在我們身上發生或在我們周圍發生；多到有人問道「今天發生甚麼事」的時候，我們不太可能將「事實」表列出來。如史坦納（George Steiner）所觀察：「把所有事物都記住，是一種瘋狂的症狀。」[6] 我們總是高度選擇，之後將認為與人們提問性質相關或重要的事物呈現出來。可是這必然包含判斷和評估等因素。再一次，這樣就不僅僅是把對一切有眼可見之人來說是顯而易見的事物傳達出來而已。

一位技能嫻熟的牙醫看病人的嘴巴內部時，他能「看見」的遠多過病人自己對著浴室鏡子能瞥見的。他知道要看些甚麼，且比我們大多數人更能認出某些可見癥狀的重要性。此時以及任何情況之下，我們若問「事實為何」，答案會取決於你帶著甚麼問題來探索該實在，由此而從穀殼中篩選出麥子。同樣地，
56 在合理情況下，鑑證人員以訓練有素的眼睛，應能在犯罪現場「看見」一般人看不見的各種蛛絲馬迹。因此，我們「看見」的、在我們面前呈現的，以及「事實」，全部都不是同樣的事物。事實對任何理性正常運作的人，都不只是事實。我們之能夠將一特殊的情況辨認為「事實」，在相當程度上取決於我們是誰，以及我們接觸該事情時帶著哪些理解和意義的架構。至少在這個意義上，事實和解釋是相互交錯，無法分割。

因此，事實並非如一般神話希望我們相信的那樣，是純粹既定的「公共」經驗的單位、前理論（pre-theoretical）和價值中立的（value-free）。這類「直截了當的事實」並不存在。借用麥金太爾的話，它們「就像紳士的單筒望遠鏡和假髮一樣，是十七世紀的發明」。[7] 真正的事實已滿載了理論（theory-laden），由我們的總體經驗中，經由一複雜的解釋過程採集而得；此過程中我們倚靠且信賴一套工具，知識的追尋是否成功，則取決於我們是否恰當運用工具的技能。進一步説，如波蘭尼所言，事實性陳述在本質上絕非中立的陳述，而是這樣的陳述：以上述過程為基礎，我們相信甚麼為真的陳述。絕對確定性並不存在，其原因在於：每個認知行動最終都倚賴於我們未加批判地接納一套特定的基礎信念和委身，而在這個意義上，知識具有內在修正的特性（inherent corrigible）。我們的認知能力運作於其中的架構和工具，都是由這套委身所形成。因此，終極而

言，事實的陳述根植於個人的委身（personal commitment），並非冷眼旁觀。每個「X 為真」的陳述都可以替換為「我相信 X 為真」，而其意義毫無改變。某些情況下，認知行動中的信仰因素很明顯，另些情況下則是隱藏的。不符此種情感介入（passionate）模式的事實性陳述，若非謊言（也就是我們根本不相信其為真），就是無意義的空口說白話（這兩種情況，我們都有所保留，都是未曾委身）。

尋找客觀中立不帶偏見觀點的人，確實在渴求真理。但波蘭尼堅持，真理「不過是信念的外在一端（external pole），而摧毀信念就會否定所有真理」。[8] 換句話說，每個真理宣稱都建立在信念之上。你無法二者擇一；認為自己可以二者擇一的，都是在自欺自以為可以如此。

・懷疑的教條主義・ 57

波蘭尼對客觀主義的批判的另一個重要元素，在於他對懷疑的邏輯結構詳加批判。笛卡兒的影響深遠且全面，穿越數個世紀，到達我們的時代，令人窒息。對於不能證實為真的事物，更恰當的應是加以懷疑而非相信，這個主張對我們來說並不陌生。許多人認為，比起相信或信任未經證實的宣稱，懷疑主義在智性層面更值得尊敬。若事物未經證實，我們應該保持「心智開放」（open mind），而非落入「狹窄」的教條主義（dogmatism）。許多人認為，黑暗時代已事過境遷，進入啟蒙時代，人類心智也應長大「成熟」，拒絕信任任何事物，並以堅強的鬥志，懷疑一切無法證實的事——要得到堅實、負責的知識，這是惟一途徑。如波蘭尼注意到的，這類綱領式的懷疑主義是客觀主義邏輯的必然結果。它的目的是要過濾一切志願式信念的元素，要提煉出純粹客觀證實的事實和邏輯上必然的真理，也就是真實的知識的原料。

懷疑原則的積極擁護者聲稱已經把個人天賦（dispositions）正確分類，只有客觀、公共可得的，才擁有知識地位。其餘的在原則上都是可疑的，「只是信念」的標籤已經足夠。確實，較嚴格形式的懷疑主義對於任何信念都不屑一顧，絕不將本質上有疑慮的聲稱視為知識，並對其引以為傲。

波蘭尼對懷疑進行分析，揭示上述這種對懷疑的典型看法其實有誤。他的基本要點是，懷疑與相信、反對與贊成，在邏輯上其實是等價的。換句話說，陳述懷疑同時也是陳述信念。「我懷疑 P」這個懷疑的陳述，能夠以正面方式加以改寫：「我相信非 P」，或「我相信 P 未被證實」。但這些陳述引起這問題：「你之所以這樣相信的根據是甚麼？」波蘭尼論說，問題的答案無可避免揭示出，當你要想懷疑 P 時，其實已採用某些未
58 經懷疑的想法或信念的架構。這些想法或信念提供懷疑 P（相信非 P）所需的條件，但本身卻未被質疑。如果它們被懷疑，則懷疑 P 所需的條件就失去了。懷疑這些想法又會無可避免地涉及其他另類的信念，而這個或這些信念又是基於另一些信仰的委身。如此，每個懷疑都有其信託結構（fiduciary structure），都根植於一套信仰的委身；這些信仰的委身在支持該懷疑的同時，其自身是不能被懷疑的。每個懷疑都穩坐在一個信念的樹枝上。堅持折斷這樹枝，為達到一種毫不委身的位置，只會使初始的懷疑掉落地面，導致自我指涉性的毀滅。

這樣一來，徹底的懷疑主義雖被某些人高舉成一種理想，實際上卻難以實行。真正向所有事物開放的心智，就像沒有邊緣的盒子一樣，最終是空洞不能容下任何物品，連懷疑都難容。我們愈是懷疑，就愈得相信和信任。如果我們轉移懷疑的焦點，那麼我們的信仰的委身也會隨之轉移，以遷就過程。懷疑某事就是持守另一真理的宣稱。懷疑過程本身必然包括未加

批判地接納且倚賴某套意義架構。因此，它的本性絕非純然客觀的操作，而是和每一個認知行動一樣，是植根和建基在各種委身的複雜程序，而這些信念中很多連我們自己都未察覺。因此波蘭尼指出，客觀主義渴想的這類真正毫不委身的立場，最終必然約化自己而為沉默，因為它所用來形構「如何可以不相信」的一套語言工具，本身的合法性（legitimacy）和適用性就是基於信任（以用來完成手中的任務），而這套語言是承襲自特定羣體的傳統。我們甚至可以更進一步堅持，既然思想與其語言形式（linguistic forms）如此緊密相連，那麼我們其實無法談論思想本身，除非這些語言形式的真實性（verity）先得到確認，可是這一項判斷所憑藉的判準又須先被測試，而此一判斷所憑藉的判準又須……如此無窮後退下去。

因此，懷疑並不是避免未經證實的信念。相反，這類信念提供懷疑之所以能夠成立、獲得支撐的基礎；而且，只有通過信念，懷疑才得以制定和形構。如此一來，能夠達到最抽離的客觀性，應該就是拒絕全心投入任何信託立場（fiduciary 59
stance），且願意隨時丟棄某些委身、接受另一些委身，以避免長久跟任何未經證實的信念伙伴一起。這是相對主義式的多元主義者（relativist pluralist）的兩難。一旦發現「追尋觀眾樓座的看法」即是追尋一個並不存在的視角：「無立足處的觀看」（view from nowhere），這類多元主義者就選擇成為無處的公民（citizens of nowhere），回避所有真理宣稱，斷言每一不同的觀點都有同等價值，都能成為適當的棲息地，從其中再作進深研究。但這些客觀主義者雖然提倡嚴謹的方法、系統地丟棄信仰委身，卻抱持一個信念：到達這過程的終點時，他們會找到真正中立的固土（terra firma），以及隨之而來的真理。波蘭尼的分析顯示他們其實是自欺欺人；他也警告我們不要受騙。他認為實際上「哲學性的懷疑……受到了束縛，它不會使懷疑者本身的信念受到質疑，也不會使懷疑者本身不認同的懷疑受到肯定」。[9] 這就意味著，懷疑者把自身選擇或認定的信念誤以為是中立與客觀的觀點。想像出來的觀眾樓座，實際上只是信念委身市場中的一個攤位而已，與我們其他人的攤位沒有差別。因此，當懷疑者倡議「合理的懷疑」，認定它是對真理的尋索的答案時，他其實是在説我們應該以事物的本來面目來觀看事物（see things the way they really are），如果我們像他那樣只接受合理的信念。波蘭尼總結説，要想望的是，懷疑主義應該坦白面對其自身的信託基礎，他提出，這是因為「教義式的正統性（dogmatic orthodoxy）能夠內在地與外在地都受到抑制，而信經（creed）被顛倒為科學時，則既盲目又欺人」。[10]

・ 信仰與批判性思考的結構 ・

目前為止，波蘭尼對我們討論的貢獻，在於他堅持：自笛卡兒追求確定性以來的智性傳統，對客觀性這個理想（徹底超脱）及信託式的委身（信念）作出錯誤設想，強行將兩者分離，從而歪曲了我們對真理的看法。這種通俗模式把可證實、可顯明的事物提升成為真知識的理想，並詆毀無法證明的事物。但波蘭尼聲稱，人類理性的每一個行動（以我們上面的展示方式）
60 基本上毫無例外，其基礎處都倚賴未經證實的信念，以及未經批判就認定是可用來接近實在的工具和方法，以弄清楚實在的意思。所以，所有客觀主義所做的只是強行掩飾這種信念，或把它們埋葬在地底下，否認它們仍然構成客觀主義所站的基礎。因此，波蘭尼的目標是「重新恢復我們的能力，使我們得以謹慎持守未經證明的信念」，[11] 誠實地確認人類理性活動的基本結構是 *fides quaerens intellectum*——信仰尋求理解。就理性探索、確保通往真理的通路而言，並不存在一個絕對中立的觀點。我們人類能掌握的惟一看法，是我們自身所在的看法，是從構成我們特殊性的委身和認定的「特一殊」(parti-cular)架構內部出發——從這裏出發，我們才能與世界進行有意義的交流。用波蘭尼的話來說，我們是「棲居」於這些架構之中，正如我們棲居於自己的身體中；正如我們無法逃離身體，我們同樣無法擺脱這些架構、進入某個完全客觀的「他處」，我們也無法將感官對這世界的講述與世界的實際狀況作比較。這並不是説，我們與實在打交道，在某種意義上是天真或非批判的。這並不表示，「任何古舊信念」我們都能接受。但它確實表示，我們必須對批判式研究的實情為何，重新加以思考。

批判的理性活動的真正性質並不如客觀主義想要我們相信的，要完全丟棄信念、認定與觀點。它不可能完全不設界限地開放；理性必然需要某些固定指涉點(point of reference)，在界限和邊界之內來進行探索。正如思想史所顯示，如果這些固定的指涉點並不(如康德所言)只是給予全人類的心智結構，為理性活動提供普遍一致、毫無差別的結構和取向，那麼我們就必須誠實面對此一事實：這些指涉點是經由其他方式而來的。它們源自我們生活的羣體，源自我們所言説、藉之受養育的(字面上的及智性上的)「語言」，也源自意義和理解上的特定架構(透過生命歷程中的教育、訓練及別種個人經驗，我們獲得這些架構)。我們與這些指涉點之間的關係，其特點不在於抽離與確定性，而正正在於個人的棲居其間與信任或信仰。我們把這 61
些指涉點視為理當如此，毫不批判接受它們，毫不質疑使用它們。我們其實沒有能力不這麼做；不這麼做其實才是極端不合理。因此，批判性思考，正是無可避免地以我們所持守關於事物本性的「基礎信念」來進行的基礎，並且必然會以極度個人的方式使用某些工具和技能。它在本性上必然是可修正的事業，因此我們自身也必須對它所產生的後果負起全責。

因此，我們每個人用以觀看世界的方式——也就是我們能夠觀看世界的惟一方式——不偏不倚地正是每個人在自身所處的位置所看到的。歸根究柢，它是我們的看法。我們沒有能力避免這樣的個人視角，或轉換成為無立足處的觀看。波蘭尼總括地說：

> 現在我們必須再一次確認，信念是所有知識的來源。隱默的認許和智性上的熱切、共同使用的習用語和文化傳統、聯繫於心智相似的羣體——這些動力形塑了我們對事物本性的視象（vision）；我們有賴它們才得以掌握事物。在此信託框架以外，並無智性思考可以運作，不論那種思考多麼批判性或原創性。[12]

這個「接納系統」在「邏輯上先於」所有批判思考活動，並且是所有批判思考活動的必要條件；當我們在其內部來接觸世界時，我們需要持續地再思這些基礎的信念。接觸實在時，一個辯證過程也隨之啟動：我們在自身基礎信念的亮光下看待實在，也在實在的亮光下審視自己的信念。但波蘭尼堅稱，這類再思預設了這些信念的真實性／真理，因為恰恰是這些信念所構成的系統使我們的思考成為可能。假如真的想要質疑這些信念的話，我們必須先辨認它們，不再使用它們作為基礎信念，而採用另一套信念系統來進行探索。這也許是做得到的，然而必須緊記，它所得的結果不會是我們信念的客觀看法，而只是由其他信念所提供的看法。再要注意的是，我們不可能把其他人對事物的看法（或這些看法所建基其上的基本信念）與事物的本來面目做比較，只能把那些看法與自己的看法做比較。

・ 清點傳統 ・ 62

這章接下來，我們只會簡要處理麥金太爾的觀點，因為他對客觀主義之批判的基本方向與波蘭尼的觀點（前此已詳細討論）實質上並無二致。不過他從羣體和傳統的觀點對理性所作的講論，我們稍後會多談一些。

相對於波蘭尼強調信仰是所有理性活動的必要條件，麥金太爾則希望肯定傳統是理性活動不可避免的處境。他論說，啟蒙運動對所謂中立、無私和真正普遍的客觀真理的追尋，最後註定失敗，因為它所尋找的立場並不存在。事實上，所有理性活動都根植於某一套原則（可與波蘭尼的「基礎信念」〔fundamental beliefs〕比較），而該原則「無可避免與其歷史處境和社會處境分不開」。[13] 簡單來説，啟蒙運動所糾結的「何為理性」的問題，其答案在於「這取決於你是誰，以及屬於哪一個特殊智性傳統」。如此一來，受到某類通俗論證所鍾愛的「理性之人無從否認的」這一刀切的理想，就逐漸消失了，取而代之的是一系列有特定處境的「諸合理性」。

對麥金太爾而言，要進行理性活動、批判質疑和追尋真理，並不在於追尋「從社會處境中超脱出來才可獲得的原理」，[14] 也不在於普世都可以知道，就是從特殊生活處境之中抽取出來的某組永恆真理，再把它當作石蕊試紙來測定我們智性知識的酸鹼值。追求知識，我們只能從自身所在之處開始。因此，要使批判性尋索真的產生作用，就必須從一特殊「傳統」內部開始，從特定一組信念、委身和踐行開始；這些為批判性尋索提供了理性基礎和界限。麥金太爾認為，這種尋索既是由傳統建構的（tradition-constituted），同時也是建構傳統的（tradition-constitutive）。我們承繼了一個立場、一種觀點，以之為出發點來理性地探索世界；但在探索過程中，通過提問和回答，我們

也使傳統本身向前邁進、得以轉化。為特殊傳統提供固定指
涉點的原則，以及求知探索之得以在其中進行的原則，並非自
足或自我證立的，並非笛卡兒追尋的「必然真理」(necessary
63 truth)。相反，它們本身原則上是需要證立的。或如波蘭尼所
說，它們在本質上是「未經證明的信念」。但是為了從事理性活
動，人們不加批判地認定了這些原則，只有在它們定規的限度
內才會被質疑。如果不是這樣，反而想徹底質疑這些原則，要
求它們作出清楚明白的證立，人們就會拋棄這些原則，進而跨
出自身傳統。人們甚至得對這些原則加以評估——當然，不是
以客觀的方式，而是通過其他傳統及其他傳統所認定的原則、
其他傳統自身判斷何為理性時所使用的標準。這麼做只是意味
著從另一處、另一視角、另一觀點出發看待世界。

·特殊性與自我超越·

客觀主義者要求以全然客觀的方法建立「單純的事實」(plain facts)和「可證實的真理」(demonstrable truths)，但波蘭尼和麥金太爾兩人對這種說法提出猛烈與無情的攻擊。兩人都指出，想要尋找這類真理、這類事實，就像追逐磷火，是浪費寶貴的時間和精力，自認找到了的人只是自欺。但兩人各自對人類認知的解釋，迫使我們認清一個重要難題：兩人否認有絕對或中立立場的存在，拋棄所謂「無立足處的觀看」的可能性，這表示兩人承認我們一切的認知在本性上都是視角的。他們都斷定，除了我們目前處身的傳統(麥金太爾)或我們棲居在其中的信託架構(波蘭尼)，我們再也沒有其他認知事物的看法可以得到。但這難道就表示我們要面對被困在自身信念之內或背後這事實？難道我們的傳統真的阻絕我們與實在本身的直接接觸？如果我們真的被封印在各種意義和解釋架構之內(如同我們被

限制在各自獨特的身體之內），如果我們無法逃脫這些架構、探
頭到螢幕後面、如笛卡兒般偷看一下這真實世界，如果（如波蘭
尼和麥金太爾兩人都堅稱的）我們無法訴諸某種普遍的（因此是
「客觀的」）、康德式的理性真理，那麼，與懷疑主義和相對主
義之間的戰役是否已經全然落敗了？如果我們無法逃脫視角帶
來的限制，以直探普遍與確定的真理，那麼我們是否得承認真
理（若真有「真理」這種東西）最終是不可知的？這是十七世紀 64
所面對的兩難困局，到今天依然是難以化解的。如果不是絕對
堅實、可證明的確定性，就是泥濘不堪、令人沮喪的不可知論
（agnosticism）。但我們必須問道，為甚麼非得同意、接受這樣
一個兩難的局面不可。

1. 迎向不可能的衝動

納格爾注意到，想超越自身特殊個別觀點的這種衝動，正是來自這個確認：自身觀點其實就是一個觀點、一個視角，而不僅僅是對事物的講述。納格爾寫道：「這個確認對『想把自身對世界看見的圖畫變成不再是從此處觀看』的這個想像施加壓力」。[15] 換句話說，我們想確保自身視角不會欺騙我們，因此我們渴望「無立足處的觀看」，一個不被視角束縛的觀看。納格爾主張，這種（驅動啟蒙運動的）渴望很令人敬佩。不加質疑地對事物現象照單全收，是智性上最差的一種停滯和衰敗，也是放棄我們在真理面前的責任。但很重要的一點是，我們不能把我們身為人類所能得到惟一的一種自我超越——跨出自身特殊視角、進入（想像上、物質上或其他意義上）另一個觀點以將之與自身觀點比較的能力——誤以為是發現了「無立足處的觀看」。這是啟蒙運動犯下的極大錯誤，我們不應繼續犯下去。這種以「上帝的眼睛」來看事物會很方便，我們可以繼續保持這種理想，以隨時記取自身的限制。但這是一種我們無法達到的觀

看。更重要的是，它不是達到真正自我超越的惟一看法。有很多方法可以幫助我們彌補自身的特殊性，我們藉著面對這特殊性並探索其他看待事物的可能方式，從而超越它。但我們沒有能力以任何絕對的方式超越它；換掉「此處的觀看」，追尋「無立足處的觀看」，而非「別處的觀看」，是沒有可能的。

2. 努力追尋對事物的更佳觀看

納格爾提出了一個重點，就是邏輯上而言，追尋自我超越必然與實在主義式（realist）的知識論相連；這種知識論認為「宇
65 宙和其中大部分發生的事情都全然獨立於我們的思想」，[16] 因此，人類的認知在於對實在那遠超過我們思考與言説能力的複雜結構，進行漸進探索，並據之調適我們心智對事物的理解。他的重點就是，如果懷疑主義和相對主義是正確的，那麼就沒有必要努力超越個人的特殊觀點，或評估其價值，因為每一個觀點與所有其他觀點都同樣好也同樣差，同樣對也同樣錯。如此，納格爾對認知所做的説明，雖然並不贊同客觀主義模式中抽離、絕對的確定性，卻仍然認為真理能被渴求、能被認知。這裏所説的自我超越就在於，在努力追尋真理的過程中不斷前進。但納格爾也警告：「如果真理是我們的目標，我們就必須接受此事實：我們只能在很有限的程度上得知真理，而且不會全然確定無疑。」[17]

在我看來，這很接近波蘭尼的看法。波蘭尼也贊同追尋自我超越，或——用他的話説——嘗試超越自身的主體性。他也連結到一種實在主義式的知識論，認為我們是在「與一隱藏的實在建立聯繫；以這種聯繫為條件，人們才能期望得到一範圍未定、尚未得知（也許尚無法設想）的真正涵意」。[18] 但對波蘭尼而言，我們之能超越自身的主體性，不是藉由從之逃離、進入某種抽離的觀眾的樓座，以致能觀察我們對實在的看法與實在

本身之間的關係，而是藉由熱切地將自身投入某特殊立場——該立場是我們所能得知最好、最可靠的通往實在的管道，而這種委身（用他的話來說）有著「普遍的意含」（universal intent）。

3. 將我們自身延伸進入世界

波蘭尼不願接受被困在我們自身特殊性之後或之內這樣的情況；他認為這樣未免太過悲觀。後笛卡兒式對人類認知的理解的特色之一，是把人類踐行者（agent）設想為心智（mind）與身體的尷尬二元性（duality）；心智（真正的認知主體）本質上是被動的，因著身體的阻礙而被隔絕，無法直接接觸世界，只能被動接受不斷流動的資料或觀念（ideas）。這幅圖像加強了懷疑者的疑慮。我們被困在感官提供的現象背後，只能倚靠無從核實的二手看法。然而關於認知者與知識之間的關係，波蘭尼有相當不同的看法。他論說，認知其實是主動行動，而非被動 66
接受。在認知行動中，人類主體主動使用他棲居其間的各種工具，以接觸世界、探索世界。因此，舉例來說，在我們與自己身體的關係當中，我們並非被迫倚賴不可靠的資訊而恆常感到焦慮，而是作為實作者（practitioner）很有技能地施展所長因而充滿自信。因此，我們必須使用以獲取知識的其他「工具」（波蘭尼將之理解為概念的與語言的工具，也包括實際的科技），並不是一種障礙，將我們與實在隔離得更遠，而是將我們的身體（因而也就是我們自己）延伸進入我們所「棲居」的這個世界，以更加貼近實在。這些工具是透明的，並非模糊不清。我們透過它們觀看世界，正如我們透過眼鏡觀看世界。或者可使用波蘭尼提出的另一幅圖畫：這就像盲人使用白色手杖接觸世界、探索世界。手杖不是攔阻我們接觸世界的障礙，而是使我們得以進入世界的通道。我們所注意的並不是媒介（因此也不意識它的存在），而是媒介使我們得以接觸的那個實在。

4. 良知與委身

那麼究竟根據甚麼，我們能有自信地説：我們透過自身的特殊視角、主動且極度個人地與世界交流所得到的圖畫是「真實的」(true)?很清楚，對波蘭尼來説，我們不可能絕對確定地得知。但我們可以測試它，把它跟其他可以找到的觀點比較、對比，等等。如此一來，我們最後發現自己需要面對判斷：哪種視角對事情的講述，是接觸實在令人最滿意、最有成果的道路？作出這樣的判斷之後，我們就要對自己的觀點委身了。我們相信這觀點是可靠的與令人滿意的。我們不可能絕對地知道實在。我們不能假裝那是惟一可能的觀點，或大言不慚認為它已將事物完全説明清楚。我們承認它本質上是片面的、偏頗的。但只要它與我們發現的實在作出最令人滿意
67 的接觸，也就是説，只要它較諸我們考慮到的其他看法更令人滿意，我們就能相信它所提供的説明是真實的。而且我們相信，使我們與之產生接觸的，是一個驅使我們確認且同意的實在；我們對該實在本身的存在並無責任，卻有責任為其結構和樣貌作出忠實的見證。這個實在遠超過我們現時的理解，但我們目前對它的所知包含了「許多隱藏的意涵」，透過持續探索其內在邏輯，這些意涵會漸漸顯露出來。這就是説，我們之所以信任某個特殊架構或視角，是因為當我們佔有該架構或視角時，我們發現實在從外而來抓住了我們，向我們顯現，並將向我們同伴宣揚該實在的任務，當作一關乎良知的任務託付給我們。由外而來的某種真理抓住了我們，我們對它作出智性上的委身；正是在此種關係中，在宣告這普遍意含(即宣稱：我們以此方式得知的事情，不僅是「對我們而言的真理」，而是確實與一客觀實在接觸)的當中，我們超越了自身的主體性。

5. 羣體中的委身

如此一來，相對主義的絕望終究得以惟獨藉由信仰行動及個人委身而決定性地避免開來。我們是站在自身相信為真的立場上面，但這並非任意的舉動，而是在跟實在打交道時負起個人責任的態度。就像路德（Martin Luther）一樣，我們也宣告：「這是我的立場，我別無選擇。」我們的良知不會允許我們像世界主義者（cosmopolitan）那樣，在不同視角之間遊蕩，彷彿每個視角都同真同假。但若有人要我們必須對自身立場作出證立，表明其真實性，我們的回應最終只能是一個邀請：請你來站在我們的立場，透過我們的眼睛觀看世界，然後看看其結果是否比你所熟悉的立場更有道理。當然，對於他人立場我們也應保持同等開放的態度，隨時準備冒險，承認它們的合理性。就此而論，我們跟實在打交道在本質上並不是孤立事件，而是發生在「核實者（verifiers）的羣體」（如波蘭尼所稱）當中，與他人一同探索；這個羣體中的其他人與我們共享基本看法，他們的見證與我們的見證一同發生，且彼此融貫一致，以致這些見證的基本可靠性就能得到加強和印證。

在此，麥金太爾的説明有助補充波蘭尼的看法；他提醒我們，若傳統是根植於羣體中，那麼理性就不是孤立的、個人的 68
或純粹主觀的，而是人際間的。關於何為理性、何為道德，哪些事可以容忍等等，存在著一種累積共享的協議。不同羣體間的這類共享價值觀可能相當不同。但麥金太爾所抱持的知識看法並非相對主義式的，而是實在主義式的。他認為，傳統的證立取決於，它們作出的説明在多大程度上與實在相符相稱。它們以適切的方式引導我們通向世界，促使我們與這豐富多樣的世界進行有意義的交流。麥金太爾論説，當這些傳統遇上突發的「知識論危機」，即是，不再能可靠地執行自己的任務時，這些傳統就發展了。危機突現時，傳統遭遇某個發現、某種經驗或另類傳統，迫使羣體確認自身傳統在某方面並不適切，或無濟於事。我們也許可以說，這意味著已經確認到錯誤。不過對於錯誤，或對於知識從不怎麼滿意進展到較為滿意，相對主義無法給予有意義的解說。它完全提不出好的理由，使人放棄任一傳統（或一傳統發展過程的任一階段）而選擇另一個。對於相對主義來說，一切都同樣有用，也同樣無用。因此再度重申，自我超越，即在認知活動上向前進展的欲求和能力，與此一確信密不可分：在我們自己之外有個實在，而經由認知活動我們能與該實在產生實質的接觸。麥金太爾堅稱，對與傳統相關的理性探索而言，真理的看法是不可或缺的。因此他譴責這個他稱之為「視角主義」（perspectivism）的立場（既然所有真理宣稱都同等有效，就沒有任何真理宣稱值得我們加以維護）。他說：「你若真心採納某傳統的立場，就會對該立場判斷孰真孰假的看法產生委身，這就阻止你採納相左的其他立場。」[19]

當然，很多相左的立場彼此間毫無妥協餘地。但也有些立場彼此間可能存在著移動，或（如麥金太爾自己援引的隱喻）「皈依」、個人委身及確信的轉移、觀看世界及自身所在方式的轉換。重要的是，我們委身於某個特殊傳統或信仰立場時，會使我們渴望與他人分享該看法，去測試它的真實性，向
69 別人傳達它所蘊含的普遍意含——我們會謙遜地嘗試說服他人，但目的不在壓迫或制約其他觀點，而是希望其他人能自由地考慮我們的觀點，探索其中所蘊含對實在之描述的可能性，以之為一種真理的講述。前面已提出，這類見證要能成立有一個必要條件，就是願意考慮他人所秉持的看法；這並非因為我們對自己視角的真實性沒有信心，而正正是因為我們對之有信心，以及因為我們也更委身於真理，勝於委身於我們對真理的說明。

6. 追尋無立足處的觀看使人無處立足

最終而言，客觀主義和相對主義都無法成立，因為它們擁有一個共同的錯誤認定：即人有可能以絕對方式超越自身的特殊性，以獲得不屬於任何特殊個人的看法——無立足處的觀看。這樣一來就證明視角主義有自我指涉的錯謬：因為，只有以「我們知道真理的本來面目」為前提，我們才能確定地聲稱沒有任何人的視角可與真理相符，或聲稱真理在所有視角之外！本章的目的就要考慮其他另類能夠超越現代性（modernity）的看法，嘗試為受到「追求絕對的自我超越」束縛的人打開死結，提供出路。我們主張，理性探索和批判質疑，都是在我們特殊的信念或傳統架構之內發生的偶發事件，且最終是倚靠這些架構才有可能發生。但是，某種自我超越及與真實的世界接觸以迫使我們對其承認，也仍是全然可能的。知識不受未經證實的信念污染，從傳統的權威聲音之中完全得解放——這是一種迷思，我們必須加以丟棄。所有人類認知行動都有其結構這一事實，我們必須面對。這主張對於我們研究神學的進路有何意涵，這是我們下一章要處理的課題。

註釋：

1. M. Polanyi, *Personal Knowledge* (Routledge & Kegan Paul 1958), p.16.
2. Polanyi, *Personal Knowledge*, p.5.
3. Polanyi, *Personal Knowledge*, p.5.
4. Polanyi, *Personal Knowledge*, p.19.
5. Polanyi, *Personal Knowledge*, p.53.
6. Steiner, G., *After Babel* (Oxford University Press 1992), p.30.
7. MacIntyre, A., *Whose Justice? Which Rationality?* (Duckworth 1988), 70
p.357.
8. Polanyi, *Personal Knowledge*, p.286.

9. Polanyi, *Personal Knowledge*, p.297.
10. Polanyi, *Personal Knowledge*, p.268.
11. Polanyi, *Personal Knowledge*, p.267.
12. Polanyi, *Personal Knowledge*, p.266.
13. MacIntyre, *Whose Justice?*, *Which Rationality?*, p.4.
14. MacIntyre, *Whose Justice?*, *Which Rationality?*, p.4.
15. Nagel, T., *The View From Nowhere* (Oxford University Press 1986), p.70.
16. Nagel, *The View From Nowhere*, p.92.
17. Nagel, *The View From Nowhere*, p.10.
18. Polanyi, *Personal Knowledge*, p.vii.
19. MacIntyre, *Whose Justice?*, *Which Rationality?*, p.367.

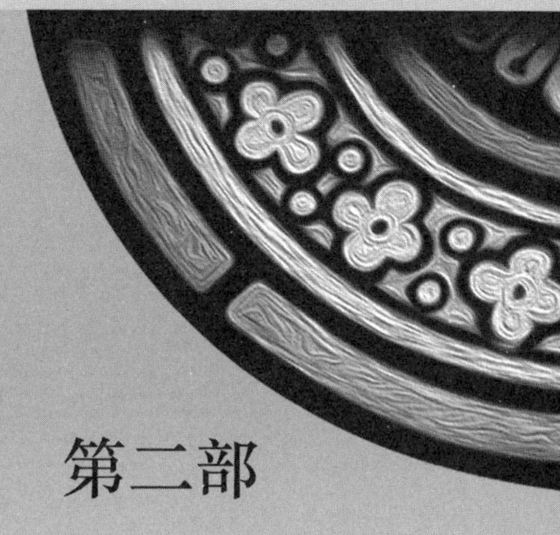

第二部

恢復神學中的信仰

4.

公共及私人的神學

在前兩章中，我們考慮了三種基本的人類認知進路並加以描述。劃分這三者的主要因素是它們對信仰和真理、委身和確定性等議題，並這些事物與公共領域和私人領域之間的關係，各有不同的態度。神學無論其樣貌如何，它始終是個反思的活動、心智的活動，因此任何有關神學運作模式的講述，實際上必定與我們對人類理性運作方式的特殊理解或模式脫離不了關係並為其所鞏固（用學術術語來說，就是與「認識論」〔epistemology〕脫離不了關係）。本書餘下部分，我將開始勾畫另一種神學進路的大綱，這方法受波蘭尼及麥金太爾的啟迪，這兩人認為，理性活動就是透過在羣體之中批判的反思，使信仰尋求自我超越。但在介紹之前，我要先概述及回應某些當代神學的進路，這些進路擁抱客觀主義和相對主義為惟一的智性選項，概述它們的目的，是要弄清楚超越它們會涉及甚麼東西。

· 神學作為公共財產 ·

我們在第一章中指出，希伯爾韋特認為，基督教神學若想在公共領域中佔一席之地，它就必須採用哲學家、史學家、自然科學家、社會學家等公共知識分子所認同和使用的判準（criteria）和方法，這些都是公共財產。神學家不得訴諸私有的權威或經驗，以支持他們的言說。真理的證據或論證必須經得起一般理智的人的驗證，否則神學的誠實（integrity）和價值必受虧損，福音信息的普遍真理也必受質疑。因此，神學家可能因為隸屬特殊宗教傳統或羣體的緣故，或因某種特定私人宗教經
74 驗的緣故，堅守某些信念，並服膺於經文或教導部門（teaching office）的權威，但他不得因為作神學家的緣故，而將這些東西直接運用到神學的初步工作中，除非他先將這些轉化成公眾所能掌握和理解的言語。本章的主旨，就是要了解在當代神學之中如何吸收及執行這樣的確信（conviction）。首位要探討的，是德國神學家潘寧博（Wolfhart Pannenberg）。

1. 何謂合理地相信？

潘寧博論説，人在回應福音並以基督教的方式委身信仰時，必定以全然的理性為基礎，他寫道：「人要能夠相信，首先他須經歷那他要建基其上的實在（reality）。」[1] 換言之，若要邀請人踏出相信的一步，首先必須給他足夠的理由，指引他的腳步，使之能立足在堅定的基礎之上。我們不應期待對方在不明理由的情況下冒上巨大及潛在的風險，委身基督教信仰。信仰者必須看到，所相信的和回應的是某種實在，因此，信仰的行動絕非只是天馬行空。換言之，潛在的信仰對象本身必須具有一定程度的説服力，如此才能觸動別人去相信這對象。信仰當然可以領人越過（beyond）那藉著理性、常識或公共的經驗所辨認出來的初步腳踏，但「信仰」若是沒有可供公共證明的腳踏，就盲目地躍進了非理性之中，這信仰便成了與世上其他理智之人無關的確信，並且也不會得到他們支持。潘寧博認為這並非

基督教信仰的真正本性。

潘寧博認為我們必須向沒有信仰、尚未成為基督徒的人，證明回應福音和委身基督的合理性，否則不可能有人成為基督徒！

我們可以藉反面的例證強化潘寧博的論點。奧爾索斯（Paul Althaus）認為，有些人缺乏「能看的眼」和「能聽的耳」，對他們而言，基督教福音的「真理」是隱藏的；信仰所投身的實在，會觸發對信仰的回應，無論是對眾人還是對個體來說，實在不是簡單直接可知的，它並非公共領域之中的「既予」（given），而 75
是弔詭地只有藉信仰之眼才能辨識。奧爾索斯論說：即便是事實，對不信者而言，事實的真正含義（significance）仍然是隱藏或晦暗的，只有從特殊的信仰視角才能確認。以福音書的傳統核心為例，耶穌的神蹟都是彌賽亞身分的記號，但這記號要能發揮功用，首先必須有上帝贈予信仰，助人明白神蹟的真正含義。公開示眾的神蹟本身缺乏摧迫確認的功能。認信耶穌是基督，靠的不是「血肉」，而是來自天父對其身分的啟示。因此，對奧爾索斯而言，是信仰天賦（disposition）引導我們走向真理知識，而非真理知識導向信仰。信仰不是來自可得的知識和經驗的自然的發展，而是種特殊的取向把我們置於某種視角，而看見真理，並被真理要求回應。

潘寧博反對奧爾索斯的見解。他堅持，如果福音的實在其真理或意義只有藉著先行的信仰決定才能證立（justifiable）或證明，這將造成兩個不同的結果：首先，這會帶來相對主義的危機，就是認為事物本身缺乏內在意義或真理，真理都是人所賦予的。沿著這樣的思路，則基督教信仰不過是從眾多可能的（並且同等有效）觀點中，選擇出來的特殊觀點，並藉此觀點理解某些事實與事件（例如耶穌的生與死）。潘寧博堅決反對這類主體主義的看法（subjectivist view），他論說這類想法破壞了真理和意義等意念。潘寧博認為實在必定有其公開認知的客觀意義，因此我們可以這客觀意義，嘗試把看見的推薦給他人。其次，奧爾索斯提出，一般人對事物的理解(「公共」的視角)必定與信仰視角對事物的理解不同，中間有道無法跨越的邏輯鴻溝——潘寧博堅持這等信仰具有「荒謬」的性格，無法在人類共通的看法中找到基礎和支持。結果，我們不能期待理智之人會對信仰表示任何同情或興趣。潘寧博表示，信仰不應訴諸自我證成(self-authenticating)的啟示經驗，因為所啟示的東西具有一種飄浮及任意的性格。他寫道：「不具説服力的信息，只是訴諸聖靈，依舊不具任何説服力。」[2]

76 因此，由信仰推薦給理性與經驗的基督教故事其真實性/真理，對於沒有信仰眼睛的人來説，必定多少都能明白一點的。因此，對潘寧博而言，是知識(在公共領域中獲得的)將人導向信仰，而非信仰將人導向知識。

2. 聖靈作為正確思維的復修者

潘寧博的思想十分慎密，考慮了許多明顯的反對意見。因此，他並不否認，人時常看不見真理，需要有聖靈的某種光照才能明白在他面前的事物的真正意義或含義。但他堅持認為，這裏要處理的是，人的感知(perception)被各式無用的先行判斷(prejudgements)遮蔽了。改善的方式就是要清除這些先行判斷，使事物的客觀真理能被看見。因此，聖靈的角色是將人帶回到理性的狀態中，以致他們能對信仰的依據做出正確的判斷。換言之，客觀地説，真理把自己推薦給理性。雖然不見得所有人都能認識這樣的真理，但原則上卻是，在公共領域之中的人都可以認識這樣的真理，為此我們應當把這樣的真理推薦給所有人。一旦真理被看見，就有可能進一步引導其進入「信仰的抉擇」。

3. 看啊！主所作的工！

潘寧博對真理的看法也在他對啟示的討論之中被打造出來。他所理解的「啟示」不是一套關乎上帝、以文本形式（聖經〔scripture〕）向我們呈現的資訊，而是上帝在歷史中的作為，有聖經做為見證。因此，我們是透過上帝的行動而認識祂。然而歷史事件可以十分含混不明，因此，如果面對一系列稱之為啟示的事件，自然會有以下的問題：「在甚麼基礎上才能感知事件的恰當含義？因此，事件對誰而言具有啟示的作用？」潘寧博不認為歷史的啟示只有那些具有信仰天賦的人才能確認其為啟示。「啟示」不是給予少數蒙光照者的祕密「靈知」（gnosis）。人不信的事實，並不反映啟示的隱藏性或特殊性，而是不信者拒絕觀看被賜予的客觀實在，這客觀的實在是所有願意以理性 77
方式認識的人都能看見的。潘寧博寫道：「沒有甚麼東西可以消除這樣的事實：真理顯明在眾人眼前，接續這事實而來的自然是挪用（appropriation）了。」[3] 因此，啟示的真理是「向一般的合理性開放的」真理。[4] 上述這句話肯定了神學的公共本性，我們很難找到比這更為直率或肯定的宣告。人若善用心智，不被非理性的認定或偏見蒙蔽，且若信仰的基礎皆赤誠敞開在眾人眼前，則神學家所關注的真理必為眾人所看見。潘寧博相信，天賦地相信耶穌基督，其所以有理和可能，正是因這種真理之「公開挪用」性。

因此，對潘寧博而言，信仰不是特殊的天賦或視角，以為只有藉此才能看見實在並且辨識其真正的意義或含義。相反，我們是在「公開」（公共）之中，以眾所接受的工具和方法，辨識真理，以致信仰的抉擇同時也是合乎理性的抉擇，雖然可能最終不見得會為道德的理由所接受。只有客觀的講述才能為信仰和神學提供必要的堅實基礎。信仰絕非盲目的跳躍，而是審慎地考量與論理的判斷；信仰不是「美麗的謊言」，而是大無畏的行動，「因基於上帝在耶穌的命途裏啟示了祂自己這一事實，故而押上信靠、生命與未來」。[5] 這啟示的實在是信仰和神學的基礎，因此它必須盡可能是確定的。有些基督徒認為事實本身沒有確定性，或是認為信仰只有對那些已踏入信仰的人，從信仰內部來看才是完全合理的，對其餘所有人而言則必定是不合理的。潘寧博認為這等認知對基督徒毫無益處。這些全是狂熱的小眾教派（sects）的標記，理智的人不會浪費時間反駁這些明顯可笑的論點。基督教必須能夠通過這考驗。信仰根據的事實必須通過公眾所接受的歷史查究準則（canon of historical inquiry）而為可靠的。面對人類理性的質問，福音必須言之有理。換言之，信仰宣稱的真理必須為「公共的真理」，即是可以公開給所有人細究，並為公眾確認其為真理。

4. 從信仰後退一步

78 另一當代神家麥奎利（John Macquarrie）在其《基督教神學原理》（*Principles of Christian Theology*）之中，採取了另一種不同但卻又十分相近的進路。麥奎利肯定神學是信仰活動的一環，但意思並非要以信仰為其組成的必要條件。相反的，神學是批判的與反思的活動，是信仰必然帶來的結果。神學必定時刻與信仰和經驗的關注相關，否則它將墮入抽象與無益的智性活動之中。但是無論如何，神學不同於信仰，神學運作的方式是刻意地與信仰和宗教經驗保持距離，目的是為了保有批判的距離，才能從中反思這樣的信仰和經驗。因此，雖然神學的背後總有信仰存在，但神學活動本身卻要把信仰置於一旁，而事實上，信仰在神學中成了反思的對象。此外，神學既然渴求在「人類整體的智性事業中」佔有一個位置，[6] 那麼神學活動的方式必須與這種公共的職事相契合。所以，在神學中，公共的客觀性取代了信仰的視角，信仰在其中經受細心的查考與嚴格的檢驗，希望至終成為一個經公共證成的合理信仰，或至少某些基本宣稱如此，以致信仰無論是在信仰羣體之內或之外，因為採取公共所採取的道路，而能受到重視。

麥奎利的講論有兩點值得關注，就是分別關乎他所說的「經驗」與「理性」，兩者皆是神學的構成元素。

5. 指向「超驗的記號」

正如我們看見，對麥奎利而言，神學無法脱離信仰的經驗。但他在這一脈絡之下，堅持我們不應將神學家的關懷單單等同於宗教經驗本身。相反，神學必須從「人生的整個經驗領域」中汲取資源，特別是在這個否認任何明顯的宗教經驗的世俗社會中，神學家更需關注所謂的日常經驗中的「宗教向度」。[7] 這才是麥奎利所認同的步驟。神學家必須有能力指出「在人被給予的經驗情境中的超驗記號（signals of transcendence）」；[8] 在這類人類被給予的公共經驗中的現象，看來是指向自身之外的東西，以 79
及要求某些超驗的根源或基礎。麥奎利引述人對諸如有限性、自由、創造力及盼望的公共經驗的意識，作為公共可以獲取的東西並訴諸其為神學實質內容的指標。為此，神學的內容並非難懂和不可知的，實際上是根植於人類存在中的基本元素，對此所有人都能選擇作出反思。我們共同存在的這些特性，雖然沒有宗教信仰的人可能經驗不到其「宗教」意義，但即便如此，他們仍舊經驗過有限性等等的特性，而這些經驗的特性又可被辨認為與信仰和神學所關懷的密切相關。因此神學家主張，人性經驗部分包含了信仰所謂的「宗教」向度，因此，信仰自身作為對這個向度的解釋，理當是值得進一步考量的。

6. 檢視基督教故事的可信度

除了訴諸我們可以以之為公共經驗的「邊緣向度」（boundary

dimensions）之外，麥奎利亦肯定神學中理性所具有的（他稱之為）「修正」作用，他辯說，若是少了這修正的功用，「我們可能會被虛假的啟示將其強行施加在我們身上，使我們成為可能的受害者」。因此，他力勸神學必須運用理性，針對啟示自身和宗教權威的任何其他資源，「質疑其可信度，審視它，批判它，從它的內容之中除去所有可能與基礎穩固、被持守的確信，難以相容的東西」。[9] 換言之，麥奎利的描述顯出他想要追求的是，找到具有公共憑證的外在標準，或是合乎理性的指標，幫助我們去蕪存菁。因此，「理性」在神學從事修正工作時，是根據普遍接受的原則來從事修正工作的。它為宗教宣稱的合理性提供客觀的評估，避免我們「陷於」欺騙、橫蠻或非理性之中。神學家運用這些真理的公共指標，目的不是要「證明」信仰所持守的教義，而只是要把信念和「其他基礎穩固並被人持守的確信」關聯起來，以顯示無論教義是真是假，它們肯定不會是非理性的，因此，其真理至少一定可以被視為是可能的。

80 7. 揭露私人信仰的公共根基

整體而言，麥奎利提倡的神學（或更具體來說，是他所謂的「哲學的神學」〔philosophical theology〕）進路是他稱之為「現象學式的」進路（phenomenological approach）的神學。事實上，這樣的進路是要引導我們轉向公共可以獲取的並滿有意義的「神學可能的條件」，[10] 也就是「宗教根基的結構和經驗」。[11] 這些條件和經驗絕不是「宗教」獨家專有的，事實上，其本性是相當普遍共享的。因此，在神學與公共存在之間、在「神學論述與日常論述之間」，[12] 有一個已經建立的直接連繫，有可辨認的接觸點把前者連於後者，也有可辨認的出發點使得前者由後者而出。從共同的人性出發，伴隨著公共的合理性和經驗，這樣的嘗試是想表明神學如何可以被視為「有意思的」，它希望藉著跟眾人有關的事物、問題或關懷，說明過去看似難解和無意義的信仰語言和相關的禮儀，即便眾人最終未必會以特定的基督教方式回應這些經驗。麥奎利論說，若能完成這任務，則信仰必能表明它是可以完全與公共領域中有關世界的知識和經驗相容並存，或者甚至獲得知識和經驗的支持。他斷言這將會給予「啟示神學」（revealed theology；基督教從別處獲得的殊異性）「快速的起動」。

8. 察覺需要「對外公開」

這些「公共」神學所擁有的共同認定就是，為了能夠和其他人類的智性事業並存，神學必須以某種方式能夠及必須證明自己的價值和意義體系，是符合公共規定的真理準則的（不論是理性的、歷史的、經驗的或其他甚麼的）。除非能這樣做，除非它能向那些對神學的價值存疑的人推薦自己，而且為了持續嚴肅對待神學而對公共提供強而有力的理由，證立神學的存在，否則神學的學術與可信度便會受到嚴重的質疑。有些時候，特別是有某種神學宣稱更加強化了這種認定：倘若福音自身在範圍上真的是普遍的，如果上帝真的是萬有之主而不只是某些人的主，那麼祂的真理應該是普遍的，因而適合每一文化和社會情境，而且能讓所有人認出祂的自我彰顯。這種立場辯稱，如果 81
不是這樣的話，就有把上帝降格為部族神祇的危險，無法獲得所有人全心全意的忠誠。最後，連帶福音這個普世拯救的信息都受到質疑。

因此，這種神學屬於辯護型或證立型的神學。它主張，神學必須和所有人在公平競爭的環境之中一起做智性的競賽，並且遵守一套相同的比賽規則。任何破壞規則的行為都是不被允許的，所以會被判犯規。因此，當神學家從事公共神學時，他所採取的策略或所運用的資源，不能是運動場上的其他人無法獲得的。這樣看來，委身某個特殊的信仰或訴諸某些私人資源的權威與洞見，就等同濫用智性的類固醇，將比賽的層次提升至超出其他參加者的水平，因而破壞了真理的誠實（integrity）和有效性。所以，整體而言，公共神學很重視如何證明神學和真理（無論如何定義）之間的關係，但是為了達到這個目標，他們就發現不得不捨棄自己的委身和特殊性。

·　神學作為私人的關注　·

不少現代人似乎有一種傾向，就是用他們認為自身已經拋棄的東西作為指涉去界定和闡述他們的觀點。例如，後現代（post-modern）、後基督徒（post-Christian）、後批判（post-critical）等術語。我想，這表示，一方面確認和欣賞前幾個世紀對人類知識的貢獻所具有深遠的含義，另一方面則確信（這也是我在本書所依據的基礎），無論這個時期透過甚麼方式為知識探究遺留下了甚麼前設、方法和工具，都不再可以説服我們它們永遠有用，而且必須將它們丟棄一旁。因此，在這樣的特殊脈絡下，前綴詞「後」（post-）同時表達了「受惠」與「刻意斷絕」兩種意思。

林貝克（George Lindbeck）為自己那本篇幅不大卻很重要
82 的書《教義的本質》（*The Nature of Doctrine*）所下的副標題：「後自由時代的宗教和神學」（Religion and Theology in a Postliberal Age），暗示了該書的思路和內容。事實上，我們會看見，林貝克為神學提供的是一種既脱離保守主義，又擺脱自由主義的方案。為了更了解他對神學的本性和功能的特殊描述方式，正如他的書的副標題所暗示的，有必要先知道他如何講述宗教。林貝克建議，我們可以用三種基本方式解説宗教。每一種方式都伴隨著其對神學任務的理解。

1. 信仰、信念和經驗

首先，可以將宗教理解為有關世界的信念系統（systems of beliefs），也就是，世界的起源和命途、它與上帝的關係，等等。在此脈絡下的「信念」首要是指人類的認知天賦。所以，宗教乃是以信經為基礎的；信經是一套特殊有別的信念或「真理」宣稱，具體表達客觀的實在（objective realities）。[13] 例如，綜合大公基督教信仰精髓的《尼西亞信經》（the Nicene Creed）就屬於這一類的。相信（亦即智性上同意）這些信仰條文，或至少包含這些在內的信念系統，就跟作基督徒的意思分不開了。不同意該系統所宣揚的真理（無論以甚麼特殊方式）或提出某些關於實在但互相牴觸的講法，就等於質疑該特殊宗教傳統的核心價值，且將自己辨認為反對該傳統而不屬於該傳統的異端或不信者。按照這樣的思維，神學就是制定、形構與推薦某個特殊宗教羣體所相信的真理。教義被理解為「關於客觀實在的資訊性命題或真理的宣稱」，[14] 也就是說，「實在」獨立於我們的「相信」之外。神學家必須處理非常多這一類的真理宣稱，特別是有關人的情境與上帝之間的關係的宣稱。所以，教義的真假便取決於它所斷言的或肯定的，是否和它所指涉的客觀實在相符應。真理關乎的是描述的可靠性、陳述與實在之間的關係。

其次，可以把宗教理解為人類精神對世界以及我們的處境所做的創造性回應，就如同美學一樣，而非科學或哲學的事業。如此一來，在宗教核心中毫無商量餘地的信念就不是信 83
經，而是展現人類潛在創造力的象徵（symbol）、儀式和神話。這些事物的功能不在於說明某些事情的外在狀態，而是關乎事情的內在狀態，這些事情一代又一代、一個文化又另一個文化地產生出來。因此教義被解釋為「內在情感、態度或存在方向的非資訊性的和非推論的象徵」。[15] 這類教義真理注重的，不是它們與客觀實在的融貫性而是其象徵性效力，亦即「它們如何有效地形構、再現或溝通那種被認為是各種宗教皆有的，就是對神聖者的內在經驗」[16]（無論指的是甚麼意思）。

介紹這兩種對宗教的不同想法之後，林貝克接著對它們提出批判，並且為我們提供第三種選項以供考量。

2. 宗教作為生活語言

林貝克建議，最好將宗教當作一種觀看與理解生活的意義的整體架構。它們是「通常體現在神話或敘事中，且很大程度上是被儀式化了的綜合解釋系統，藉以組織人類對自我與世界的經驗和理解」。[17] 宗教誠然是一羣體事務，也因為這樣，整個社羣的生活都受到共同分有的實在與價值系統薰陶塑造。系統在羣體中運作的方式就如同康德所設定的「人類先天認知範疇」在個人身上運作一般。與後者不同的是，前者是特殊的而非普遍的，因而每個文化都有極大的差異。儘管如此，他們的功能就像範疇一樣，使得屬於某個特別羣體的成員能夠理智地明白和描述他們周遭的世界。從語言的性質與功能，我們可以得到很有用的類比來了解宗教。只要想像一下，假如沒有詞語可以使用的話，你要如何明白世界，如何理解和如何思考世界，如何向自己或他人描述世界？如此一來，林貝克的觀點就很清楚了。宗教給我們一組思想的、象徵的、踐行的和行為的工具，藉此完成一解釋和住在我們世界的任務。照這樣看來，它使得我們認識和經驗世界成為可能。缺少範疇或「語言」，我們就無
84 法像現在那樣去思考或經驗世界。這樣，宗教就會塑造我們的主體性（subjectivities）了。林貝克強調，宗教是羣體生活的面向：在我們的社羣位置和身分之中，連同我們的社羣位置和身分，賦予我們的。我們生下來就屬於某個傳統，只有棲居在它裏面，才能理解生活的意義。這就是林貝克所謂的文化—語言宗教模式（cultural-linguistic model of religion）。

林貝克説，假如宗教如同語言，那麼宗教教義的性質和角色就好比語言的文法。神學所關心的，是確保我們在羣體生活裏面所説所做的，是否與構成該羣體生活的整個意義架構一致；而不是關心真理宣稱的形構及對其作理性的推許，或尋找及優化合適表達內在經驗的象徵符號。教義制定並監督「規則」的遵守，猶如文法執行規則，管理特殊的語言可以怎樣説或不可以怎樣説。這樣的管控下，某些思考和言説方式可以被接受，其他的就不能。被接受與否的判準（criterion）在於所想的和所説的是不是與現有的系統融貫。也就是説，某人在此處的思想和言行也會和別處的思想和言行融貫的。基於這樣，林貝克辯説，神學的首要關注是內在系統的一致性（intra-systematic consistency）。要注意的是，這裏用來定義真理的是「一致性」。換句話説，某個陳述或行動是否為真，必須看它是否符合架構所提供的整體世界或事物的組合，而不是符應任何客觀實在。同樣地，思想、陳述或行動如果與系統衝突，就會被當成假的。所以，教義的任務既是描述性的（對系統的不同部分提供融貫的説明），也是指示性的（prescriptive）（確保成員遵守規則，維持系統的整合性〔integrity〕）。

3. 真理與融貫性

我們可以從兩本性質非常不同的作品中擷取兩句陳述，作出比較，以便做進一步的説明。「根據一九一一年的人口普查報告，大不列顛有人口四千零八十萬。」（Arthur Marwick, *The Explosion of British Society 1914～1970*）「蘇聯海軍一級上校雷米斯（Marko Ramius）身穿適合北極氣候景況的服裝，這對於駐紮在波利亞爾（Polyarnyy）內港的北海艦隊潛水艇而言，十分常見。」（Tom Clancy, *The Hunt for Red October*）從某種意
義來説，這兩句陳述都可説是真的，但卻是以非常不同的方式 85

呈現。第一句話引自一本歷史著作，因此我們通常會期待它說的是事實，告訴我們現在或過去世界上發生的事。也就是說，這種真理宣稱當中的真理，跟準確地指涉實際情況或客觀實在是分不開的。所以，我們判斷這句陳述是否為真的方式，就是在獨立的基礎上查驗它所指涉的事情狀況。顯然地，在這樣的意義下，第二句陳述就不能為真。因為它一開始就是取材自附有「如有雷同純屬巧合」之免責聲明的小說，無法驗證實際上是準確還是不準確。因為這根本不是這句陳述的重點。它是小說敍事的一部分，可能非常逼真，但並非事實。可是，這不代表我們可以乾脆說它是假的而丟棄之，除非我們堅持使用不恰當的真偽判準衡量它。假如用實際情況作真假判斷的標準，那它就是假的。事實上不存在雷米斯上校這個人。但是，只要這句陳述能適切地讓我們明白其對該小說的整體情境所起的結構作用，它也可以為真。這也就是說，在小說世界之內，這是真的。這句陳述講的是那世界之內的事情，它並沒有作出任何越過那世界的宣稱。它是真的，因為它一直遵守作者開始時定下的「規矩」，並與他所構想的整個情節結構吻合。套用林貝克自己舉的例子說明，「丹麥國王哈姆雷特（Hamlet）」在莎士比亞（William Shakespeare）的戲劇裏面是真的。否定這樣的說法等於質疑莎士比亞想要為觀眾構築之世界的基本架構與形貌。那麼，這一層意義下的真理就不是「準確指涉某些實際情況」的真理，而是「與既有與已接受的意義架構或意義世界融貫與一致」的真理。

林貝克用這些術語精準地說明了基督教教義的功能。在基督教信念的架構或世界裏，教義的功能好像軌約工具（regulatory tool），確保基督徒羣體的行為和陳述能與整體的故事保持融貫。使哈姆雷特不致於被當成考德（Cawdor）的領主；或是保證教會對上帝的陳述，跟這個架構以聖父、聖子與聖靈的三一

詞彙來講述的相一致，或確保羣體的行動跟「基督是主」這大 86
公認信相一致。肯定這種說法就等於必須禁止教會中的某些行為。例如，不容許自私，必須將自己的行為調整到與「基督是主」的虛己服事相一致。因此，神學不是第一序的（first-order）學科，而是第二序（second-order）的學科；它真正的對象是教會的所說所做，而不是向我們所指涉的實在。

4. 炒鍋之外……

林貝克的講述有不少吸引人的地方，也有很多可叫人得益的地方，值得學習。乍看之下，他所講的故事，即「人們用以理解和描述自己的世界的，無法脫離所屬的羣體以及社羣位置」的說法，與麥金太爾用「與傳統相關」（tradition-related）講述人類理性的講法有共通處。因為它試著擺脫過度樂觀的客觀主義，認真地看待不同理解和意義架構的真正多樣性。這是值得歡迎的神學發展。但是林貝克的難題是，他明顯要擁抱一種不確定的相對主義，以之作為他已拋棄之物的惟一另類選項。要不就提出絕對可以證明的確定性，要不就得確認：說到底我們面對的只有各式各樣不同的視角、不同看待事物的方式而已。我們無法肯定，哪一種對於追尋真理和探索實在比較優勝，比較有價值。這是長著一雙尖角的兩難情境，現代性（modernity）勢必會被其中的一角刺中，這也是我在本書的第一部分想要挑戰的。我想說的是，林貝克成功地閃過一角，卻被另一角刺中。

林貝克承認，「融貫性真理」（truth of coherence）和「符應性真理」（truth of correspondence）不必然互相排斥。事實上，他肯定：與實在相符應的一組真實陳述之內容，也會彼此融貫，因為「實在」是一個融貫的整體。但是，在這個情況之中，涉及的是對「真理」的斷言，而不是對陳述彼此融貫的斷言。因為，很多具有融貫性的陳述系統在符應判準的檢驗下，依然是

87 「假的」。例如，寫實的虛構小說就屬於這一類。因此，「系統內為真對於存有論/本體論上（ontological）為真是一個必要條件，而不是充分條件」。[18] 然而這也意味著，融貫真理不包含符應真理。假如後者缺了前者就不能存在，那麼前者就能獨立於後者而自存。小說或戲劇就足以證明這一點。

林貝克沒有特別堅持：宗教沒有了符應真理，也可以彰顯融貫真理，但是對於前者，他非常不願意多談。對他來說，真正重要的是融貫真理。他允許特殊的宗教傳統提出「存有論/本體論上為真」的陳述，但也認為我們勢必無法肯定或保證的確如此。再者，從更有建設性的角度來看，對於傳統是否「真的」，符應是不必要的。陳述若是存有論/本體論上的真理宣稱，那麼這些陳述本身就是「資訊真空的」（informationally vacuous），[19] 可以認知的內容非常有限。即使我們都知道它們是存有論/本體論真理，但林貝克仍然持不可知論的態度。他堅稱，如果它們是這種意義下的真，我們就無法知道它們何以為真。那麼我們無法越過它們所說的故事去檢視它們與實在的符應程度。就如同休謨所說的感官經驗，這些故事反而讓我們遠離實在自身。可是，依照林貝克的觀點來看，這完全無所謂。這是值得高興感謝，他堅持，宗教陳述的價值和「真理」絕對不會因此降低，只是我們必須用十分不同的方式詮解這一類真理。

5. 信仰與「仿如……生活」

林貝克建議，看待宗教陳述的「存有論/本體論真理」的比較成果豐富的方式，是去思考：當我們宣揚它們的時候（以及它們所屬的更廣闊的故事網絡與踐行），自己是否不願意全然委身於這個真理，過一種「仿如它們是真的（as if they were true）」的生活？這樣，「上帝是美善的」和「耶穌已經復活」的陳述就能夠和存有論/本體論真理的宣稱一樣，對我們具有命題式的約束力(propositional force),因為它們能夠讓我們的回應與舉止,可以合乎那些「真理」,一如真理已經在我們的故事和禮儀那實在的敍事之中具體活現出來。我們仿如走進故事裏,而且仿如事情都是真的那樣生活,仿如故事中的角色,沒有結束,只是不斷展開。

因此,重要的不是以普羅米修斯般(Promethean)的蠻力,
以刺穿我們特殊架構的面紗,嘗試絕對地認識事物。這是被誤 88
導後的企圖,註定失敗。真正要緊的是,當我們想要過符合「實在」但卻無法直接認知「實在」的生活時,我們的這一個架構,它所講述的故事而我們又在其中棲居的故事,能夠「運作」到甚麼程度。當我們在其中扮演自身的角色時,它是一個能讓我們生活得充實且有價值的故事嗎?是否還有其他故事能給我們相同的或更滿意的生活?當然林貝克支持某種形式的宗教多元主義。不過,儘管他認為可能有某個傳統從某個意義來看是優於其他傳統的(即是,提供能更本真地回應實在的範疇),但是他也堅持那是我們無法用任何方式得知的,所以不能用傲慢的態度或狹隘的心胸對待其他傳統。他主張,不同的傳統好像小孩子用説故事的方式表達事物的情況;每一個故事對於實在都有非常不同的詮解,然而也都缺乏説服其他人改用自己的方式看待事物的關鍵性理由。因為,「實在」超越一切對實在的詮解,所以,不同傳統對待彼此的最恰當態度,便是尊重彼此的特殊性和差異性;把它們珍視為看待事物的不同視角,並視之為對其他傳統有所貢獻。

由此,對林貝克來説,文化—語言的宗教觀視神學為一種私人的關懷,因為它是在特殊的羣體內部運作,既不主張所謂的普遍理性或經驗基礎,也不期待獲得它們的證立。相反地,理性和經驗在某種程度上被當作是不同傳統用來詮解實在的方式。因此,「合理」與否完全是因處境而異的。不同羣體的成

員「經驗」到的世界有很大的差異，因為我們的主體性是由我們
賴以成長並且代代相傳下來的價值與信念系統所形塑的，並且
是決定性的形塑。神學任務既是描述的也是軌約的：闡述羣體
賴以生存的特殊故事，而且確保成員所説所做的必須符合故事
的形貌。至於故事本身是不是「真的」，即恰如其分地符合故事
之外的實際情況，林貝克認為，這終究還是一個無法回答的問
89 題。而且，這個問題的重要性，遠不如羣體生活的內在系統性
真理和建構該生活的故事的「實用性真理」(pragmatic truth)與
踐行。所以，當人們接受某種對實在的看法的時候，勢必會衷
心地委身在其中；既棲居於這個故事之中也以其語言來言説，
而且甘心樂意地委身以它所要求的方式過生活。但是這裏所説
的真理有其嚴格的定義。事實上，所謂的「委身」是基於實用性
的考量。所謂的「架構」只是賴以為生的故事。至於「是否符應
實在」這種更為終極的真偽問題，則不是在眼前的視域範圍內可
以解決的。結果，這種真理找不到任何理由(即在純粹實用之外
的其他理由；當然也不能輕慢這種實用性)，推薦給其他人，或
可以説出為何這種看待事物的方式比其他人的更好。不過，以
它那種典型的相對主義風格來看，好像也沒有那樣做的打算吧。

註釋：

1. Pannenberg, W., *Basic Questions in Theology* vol. 2 (SCM Press 1971), p.37.
2. Pennenberg, *Basic Questions in Theology* vol. 2, p.37.
3. Pennenberg, W., *Revelation as History* (Sheed and Ward 1969), p.136.
4. Pennenberg, *Revelation as History*, p.137.
5. Pennenberg, *Revelation as History*, p.138.
6. Macquarrie, J., *Principles of Christian Theology* (SCM Press 1977), p.3.
7. Macquarrie, *Principles of Christian Theology*, p.6.

8. Berger, P., *A Rumour of Angels: Modern Society and the Rediscovery of the Supernatural* (Penguin Books 1971), p.65.
9. Macquarrie, *Principles of Christian Theology*, p.17.
10. Macquarrie, *Principles of Christian Theology*, p.39.
11. Macquarrie, *Principles of Christian Theology*, p.58.
12. Macquarrie, *Principles of Christian Theology*, p.46.
13. Lindbeck, G., *The Nature of Doctrine* (SPCK 1984), p.24.
14. Lindbeck, *The Nature of Doctrine*, p.16.
15. Lindbeck, *The Nature of Doctrine*, p.16.
16. Lindbeck, *The Nature of Doctrine*, p.47.
17. Lindbeck, *The Nature of Doctrine*, p.32.
18. Lindbeck, *The Nature of Doctrine*, p.65.
19. Lindbeck, *The Nature of Doctrine*, p.67.

5.
熱切追尋公共真理的神學

除非相信，否則不會理解。

奧古斯丁（Augustine of Hippo）

這是我的立場。我別無選擇。

馬丁．路德（Martin Luther）（據說）

前文提到了兩種我認為不大有幫助的神學類型，一種強調真理卻犧牲了委身（commitment），另一種要求某種委身但卻將真理束之高閣成為懸而未答的問題。但是我相信，這兩者仍舊有它們的價值和必然的貢獻。一方面，前者確信真理是「真的公共」可知的，意思是真理是存有論／本體論上（ontologically）或客觀上為真的，不會隨時空和環境轉換而改變。另一方面，後者確認人所有的認知行動並所有探究和掌握真理的努力，都建立在一個內在可修正（inherently corrigible）的基礎上，有賴特殊的社會與文化位置或傳統所產生的觀點。不幸的是，客觀主義和相對的多元主義（麥金太爾稱之為「視角主義」）分別朝向不同的極端發展，陷入現代／後現代的兩難困境。一旦公共性的意念，與理想知識的可證明的確定性結合（後果就是：尋找「公共的」真理的意思，就是所有人都同樣可以找到的），而多元論者卻因為排斥這類理想的結果而造成相對主義式的不可知論（喪失任何種類的公共性），很清楚，無法克服的兩難就會出現。我認為，不論是兩者中的哪一個立場，基督教神學家都不會特別被其吸引。

我在這裏要提的是，我認為根本不需要接受這種分別，更何況做選擇。所謂的兩難是不存在的虛假現象。我在本書第一
91 部的結論處，特別援用了波蘭尼和麥金太爾的思想指出，在人
類實際的認知結構中，真正的「公共性」和無愧的「多元性」是彼此隸屬的。

・ 公共性和特殊性 ・

根據泰爾曼（Ronald Thiemann）近期的著作所提到的，當代處境中基督教神學所面對的挑戰是，「在誠心地論述重要的公共議題的同時，發展出仍然奠基在基督信仰的特殊性上的公共神學」。[1] 顯然地，客觀主義和視角主義皆無法勝任這項挑戰。兩者都認為公共性和特殊性互相對立或彼此排斥。我相信，發展出結合兩者的神學進路將會面對的難題，可以從波蘭尼、麥金太爾和其他人所提供的資源獲得解答。

這種神學將會致力於真正的「公共真理」（根據上面的定義——也就是說「公共」指的是真理之為公共的，不在於我們認識或處理真理的途徑和方法）。但是神學拒絕追逐虛幻不實、喪失處境/脈絡的「客觀理性」或「普遍的人類經驗」，以之為掌握真理的途徑，然後再以「事實證明就是如此」的名義將這種真理強加在他人身上。因此，神學對事物的講述，無可避免地要嚴肅地對待基督教傳統的獨特性，它明顯決定性地

紮根於這傳統，並為這傳統及其所提供的觀點所形塑。與此同時，神學也渴望超越這些特殊性，相信多元主義乃人類認知結構的特性，而非相信事物在人類認知能力之外。神學樂觀地相信，人可以超越他們的特殊性，與實在（reality）建立真正與可靠的接觸。因此，孕育出來的知識，雖然沒有「絕對確定」或「證明無疑」的神話地位，但只要它宣稱普遍的意含（universal intent），就有資格稱作「公共真理」。因為這樣的自我超越性，是始於並完全倚於對特殊的視角或傳統作先行的信託式委身（fiduciary committment），由這視角或傳統提供最恰當的有利位置（vantage point）和工具，以致可以跟所關注的實在或對象產生豐富的交涉。因此，神學的邏輯結構可以恰當地描述為對公 92
共真理的熱切追求，或用較為熟悉且簡單的詞語來説，就是信仰尋求理解。

·　系統外的指涉與道德義務　·

我對客觀主義所下的結論，清楚説明了我拒絕我所描述為「公共」神學進路的理由。另一方面，林貝克的神學規劃，雖然有許多優點且很有幫助，但最終同樣令人失望，因為他規避了真理的議題。[2] 這種神學的講述將真理完全定義為「融貫」或是「實用效益」（pragmatic efficacy），是不可以接受的，即便這兩者亦十分重要。林貝克的論述留給我們的是一個疑問：「那又如何？」假若確實所有的陳述、踐行，以及生活方式（forms of life），都跟它們所屬的某個宏大樣式融貫，但那又如何？這架構和樣式本身是否與實在之中的事物自身有任何關連？它是否只是認知主體的延伸，協助我們接觸並認識在我們之外的世界？它是否為我們提供了可靠的工具讓我們探索世界，以有用與可靠的方式描繪其輪廓？或者，它僅提供了美好的休謨式的「表象」(Humean“representation”),但就我們所知,這表象可能與事實不符,表象之外的「實在」為何完全不可知?顯然,無論是神學或是其他學科,我們所要追求的目標,絕不只是「一致性」(consistency)。

林貝克的立場實際上摒棄了一切類型的對真正公共性的宣稱。對他來說,不單只我們並不知道基督教的福音是否「公共真理」,而且實際上也不重要,只要福音所孕育的生活方式「有效運作」就成了。但我認為,這講法並不完備也不令人滿意。我相信絕大多數的基督徒也不會滿意這樣的講法。基督徒棲居於特殊的信念和踐行的架構之中,他們要問的是,這架構是否賦予他們一些恰當的方式去認識在世界之中(和之外)的事物。再者,基督徒對架構的委身,在本質上脫離不了這問題,兩者緊密相連,無法分割。

93 如果基督教的習用語賦予我們的整個架構,好比小說《獵殺紅色十月》(*The Hunt for Red October*)或托爾金(J. R. R. Tolkien)的《魔戒》(*The Lord of the Rings*)中的敘事世界一樣,純屬虛構,結果會如何? 如果構想真是虛構的,這難道不會影響我們住在其所構造的世界的意願嗎?我們能在不知道真實情況是否如此(根據林貝克的觀點)底下,單純只因為這架構提供了一幅融貫整體的圖畫,並且對其委身看來實際上真的「有果效」,就可以仿似其所講述的實在是真的,而樂活其中嗎?在我看來,大部分基督徒都不會以如此不分是非黑白的方式去看事物。歷世歷代,許多人委身於基督,為此犧牲自己的自由甚至生命,對這許多人而言,真理絕非無關緊要的議題,他們不願意這樣抽離。事實上,基督教的故事涉及外在指涉的問題,這是無法規避的,且肯定是歷世歷代基督徒極其嚴肅對待的問題。我相信,對大部分人而言,若非如此,就很奇怪了。這就好比,我們可以承認:「哈姆雷特在莎士比亞的戲劇中是丹麥國王」，作為系統之內的「真理」(intra-systematic “truth”) 的宣稱；但我們不會因此認為，釐清真實的丹麥與莎士比亞的丹麥之間的關係，毫無意義或並不相干。事實上，若有人不去辨認兩者之間的顯著差別，而堅持哈姆雷特就是丹麥國王，堅持以「仿似其為真」的態度生活(living as if it were true)，我們大概會說，他失落了對實在的掌握。我們並不清楚有甚麼好理由，不讓基督教羣體所講述的故事，同樣接受公開的批判性提問，檢視它與實在之間的關係。林貝克的神學模式是不完備的，正正因為它排除了通往系統外的指涉(extra-systematic referent)的通路。但惟有借助系統外的指涉，我們才能判斷不同架構其相對的真偽。

因此，嚴格來說，林貝克的多元不可知論 (agnostic pluralism)終究無濟於事。更重要的是，他的理論也沒有存在的必要。林貝克的理論是悲觀的，這可見於他強力地回應粗糙的笛卡兒式的理想的真理。笛卡兒認為，真理必須絕對確定，知識就是心智(mind)對實在的掌控，真的陳述就是以命題形式直接且全然地鏡映實在。林貝克正確的看到，笛卡兒式的理想不能企及，且格外不適於我們所關注的上帝。但正如我所指出的，在摒棄笛卡兒式的確定性追問之後，不受歡迎的不可知論
並非惟一殘留的即時選項，雖然很多時引發的是不可知論。同 94
樣的，拒絕粗糙的命題主義(propositionalism)，不表示我們要不是選擇沉默，就是從此不談普遍的意含，認為言語與實在沒有必然的交往。獲得真知識和真語言，需要的不是絕對確定的知識，或是精確語言再現的陳述。

因此，相對主義的不可知論並非對過分自信的客觀主義的惟一批判性回應。可靠的知識不一定是基於帝國式地使用確定和可證的定理(axioms)，而更是基於自我超越的「信仰尋求理解」。這樣以信仰為基礎的知識確認自身的碎弱，常以謙卑為其

性格，但它宣稱，在它與實在之間，有真正和豐富的接觸，並且開拓了一條可靠的途徑（但並非一條絕對確定的途徑），叫世人能進一步與同樣的實在打交道。神學若不是真正這樣相信，則它勢必得放棄它的陳述，另謀出路。換句話説，神學的委身明顯地是種道德的委身，而不是任意的一種委身。做為基督徒，我們向他人推薦基督教的福音，是因為我們相信福音是真理，真正關乎他們客觀的情境。

這一點把我們引向林貝克另一個他未能妥善處理的問題。這問題涉及不同宗教架構的來源或出處。基督教的習用語從何而來？又如何以這樣的面目出現？林貝克認為答案很簡單：這些東西是既予的（given），作為形塑人類生活的元素。但是這些宗教架構並非自古存在的。這麼多世紀以來的宗教形式，隨時間不斷改變。它們怎樣出現的？又在甚麼基礎上隨時間而變化和發展？我認為，令人滿意的答案必定涉及與實在的真正交往，信念和諸般生活方式皆為回應實在而生，並在持續與實在交往的過程中，一代接一代地不斷發展。排除了一切系統外的交往的指涉，或我們簡單稱之為指涉的東西，基督教信仰架構的存在或發展，將會變得難以理解，導致最後只能訴諸純粹人的因素和歷史的因素。這樣的解釋無法令人信服，也肯定不符
95 合基督教故事的自述。這等解釋所忽略的，正是基督教神學的起點和終點（這是林貝克致力逃避的）：宣稱事實上系統之外的實在在此是可以認識的，而所靠的不是人自身的努力與自我的超越，而是上帝透過不同的方式、時間和地點讓祂自己被認識。換句話説，「上帝已經啟示了祂自己」這個宣稱，是一個無法以「公共」方式加以證明或證實的宣稱，但卻是神學活動的起點。神學活動不外熱切、委身地追求更進一步的理解和真理。林貝克選擇忽略這基本議題，很可能反映出如下事實：一旦嚴肅地對待上帝的自我啟示這宣稱，就會與他所推崇的多元不可

知論相衝突，並造成極大困難。如果事實上上帝已經言說或行動，讓祂自己被世人認識，那麼凡是逃避或想延擱我們對這故事作為公共真理的信託式委身，就是在實在面前，沒有盡上一己之道德責任。

・神學關懷的恰當對象・

我提出：神學如同其他智性事業一樣，無可避免地是以某種熱切的委身為基礎來進行。但這立即引發問題，「委身於甚麼？」我們知道，自然科學有兩個不同的委身對象。其一是實在與研究對象（object）的可知性；另一是一個特殊的知識羣體研究過程所運用的某些工具和程序。我認為，在神學研究方面，大體相同。

基督教神學家肩負的任務以很多方式出現，並涉及許多不同的研究對象。在某一層次上，研究涉及歷史、文本、生發文本的文化位置、生活方式、信念和禮儀，以及這一切在當代的彰顯及其在歷史中的發展。所有在基督徒羣體生活中彰顯其自己的事物，都為神學提問和反思提供了焦點。不單如此，神學家還關懷更寬廣的議題，如人的存在和思想，也關切當代科學、哲學、藝術、社會科學等對人類的理解。但作為基督教神學家，其興趣不以這種種人類實在為起點或終點。雖然這些事物都十分重要，但它們並不構成真正神學活動的終極對象或焦點。最終，神學家關懷這些事物，是因為相信它們不只是純粹 96
對人有意義。神學家最關懷的乃是實在本身，這實在在萬物並透過萬物、也在跟萬物的關係之中，讓祂自己為人類所認識，因此，在其亮光底下，最終萬物必定被看見。這一他者對象的實在（或更恰當的是主體〔subject〕，因為是祂而不只是我們，在我們認知祂的過程中行動）塑造神學家獨特的出發點，以及他整個認知目的，否則他所投身的活動就不能稱為真正的基督教神學，而為別的東西。神學若是以其他居間的眾多實在為研究對象，不願委身於實在及這一特定對象的可知性，或在研究其他眾多實在的過程中蒙蔽了或沒有嚴肅對待這實在，那麼神學就放棄了它那恰當的任務。

那麼，基督教神學關懷與探索的終極對象，就會是上帝自己，祂曾經賜下自己並仍然賜下自己讓我們認識。再者，這特殊對象的本性，決定了神學研究的方法和手段，使得神學家必須以此來進行探索的任務。

但是，再一次，這不會使得這樣的進路獨特或異常。因為研究這些事物的每一進路，這些學科之中的每一嘗試，都必定涉及那塑造與指引它們的終極委身與關懷或其他。神學家的關懷是由他的特殊的委身與渴求所驅動，去闡明基督信仰故事以及上帝在和透過這故事的自我彰顯。神學家即便採用相同的工具和步驟，完全熟稔如文本或歷史鑑別法，卻仍可能因著不同的認定（assumptions）和意義架構，而得出與同行截然不同，甚至相衝突的結論，這是有可能出現的情況。這類理解和解釋出現衝突的時候，試探總是尋找某些全然客觀的真理判準以仲裁衝突。但是正如我所提出的，如果沒有所謂的有利立場，那麼我們必須面對事實，承認我們所面對的，是架構之間根本層次的衝突。意義架構導致我們對實在有兩種或更多完全不同的
97 解釋。我們都在架構內，並透過架構接觸並對待世界。後文會探討，有效地處理衝突而又滿有成果，其樣式是怎樣的。我現下要強調的只是，神學家對豐富多樣的人類生活和知識的興趣與進路，從開始時就已經被他對上帝的實在的委身所塑造，而這上帝已經讓祂可以被認識了。如果這樣，這就為神學家提供了不可妥協的起點，以及一個理解可以在其中運作的架構。

那麼，神學家首先必須委身於他所關懷的終極對象的實在

與可知性，即是那永活的上帝，祂曾讓自己並仍然讓自己可以被認識。因著這委身，神學家有了動力要不斷地探求知識與理解，並且也強化了探求，以及為探求提供焦點與關懷。

・　神學作為傳統建構的與建構傳統的批判活動　・

其次，神學家，如科學家一樣，處身求知的羣體之中，因此，過去的學者持有一套認定、工具和程序，以之為基礎來面對關懷的對象，進行研究並獲得豐碩的成果；今日的神學家同樣透過相同的方式完成學術任務。在探求知識之中，涉及必須專注於某些對象和領域，並把其他相對地沒有成果的途徑置於一邊。這也涉及必須準備立基在前人的努力之上，並從前人的成敗中汲取教訓。因為知識的探求紮根於對實在的確信：實在是可知的，以及實在的知識是真的可能的，神學家的任務也就涉及向可能性開放，早前的途徑及方法和工具可能要置於一邊，讓新的發現得以成為可能，因為實在有時會以新的方式敞開自身，為此，必須採納新的工具、新的認知方式，並要修正或改良過去的認定。

這意味著，神學家內在於並且基本上委身於一個已建立起來的生活和知識的傳統之中來工作。我將會正式提出，這傳統不只是個智性的傳統，還包括了基督教習用語的許多面向：信念、踐行和禮儀、各式各樣的藝術形式和建築，並所有一切坐落在基督主權之下的基督徒羣體具體活現其生活的方式，以及致力活出那生發和形塑其存在的故事。這樣的委身並不表示神學的任務是非批判的「唯信式」的（fideistic）。[3] 相反的，雖然神 98
學屬於傳統且在其中工作，但在那實在的亮光底下，它必須對同一傳統進行批判的提問，因為神學宣稱具體地活現出對實在的全然回應。因此，傳統既是神學的起點，亦是神學批判地關懷的對象。

但必定有人持反對意見，認為以傳統所孕育的認定和委身為出發點，批判地反思傳統本身，必定落入無望的循環過程。對此有兩點可以說。首先，正如我們先前所言，沒有所謂中立或客觀的一套判準可以開始神學活動。掃除信仰委身的結果，不過是以另一套信仰羣體的委身代替先前的委身，但這也是某種「信仰」視角。這或許會很有趣，但對信仰羣體而言或就追求真理而言，卻不清楚是否一定帶來益處。但是，其次，這過程和其他人類認知過程一樣，具有一種循環結構（即是，開始時認定某些屬於傳統的基本信念，當其為認定之時即不能不信），只要這過程所關懷的真正和終極對象並非傳統本身，並批判活動所依恃的判準並非傳統而是在其之外的實在，則循環就不一定是無望的或惡性循環。在神學的情況之中，實在指的是上帝，已經並正在信仰羣體之中賜下自己以至可以被認識。也就是説，在我們與實在不斷相遇的亮光之中，我們不斷地檢視與判斷傳統。我們惟一的相遇進路是：透過那些被嘗試過與測試過的方法、透過使用那些帶給前人可靠知識的工具和程序、透過羣體的生活和敬拜而在這羣體之內並透過這羣體；這實在已經被認識，並且我們相信這實在今日也將可以再次被認識。但是，正正因為我們深信這實在是可知的——因為透過信仰的行動，我們委身給這些途徑而非別的途徑以獲取豐富的揭露——我們的傳統就可以超越其特殊性，傳統自身必會在我們與實在相遇的過程中，不斷地經歷改革、修正和轉化。這種情況有時會以十分挑戰與驚訝的方式出現。

因此，神學絕不死守傳統，只按著傳統自己的判準和認定
99 反思傳統，只接納那些順應傳統既定結論的答案。我要指出，這是真正的唯信主義（fideism）的標記：拒絕任何挑戰或聽到叫人驚訝的答案，只完全接受過去傳統所採取的方式，認為現在

和將來都要持續這樣。這樣一來，我們就要大膽提出，林貝克的神學模式有落入唯信主義的危險，在某些方面很難跟唯信主義分別開來，因為他沒有在神學之中為真正的批判活動留下任何空間，只強調神學必須忠於既予的系統（given system）內的文法規則。但是如果我們的神學是實在主義的神學——即是，如果我們在傳統之內批判地與實在接觸並以傳統為基礎，但卻容許我們所接觸的實在形塑我們的思想、我們對它的言說、我們的活動，以及我們整個生活方式——那麼，作為出發點的傳統（我們必須要有起點），就不能免於嚴謹的詰問，要在每方面向實在曝露其自己，並且不斷地按著真正的本源進行改革和修正。因此，波蘭尼意義底下的架構——構成我們認知自我的真正延伸並如此活動——就不能避免這樣改革性的調校。一旦架構晦暗不明，那它自己就同時成了首要的關懷對象，以及真理的惟一判準或仲裁，我們跟架構的接觸保衛了架構，免於改變。當神學家或基督徒羣體更多關懷自身信念與踐行系統，勝於信仰對實在的真正開放性之時，上述的情況就會發生，然後，教義的正統性就會僵化，成了被高舉偶像化的特殊架構或看法，而不是在實在的自我揭露面前，彰顯所需的謙卑與回應的順服。

當然，在基督教神學來說，所關懷的實在是位格的那一位（the personal one），祂在我們身上工作而不是我們在祂身上工作。祂之被認識只因祂把自己賜給我們而被認識，只因祂透過了特殊的方式和模樣使祂自己可以被認識。因此，即便我在文中使用了探索和自我超越等語彙，將神學描繪為一種人類認知的行動，我們卻不應將神學視作某種普羅米修斯式在天打雷的行動。在人來說，所謂的「發現」，按神學來說最好稱之為啟示（revelation）。或有人說，基督教傳統建構了真正自我超越的可 100
能性，以致上帝可以被認識；或許更好的表達是，我們相信上帝透過特殊的途徑和生活方式，使得祂過去和現在繼續讓自己被人認識。是上帝透過特殊的地方、傳統、故事、各式活動和生活方式等等，讓祂自己就在這裏而不是別的地方被認識。因此，我們的認識和言說要恰當和「真實」（true），就必須懂得謙卑和順服的回應。對我來說，謙卑使我們免於某種神學客觀主義所重燃的誇大和過度樂觀的宣稱，但又不致於在真理面前落入逃避責任的陷阱。那麼，神學是否應該採取批判的進路，就不是問題的關鍵，關鍵在於，這批判的活動應當以甚麼為基礎來進行？支持「公共」進路的人認為，這基礎是由普遍的理性原則或共同的人性經驗所打造的。根據林貝克的文化—語言的神學（cultural-linguistic theology），基礎是既予的傳統的形貌所提供的，一切都必須與傳統一致與融貫。但我認為，更為滿意的模式是，批判的思考其基礎由基本的信仰委身所打造，（這委身是相應於一特殊的傳統的），但又提供真正自我追越的可能性，可與實在進行可靠與有益的接觸，並且在這接觸以及由此而得的知識的亮光下，重新看待傳統自身。因此，循環這類比並不適合用來形容「批判實在主義」（critical-realist）模式的神學，麥格夫（Alister McGrath）提議的螺旋則較為適合。因為每次與實在的啟發性打交道，都會看見傳統可以有的發展、改變、新理解的方式，而這些打交道也是傳統所設置的。傳統不是靜態的，它不斷向前邁進。

・ 神學任務的種種面向 ・

我提倡的基督教神學模式，是追求真正公共真理的，方法是要與「在耶穌基督裏的神聖自我給予」的實在打交道。這打交道始於信仰的確信，也就是這樣的真理事實上是已經有的了，實在是可知的並且是可以恰當地言說的；這一切都建基於：我

們相信透過認知的方法和手段，上帝讓祂自己可以被認識。在追求目的的過程中，會動用某些「工具」（借用波蘭尼的用語），
包括教會的聖經（scriptures）、信經和信條等教義遺傳、崇拜 101
和禱告等活潑的禮儀，以及信仰羣體理解自我的整個複雜的方式，以詞語、姿勢和行動來表達這些自我理解。神學家在研究並運用這些不同工具之中，以及透過研究並運用它們，他棲居於基督教的習用語的架構之中，以各式不同的工具，期盼可以每日跟活潑的實在有嶄新的相遇。這實在是一切工具的源頭，而工具也構成活潑的回應。在與實在相遇的亮光下，神學家不斷修整、校正並磨塑其架構，以致能夠對實在做出適切的回應，這回應某意義上説是符應實在，而為人對實在的回響。

這種對神學的了解，跟杜勒斯（Avery Dulles）推許的「後批判」（post-critical）神學，有某些基本相似的地方。[4] 杜勒斯論説，這類神學：

> 希望能夠闡明實在乃確實構成的，並建立普遍有效的陳述。它也表明所有意圖規避信仰的系統都有缺陷。因此，在確認每一斷言都是依待某種信仰底下，神學建基於其對基督教信仰的確信之上。它承認，對於持不同信仰的人而言，基督教信仰不會裝扮其論證是結論性的。但即便如此，神學仍舊誠邀所有游移於信仰之外的讀者，進到信仰的世界之中，從而孕化他們的皈依。[5]

因此，這種進路的神學想要整合基督教傳統的「公共性」與「獨特性」。

基督教神學家，就像波蘭尼眼中的科學家，承認它所傳遞的知識，是片面的，且具有委身性質的。神學家不會對神學的

確定性和普遍可證性，做任何不切實或自欺的宣稱。然而，神學家既真的相信他要與上帝相遇，或是反過來上帝與他相遇，而上帝又是那萬有之主，且是那至高至大的「公共」實在，那麼神學家因著肩負道德責任不得不言説這實在，向他人推許上帝，引導他人進到基督教故事的架構之中；在基督教故事這特殊的位置之中，這位上帝曾經並且仍然讓自己被認識。神學家推許的是這種特殊的傳統、這種意義的框架，用意不是要以高傲姿態，斷定世人無法在其他地方以其他方式認識實在，而是以下面的基礎出發：上帝已在這裏讓自己被認識，並且所習
102 得的知識也一再鼓舞這看法：沒有其他任何地方，能提供更滿意、更有血肉的與上帝相遇。這段相遇叫一切先前的感知和進路，盡都暗然失色。因此，最終世人是否願意將這知識看作公共真理，端賴他們是否願意採納相同的立場，考量那特殊的故事，在這故事之內觀看事物，探索人家宣稱它所具有的啟發性的潛能。這樣做，世人是否能夠與實在生發富有果效的接觸，在這個特殊的情況之中，取決於世人是否願意為實在所認識，多於他們願意去認識實在。這是每一位基督徒，引導人來到實在面前時，必定面對的挫敗。

因此，根據這樣的思考，神學肩負許多不同的任務。首先，神學承擔**描述性**（descriptive）的任務，要講述那以信仰開始也以信仰終結的故事，以清楚明白與滿有意義的方式解説福音，解釋福音並將福音轉譯為當代人所能理解的方式。神學同時也被呼召進行**軌約性**（regulative）的任務，要確保信仰羣體的所言所行與這故事融貫，辨認並禁戒偏差的言説和行為方式，且要掌握故事中的諸元素之間的恰當關係。但神學被呼召要做的還不僅止於此。神學被呼召與故事本身進行批判的對話，檢視故事不同的部分，不單以彼此融貫來檢視，而且更要檢視其與實在的終極符應。這故事首先是因著實在並對實在回應而產

生出來的，並且持續從實在之中獲得意義和含義。神學在履行責任時，會監管及軌約教會的言行的公共真理。因此，神學確實跟真理宣稱的制定與評估是相關的，但不應誤以為這是林貝克所諷刺與毫不猶疑地拒斥的粗糙的命題主義。恰當地指涉那在信仰中相遇的實在，除了直白的論説模態之外，還有許多其他可運用的資源，如隱喻、類比、敘事、模型與神話。透過這些不同的方式，神學為那些跟信仰羣體視角不一樣的人，提供了一套觀看的方式。神學真正相信，這觀看的方式能幫助他們更認識實在。神學希望他們能轉換自己的立場。神學這麼做不是出於自負或是傲慢的態度，或是認為自身之外的其他視角 103
都明顯地是非理性的，而是因為在他與實在自己打交道的過程中，發現自己已置身於道德責任之下，不得不如此行。波蘭尼引了路德的一句話，可謂一語中的：「這是我的立場。我別無選擇。」在這句感傷的説話中，特殊性與面向公共真理的道德責任，兩下合而為一。

・　神學家的職責　・

現在可以分辨，神學家的任務包含了兩個獨特的層面或元素。一方面，神學家必須跟基督教的福音接觸，並闡明這福音的特殊故事，這故事涉及上帝、上帝創造和救贖的心意，以及過去成就與仍然成就心意所憑藉的方法。神學家希望能以更便捷的方式，將故事轉譯為信仰羣體於當代處境下所能理解的詞語和生活方式，並軌約當代形構的各個方面，以及在真理或外在指涉上，提出批判的問題。這類較為狹窄的和特殊的任務，我們稱之為對基督教傳統的內部融貫性的關注。

另一方面，神學家必須深究人類理解和經驗這廣闊的領域，與這故事之間的關連性，且要尋問兩者之間相互的含義，並要尋求如何整合兩者。這類較為寬廣的整合任務，我們可以視之為對基督教故事「外部融貫性」的關注。這工作嘗試透過形塑羣體生活的特殊故事，來詮解外在廣大的世界，並以這特殊的視角出發，為實在建構一個融貫的講法。我將提出，這任務同時涉及基督教的故事自身，以及其他學科對世界的講法（這些講法是我們從其他知識資源得來的），但兩者都是向真正的修正與調校方面曝露和敞開自己，這樣之所以可能，是因為在這些故事與講法所提供的基礎下，我們嘗試與實在相遇，從而得到亮光進行修正與調校。

因此，我們可以說神學家共有三重職責。第一，神學家必須向他所身處的傳統並委身其中的傳統負責。第二，神學家作為世界公民，應向更廣闊的人類的羣體，以其問題、關懷與思
104 考方式來負責，並要盡力去整合基督教的故事和其他故事（科學、歷史、政治、宗教等等），或是把對方完全承受過來，或是關連起來。基督教之外的故事，經常挑戰神學家，並且要爭取他的注意和認同。所有這些故事，都要在當前世界人類知識的版圖上佔有一席之地。這樣一來，神學家負有公共責任，要回應世人所關切的議題，但他會依據他的特殊傳統，做出回應，表明基督教的故事如何有助闡明這些議題。第三，也是最重要的，所有這些故事都宣稱能夠提供某些講法藉其可以開啟世界，進而可以細究和發現。然而神學家首要委身的卻是真理自身，以及那揭示自身而可被認識的實在。這也即是說，神學家對公共真理負責。神學家盡力評估其他傳統，並嘗試整合基督教福音與其他二十世紀末人類理解之中其他更廣泛的元素，他不斷提問的是：用以接觸實在的架構，其所提供的講法是否豐富有益。神學家盼望完成真正的整合，而依據的認定是相信世界自身是一個單一的受造實在，在眾多不同面向之間彰顯出整體的融貫性與整合性（integration）。真的是一個宇宙，不是多

個宇宙。

在本書下一部分（第三部）我們立即轉去考量如下的問題：在教會嘗試維繫她向世界所講述的故事其內在的融貫性的時候，甚麼是惟一但最重要的因素？這是很有爭議性的。也就是，教會持續不斷地與聖經打交道，弄清楚聖經的意思這任務。

註釋：

1. Thiemann, R. F., *Constructing a Public Theology: The Church in a Pluralistic Culture* (Westminster/John Knox 1991), p.19.
2. 在 *The Genesis of Doctrine* (Basil Blackwell 1990) 中，麥格夫對林貝克的觀點做了非常有益的回應。
3. 「唯信主義」有許多不同含義的使用。有人拿它來描述我所信奉的立場，肯定信仰的委身（當中信仰／信心的拉丁文是 *fides*）是神學活動中不可或缺與必要的元素。但我對此甚有異議，而較喜歡把它定義為一種根植於信仰的委身，這些委身對於任何質問、挑戰或修正是脆弱的。我在下面會提出，我要發展的神學模式與此不同，我的模式具有實在主義的特性。這種神學總是因為實在的宣稱而變得脆弱。
4. Dulles, A., *The Craft of Theology* (Gill and Macmillan 1992).
5. Dulles, *The Craft of Theology*, p.13.

第三部

弄清楚聖經的意思

6.

索回故事：文本、權威，以及意義

> 至少文學理論的浪潮已捲到神學家們嬉戲的沙灘上，海水已經浸滿了沙堡的護城河；現在正處於危險的景況，被迫要撤走了，要不然就是護城河挖得更深，沙堡建得更堅固。
>
> 賴特（N. T. Wright）

近來的社會學研究提醒我們，故事（stories）對我們在羣體中的人類其身分（identity），十分重要。每一個人類羣體都有其故事，同時對其自己與其他人，講述其特別的起源與存在原因/目的（*raison d'être*），以及其所活在的世界是一處怎樣的地方。麥金太爾觀察到，在羣體，以及他們要在其日常生活之中所講述及體現（embody）的傳統或「故事」之中，權威（authority）被賦予某些聲音；而這些聲音，經常以特定的文本形式或特定羣組的文本形式被辨認出來。這些文本，正如它們不斷被每個世代重新閱讀和解釋，將會對那重新講述的羣體故事，產生形塑的影響（formation influence），如此一來，這個羣體透過其所選取的特定的思考形式與行動，致力在這個故事之中塑造新的一章。

基督徒的教會(Christian church)視書卷(Bible;譯按:譯者將以「書卷」翻譯 Bible 一字,以「聖經」翻譯 scripture 一字,下同)為「聖經」(scripture),很清楚這是切合上述的模式的。在此,基督徒羣體辨認一連串的文本,藉著指涉這些文本,她講述她自己獨特的身分;藉著指涉這些文本,她回到這一身分,並基於這些文本她持續嘗試把她的身分,跟其同時代的處境所提出的問題與挑戰,連繫起來。這要說的是,基督徒的教會所提出的「故事」,是決定性地建立在書卷的文本之上的,而這故事陸續講述經典的主題:創造、罪、約、救贖與盼望;它本身是由無數不同的作者,在不同的歷史處境之中,透過十分
108 多樣性的文學類型而講述出來的。但是這些主題,可以在耶穌基督這個人的特殊故事之中,頗為清楚地找到其解釋的焦點。而耶穌基督的故事又被講解為福音、好消息,並且不單為了教會,也為了教會以外的人。因此,在講道、崇拜、宣教、日復一日的日常活動之中,我們透過這些活動將自己理解為一個羣體,而這理解是被塑造與再塑造的;在這些活動之中,基督徒羣體回到這一組文本之中,並弄清楚這些文本的意思(make sense of it)。

因此,我們可以說,在一九九〇年代(譯按:作者寫作的年代),教會嘗試在思考上和生活上展現出本真的基督徒羣體,書卷對教會來說是權威的。但很清楚的是,除非對於書卷的意義這問題,可以給予某種一致的回答,否則從一個權威的文本所得出來的東西,其價值很低。正如布朗神父(Father Brown;柴斯特頓〔G. K. Chesterton〕創作出來的小說人物)所觀察:「一個人只閱讀他自己的書卷是沒有用的,除非他也閱讀其他人的書卷。」我們必須面對事實(事實是很明顯的,只是不常為人所確認),就是任何文本的意義,某意義來說,跟其所包含在內的

特殊詞語的總和與次序，是有別的。是以，閱讀書卷，並且向自己和其他人重覆某些好像梵咒（mantra）的詞語，這樣尋找權威，是不足夠的。我們全都知道字詞是非常滑轉的東西。即使我們日常生活中所說的最顯明最清白的陳述（statement），都容易被其他人誤會或誤解，有時更由此產生異乎尋常的效果。同樣的情況，也發生在我們書寫的事情上面。我們必須細心挑選用字，因為它們一旦從文本形式之中鬆脫束縛，就好像主的話語（the Word of the Lord），它們就不會空空如也地回到我們手中。這裏的難題是，它們帶回來的正正不是我們想要的！

在我們所使用的字詞（words）之中，有一種未決定性（indeterminacy），無論是作者所寫的字詞，還是讀者所讀的字詞，都是如此。所有的文本，無論是複雜的哲學專題論文、寫給喪親朋友的體恤短箋，或是匆忙中草書給送牛奶的人的便條，都要求閱讀的人弄清楚其意思。這些文字的意義必須被索回（retrieved）或者抓住。而這種索回會把讀者以及作者捲入負責任的活動之中，無論是有意識地捲入（當文本的陌生性對我們是這麼明顯時，例如出之於外國語言，或是使用技術性行話）還是潛意識地捲入（就是我們對文本熟悉到一個地步，毫不察覺其要求自己作出任何付出）。因此，弄清楚聖經的意思，是負責任的工作，是我們身為基督徒被呼召去做的。意思（sense）或意義（meaning），正正是我們讀者在某程度上，透過一種熟練的
和嚴謹的活動來產生出來的。我們在順從文本的權威之前，必 109
須扣問及解釋它、索回其意義。而我希望顯明，這決非我們間或以為的是那麼容易的工作。

那麼，聖經之中某一段特定章節是甚麼「意思」？它講的是甚麼？它對我們要說甚麼？對這問題，基督徒讀者可以有很多不同方法去回答。第一種方法，我們可以問：我們稱之為文本的表層意義，即直接第一眼看見文本時它看來要跟我們講的。

或者，第二種方法，確認這些文本原初屬於某一特定時間與地方的，是跟我們的時間與地方很有分別的；我們可能探究得更深入，追問作者及其原初讀者對字詞意義的可能理解。第三種方法，我們可能想要查探這樣的問題：作者所用的字詞可能對今天這些處於特殊環境的我們，說些甚麼？當然，除了這些之外，聖經的基督徒讀者，是會回答以下問題的：上帝在與透過（in and through）我們／我對這些文本的閱讀，要對我們／我說些甚麼？是以，我們立即面對這樣的事實：「這本文意指(mean)的是甚麼？」這問題，實際上是容許超過一個答案的。

文本能夠「意指」多於一種東西。確認這事實可能使得某些讀者（也許特別是書卷的基督徒讀者）相當不安。畢竟，人的存在很多時都跟閱讀及解釋某種文本密切相關。從那些塑造我們文化的哲學的、宗教的、政治的，以及文學的傳統的「經典」、鞏固我們過去知識的那些或多或少的古代文本，到很平凡單調的用法指南如告訴我們怎樣調校中央暖氣系統、稅務局的最近通知，或是通知我們「前面危險」的路牌，所有我們日常生活的安排和行程，都在於我們從不同種類的文本之中讀出意義的能力。但是，即使最直接的文本，實質上也可以以超過一種方式來閱讀，試想想倫敦地鐵站指引遊客的標誌：“Dogs must be carried on the escalator”[1]（譯按：dog 在英語也有無賴、醜婦的意思；另整句也可解作「在扶手電梯上狗隻必須被背負起來」），這樣一來，我們怎樣決定選擇哪一個意義？哪一個意義才是「真正」的意義、欽定的版本？我們可能會問：誰對文本的意義擁有版權？

這在所謂的文學理論的場域之中，成了其中的從業員的主
110 要議題。教會在嘗試容讓聖經在信仰羣體之內發揮實質的作用時，顯然地不能逃避，甚或延遲仔細地考量他們所提出的答案。這樣的問題：「文本的意義在哪裏或是甚麼？」要求那些

委身福音的真理的人——這福音主要是透過聖經的見證來到我們這裏——面對並處理其提問。人對文本的閱讀，處於教會的存在的最核心位置。因此，那些把這些文本視作聖經來閱讀的人，看來必須反思這閱讀工作本身的性質。我們所有人都對如何從所閱讀的聖經文本索回意義，有某些隱藏的認定（assumptions）。這一章的設計是幫助我們考量一些選項，而由此或許可以把我們自己的看法帶引出來，公開地重新考查。

·　透過透明的文本觀看　·

我們全都知道窗戶要來做甚麼。它有兩種基本功能。首先，它讓光透進建築物，而其次，它使在建築物之內的人，向外張望而看見他們周遭世界發生甚麼事情。然後，讓我向你介紹過去五百年左右主流閱讀聖經的進路，這進路以不同的方式，可以很合理地視文本像一片窗玻璃，光穿流過去而至讀者那裏，而至關緊要的是，透過窗玻璃，讀者反過來被邀請凝視，以至可以看見這片窗玻璃之外或背後的東西。我們不注視窗戶，而是透過它來看東西。所以，這樣看來，書卷文本的意義並不在文本本身之內來尋找，某意義來說卻在文本之外，這是因為文本那本質上的透明性。

1. 聖經作為觀看歷史的窗戶

在宗教改革的浪潮裏，在實踐上，不同閱讀聖經的方式都被包容，但主流的進路認為，文本的真正意義就在於我們所講的「字面的」（literal）或「顯明的」（plain）意思，這即是說，字詞看來是直接把其意義帶給那些只是以常識/尋常意思（common sense）來接近文本的人。這即是說，文本看來要說的或涉及的，就是它實際所說的或涉及的。中世紀羅馬公教，認為文本的意義是深奧的與厚重的寓意（esoteric and heavily allegorical meanings）——這樣對文本的掌握，需要教會教導部
111 門作居間的解釋——但這來到宗教改革時已廣被懷疑。這個時候，聖經的基本特性被認為是對所有讀者，都具真知灼見的。這個時候相信聖經是上帝向所有人發出的話語，所以其意義一定是所有人都可以掌握的。上帝知道一切事情，不會愚蠢到只把信息託付給聖職人員！因此對聖經要做的事情，就是翻譯成讓其他人可以閱讀的語言，並且盡可能廣泛流佈分派。

這樣的看法有另一推論相隨。一般看來，聖經文本所作的，是向讀者轉述一個直接明瞭的與可靠的報告，這個報告是關乎上帝世界的真實事件與事情狀況，以及上帝與祂的世界打交道。在這樣的了解底下，聖經的意義，就跟事件自身的意義等同起來；這些事件就是那些為著我們而直言的「歷史」，這歷史由創造一直延伸至末後的日子，其核心乃在耶穌基督的生、死與復活。重述這單一的故事（unitary story），聖經就為那曾發生並將要發生的事件，當中真實的人物與行動，提供一幅準確與可信的圖畫。

這曾經是一種想法，我們要注意，在這想法之中，聖經的文本被確定為具有極大的價值，而之所以如此，正正是因為把它珍視為一扇小心安放的窗戶，好提供通路觀看景色，否則景色將會隱而不見。實際上，重要的並非窗戶，而是獲得特權通路所要觀看的歷史的與神學的風景。聖經的目的是揭露人類歷史的全景，並講述人類自己除此之外就不可能知道的過去與將來，以及極為重要的，就是上帝對人類的心意。因此，聖經的顯明意思（plain sense）被視為可靠的歷史指涉（historical reference），其真正意義是跟歷史指涉不能分割開來的。一個人透過窗戶所看見的，簡單來說，就是另一邊實在（歷史的及真實的）發生的事件。是以，對於教會來說，聖經的權威，在於其提

供了一個對上帝在真實世界（real world）之中打交道的故事所作出的「事實的」報告（“factual” account），並且因而為基督徒提供機會，滿有自信地安置自己在同一個世界之中。

2. 揭露視覺的幻象

這種自信的與簡單的進路，從十八世紀中葉一路下來，隨
著歷史意識之發展而開始破落。學者開始把書卷文件（biblical 112
documents），像對其他古代文本尋常所作的，置於同類的文學的與歷史的分析之下。這樣做時，後果就是，這一度被視為相當清楚的一個在聖經中的單一歷史的與教義的故事，開始在讀者的眼中碎裂。這個前鑑別時期的讀者（pre-critical reader）可以安頓自己於其中的文本「顯明意義」的世界、上帝與人打交道的「真實世界」，現在成了受地震所害的犧牲者，這地震從一開始就把一切熟悉的地標化為碎石。

是以，舉個例子來說，現在把書卷文件置於其相應的文學類型之中，就會看見許多文本的真正性質與目的，是較早時期的解釋者誤解了。那些包含了曾經初步辨認為歷史材料的文本，現在則被視為全屬於另一類文學類型。因此詢問或期望文本回答真正的歷史問題，事實上是嚴重地誤解了文本，並且或會完全失落了章節段落想要透過所使用的慣常的象徵（symbol）、故事、比喻等傳遞的信息。

對文本的特殊歷史的與文化的背景愈加熟悉，也助長了對文本原本意義（original meaning）的基本再思。特別是愈來愈意識到：基督徒羣體過去多個世代把舊約讀作一本關於耶穌基督的作品（至少其意義被視為，跟其自身當下範圍以外的另些預期所指涉的事件，密切相關），但是這些古代希伯來文本在原本的羣體之內，以及以之為對象而寫的羣體，肯定不會如此閱讀或理解的。這即是說，涉及原本的或歷史的意義時，通常無須越

過以色列生活當下的歷史與政治情境。這樣的確認，對基督徒讀者帶來深遠的後果。因為由此即接受了這些文本（以及其指涉的「歷史的」事件）的恰當意義，是在於其在這一個故事之中早段篇章的位置，而否定要到了新約才能明白這一看法。如果這時要嚴肅地考量，以賽亞書五十三章的作者（只是挑一個明顯的例子）並非意圖引導他的讀者朝向拿撒勒的耶穌，而是某位同時
113 代的人物；或者整部希伯來書卷（Hebrew Bible）的基本性質，並非古典基督徒續篇的前篇，而是在某個意義上就其自身而為一部經典，那麼傳統以來透過基督教聖經的諸多作品，追溯「拯救歷史」（history of salvation）的真正融貫性與統一性，就成問題。

然而，把這些方法應用在福音書上，就產生了極大的影響。仔細研究這些文件，首先出現的就是坦率地否認如下的推論：這些福音書對耶穌的生平和事工，作出簡單的和從歷史的角度來看是準確的「事實的」描述，包括耶穌的所作所言，以及發生在祂身上和作在祂身上的事情。這些文件不是原始的文字，可以等同家用錄像帶或圖片新聞工作者的作品，「如其所如」（as it really was）地記錄事情。作者，遠非簡單地把他們看見的和聽聞的作出報導的目擊者，事實上他們是非常細心的編輯，運用現存的資料和傳統，以十分出色的方法生產出複雜巧妙的神學故事，重述耶穌。可以看到，這些資料自身在講述的時間過程中發展，這種發展通常可以藉著把福音書互相比對而追溯得到。在福音敍事的每一層面，從情節中的事件選擇和次序、這些事件在報告中的細緻記錄，以及當中可被辨識的神學含義（theological significance），都可以辨識出獨特的編輯視角。有些時候，這些獨特的視角彼此差異很大，甚至可以對耶穌、祂的使命、祂的死亡等等，作出另類方式的思考與言說。

對於這種新的歷史的—鑑別的意識（historico-critical

awareness）與進路初現時所發生的事情，足以說明的就是，前鑑別的讀者所「棲居」的書卷的文本（biblical text）世界，從其旋轉之軸心滑轉開來，並且看來大部分破碎得無法挽回而散落讀者雙腳四周。他們過去透過文本的窗戶所看見的東西，現在因著仔細與更專業的檢視，而證明為別的十分不同的事物。看來在窗玻璃之外那歷史的與教義的單一世界，只有忽視書卷文本的原初意義與歷史發展的問題，才得以維繫。一旦這問題被提出，又透過仔細的探索與學術的研究來回答，這同一的世界將被證明是一場光的把戲，或是從一特殊角度望向玻璃所產生的視覺幻象。

那麼，研究聖經的歷史鑑別法（historical critical approach） 114
所做的，是強行把「意義」的三個十分有別的層次分離開來，而前鑑別的讀者在把這三者認定為實際上是同一的底下，會把三者完全拼合起來；這三者分別是：「顯明」或「字面」的意思、文本對真實歷史事件的指涉，以及（處於前兩者之間的）文本作者或編輯所意圖的「原本」意義。在這三者之間，現在出現了難以確定其規模的、難以逾越的鴻溝。一旦產生了這樣的分隔，就明顯不再可能以同樣的方式來看待文本意義的問題與其作為權威聖經的功能。樸素的常識認定：文本的顯明意義就歷史的真實性（historical actualities）傳遞一幅直接的、可靠的與融貫（coherent）的圖畫，現在被證明是虛假的。那麼，文本如何可以再次成為穩固和權威的基礎，讓人安置自己在一個被視為上帝的世界之中？這樣的問題的爆發所生起的焦慮，就好比伽里略的望遠鏡所激起的巨大力度那樣。它也引發某些本質上相似的回應、後果，至少短期內所引發的，就是不恰當地要求某些書卷確定性的新基礎（some new basis for biblical certainty）。

3. 聖經與歷史的重建

從回顧的角度來看，我們可以發現，對這樣的提問的最初回應，是採取了前鑑別的進路的基本認定。巴頓（John Barton）的話一針見血地指出：「基督教最終並非關乎諸文本之間的諸種關係，而是關乎真實世界的事件；上帝的話語為了我們沒有成為一本書，卻是成為一個人的生命。」[2] 換句話説，聖經真正要説的，是「關乎」甚麼，是上帝在歷史之中與人打交道的事情，因此，聖經的意義是緊繫於事件的意義，歷史就在這些事件之中揭開；透過以色列的生活與耶穌的生活，上帝在某意義上向我們啟示祂自己與祂的心意。當然，「現代的」進路之所以獨特，乃在於其坦白確認，意義不再可以在文本的表面找尋得到。表面看到的是騙人的，我們必須透悉表層來思考，以歷史偵查的工作來細心閱讀、越過字面意思，甚至越過文本的原本意思（original sense），並透過細心處理文本所提供的證據與線
115 索，發掘埋藏在文本底下那背負意義的歷史的沉積物。我們必須把自己的神學與生命——作為基督徒的教會——建立在真實發生的事情的「堅固基礎」之上。就在這裏，聖經意義的真正單一性/統一性（unity）與融貫性，現在就不是以文本自己説些甚麼來界定了，這就是説，不是以文本所提供的不同的及殊異的人類視角來界定了——以瀋寧博的説法來講：「只有越過它們本身，而落在耶穌這個人物身上，新約不同的著作以非常相異與不一的方式來表明這人物。」[3]

這個觀點就像其對手前鑑別時期（counterpart of pre-critical），視聖經的功能為一扇窗戶，可以看見上帝在歷史中滿有意義的行動。我們透過文本自身來觀看並辨識在文本後面的東西。然而，現在我們知道要很小心看待觀看的工作，因為第一眼在玻璃上看見的，不能馬上就可辨認那是甚麼。必須細心地擦抹玻璃，也要調控我們的眼睛以去除視角與光線的騙局，以

致我們能夠認出那在玻璃另一邊的事實的實在（factual reality）的模樣與範圍。

這進路實作時一向所建基的認定是：其成果是產生一個可靠而符應事實的報告，就是關乎以色列人的歷史與耶穌生平的報導，以及由此而以某些類似堅固的基礎，支撐當代基督徒的信仰與理解。但事實上，我們卻不很清楚，由文本跳躍越過巨大鴻溝而至作者而至「事實」這一工作，實際上所能達到的確定性的程度或種類。「書卷的事實作為鑑別學所闡釋的東西」，具有令人煩惱的趨勢，就是不同的使用者在運用歷史的—鑑別的工具時，都得出不同的成果。因此，例如，著名的例子是十九世紀無數人嘗試以福音書敘事為基礎，提供一個對「耶穌生平」的科學報告，結果不單遠遠未能為信仰提供一塊意想中的堅固基岩，更顯示了歷史的探索的內在脆弱性，以及其一切成果的暫時性。

4. 意義與作者的意圖

確認上述的結果，引致其他人不在歷史本身尋找聖經權威的意義，而在書卷文本的作者及編輯們在其文本上面所建立的意義、在他們意圖透過他們所寫下的傳遞給原本的讀者的意義，尋找聖經權威的意義。復得作者意圖，可能被視為是一項 116
野心較少的和更易掌握的工作。雖然不可能完全確定文本後面的事實，但文本自身卻在我們掌握之中，而靠著歷史的—鑑別的技能，我們能夠把文本置於仔細檢視之下，並索回其原本和本真的意義。再一次我們要注意，在這進路之中，文本是我們透過它來觀看的東西而非我們注目的東西。我們在實作時提出的問題，現在已經變了，不再是「發生了甚麼事情？」現在寫在書頁上的文字變成線索，引導我們索回（作者或編輯的）心理的「事實」（psychological fact）。

舉個例子，克萊因（William Klein）、布魯姆伯格（Craig Blomberg）與哈伯德（Robert Hubbard）在其近著《基道釋經手冊》（*Introduction to Biblical Interpretation*），[4] 正採取這樣的看法。他們提出，就書卷文本的任何部分而言，當中關乎意義的問題，都等同作者意圖的意義的問題。作者意想他的讀者從他的字詞要理解甚麼？一旦我們回答了這問題，我們就回答了文本對於教會的意義這問題了，因為我們可以認定「書卷的作者或編輯是以相同的方式向所有人溝通的」。[5] 他們追隨文學理論家賀許（E. D. Hirsch），[6] 承認事實上當文本應用於其他脈絡之中、應用到一新的和別異的處境之中，是可以以另外其他方式來理解的，但是他們指定這些為「含義」（significances），不能跟真正的意義（true meaning）混淆，並且要把含義置於意義本身的旁邊，以便評估其合法性（legitimacy）。他們堅持：「文本的意義是：該文本的字詞與文法結構，揭露作者或編輯可能的意圖，以及其意圖的讀者，對該文本可能有的理解」，[7] 因此，發掘這樣的意義，是聖經解釋工作的首要關注。那麼，因著實際的原因，作者的意義是權威的版本。對於這三位聖經學者來說，這樣仔細作出意義與含義的區分，其重要性為下述宣稱所加強：只有真正的意義而非繼後不同的含義，是由上帝所感動的（inspired），因為只有意義，才在其原本的歷史場景之中被編碼而成真實形式（actual form）的文本。是以，聖經解釋者的工作，是對文本解碼，並且由此而索回人類作者那隱藏了的被感動的意義。

其他想法也有可能。例如，巴頓雖然對文本的意義採取
117 相近的進路，但卻認為無須援引感動/感通（inspiration）作為範疇，來回答這個問題。對於他來說，原本意義對教會是關鍵的，因為它為基督徒的信念（belief）的根源提供了規範的記錄，這是一份不變的書寫沉積（written deposit），在當中，初代基

督徒對耶穌及其含義所作的思考方式，被刻劃下來，以致可以以此為標準，讓今日的教會查核其自己信念的本真性。在這裏巴頓追隨斯滕達爾（Krister Stendahl）的做法，在如下兩者之間作出尖銳的分別：本質上從歷史的與「描述的」進路研究書卷文本，與為著教會在其當下的環境而辨識文本的意義這一更為神學的工作（他稱之為「翻譯」）。正如沃森（Francis Watson）的觀察，這裏的認定是：後者的「意義」只可能是暫時的，而前者則是客觀的與固定的，也因此，一旦索回，則可「給予我們方法去查核我們的解釋是否正確」。[8] 這使得「翻譯」更為可以操作，因為正如沃森所言：「我們能夠對照原本，並藉此參與查核每一其他的結果。」[9] 對聖經採取描述的進路，想要提供的是客觀的歷史的石蕊（litmus）試驗，藉此我們可以查核當下閱讀的化學成分，以及根源於這種閱讀的信仰。是以，關鍵的正正是文本的原本意義、其文化的和歷史的特殊性，因為書卷的權威與價值就在於此。我們當代對文本閱讀的「基督徒性」（Christianness）；是關乎這些閱讀，跟本真的或初始的基督徒信念的關係，而這些信念，我們發現是在原本的意思之中所反映出來的。

這樣的堅持：文本的「恰當的」（proper）意義等同其作者所意圖的，從文學理論學者例如賀許，獲得相當的支持，不管怎樣，它或許代表了大多數時候大多數讀者的情況。常識告訴我們，我們閱讀是要找到作者所想的，或許，還因此而要找出作者對於事情所要想的/所要寫的。我認為，這就是大部分人讀報紙、或郵差派送的信件、或在高速公路快速閃過的路牌有關下個出口的資訊時，所做的事情。當然，當我們閱讀一部小說或一首詩時，情況可能有些分別。但是即使在這裏，出現某些爭議，關乎一個片語或一個段落的意義，大多數讀者直覺地發
覺自己會問的是：「真不知道作者這裏想的是甚麼？」正因為如 118

此，傳統給作者起名為作者（author），即那位授權（authorizes）意義的人。

但是為甚麼會這樣？停一停想一想，已足夠挑戰那種草率的回應：十分「明顯」地本應就是這樣。伊格爾頓（Terry Eagleton）在其極有價值的著作《文學理論：導論》（*Literary Theory: An Introduction*）[10] 指出，這樣為大部分讀者所接受的「常識」，其認定是沒有明顯的證立的。他寫道：「原則上，沒有理由為甚麼作者的意義較評論家提供的閱讀，更為可取。」一旦承認其他的意義也是從文本而來的，那麼問題就自然出來。哪一個意義可取或獲得優先性？實際上，從「常識」觀點來看，這相當於保護私人財產的公共密謀。這就是說，我們（閱讀的公共／公眾）同意，值得獲取「權威的」地位的，應為作者想要她的讀者所理解的意義，我們給予她版權（copyright），不只是寫作的時候如此，而是在文本仍然存在及被閱讀之時也如此。

對於基督徒閱讀聖經的進路來說，這樣的看法其吸引力明顯地很足夠。因為把 writer 等同 author（譯按：author 跟權威〔authority〕有關），為文本（書卷的或其他）的解釋者提供了某種把手讓他可以著力。這樣，解釋的規範就建立起來了，而無政府的情況——在其中只能辨認一堆雜亂的意義，不能辨認哪些意義較其他意義更佳——就能避免。這樣的關注，在（一組）文本被期望對羣體的生活起著權威作用的情況底下，特別可被理解。在這樣的情況下，解釋上的無政府，可能被認為會帶來羣體身分的失落並最終的失望。當然，對書卷文本作不同解釋的合法性（legitimacy），並不會在教會之內被否定。如果真是如此，則一切講道立即要終止，或至少不再真的需要講道了。這裏所要求的，是要求一部「權威的」註釋書，提供單一的權威意義供人深思。但實際上，所有基督徒都確認，文本必須對應新的情境、在帶有新問題的處境之中，嶄新地閱讀及應用聖經。

這正是講台及神學工作同時發生的事情。但是在這工作之中， 119
必須面對的問題是，能否辨認(identify)任何確定的判準(criteria)或原則，以供評審從這持續工作中索回的「意義」，或者相反地甚麼意義也可以。是以，無論是較保守的/聖經主義的，或是自由主義的版本，所關心的都是揭露聖經的原本意義，而在事實上則為歷史的—鑑別的叫牌，要為基督徒的存在辨認一不可移動的基礎，要提供一種對文本的權威性閱讀，並同時可以判斷其他閱讀的合法性。這種想法是要我們把自己當代的閱讀、應用與「含義」，跟真實的事情比對，這真實的事情就是作者思想裏面的意義。

5. 文本作為共同的領域？

這可能是一種值得讚揚的想法，但當中卻存在一些嚴重的難題，我們需要小心面對。那些運用這一進路的人，看來總是預備對其結果投入可觀的(或許叫人驚訝的)信心。一般都認為，作者的意義像實物的文本，是一種公共可獲得的和已確定的事實。雖然可能需要花費可觀的氣力，透過歷史的—鑑別的方法專注文本而揭示其意義，但是無論如何，原則上，其原本意義對所有讀者來說，都可以以證明的(demonstrable)和可接近的方式來掌握。因此，舉例來說，對斯滕達爾來說，「描述的」工作「都可以由信徒與非信徒同樣地進行」。這是客觀量化的工作，意思是這工作是跟作者與其文本頁面上字詞的關係，密切相關的。所以，文本的「意義」並不隨著年代或地方而改變，卻是固定的而可以尋回。這樣的認定是必要的，如果原本的意義是要用來當作比較的客觀標準，並由此而提供堅固基礎，以判斷當代的爭競解釋或含義。

正如侯活士(Stanley Hauerwas)曾經指出，這認定把聖經的鑑別進路，跟其對手前鑑別的進路，結合在一起。意義就

「在」文本之中，它是任何人都可以索回的，只要願意面對必須處理的難題，無論簡單地運用常識，或是複雜地應用歷史的意思，來解讀文本。換句話説，書卷，從某意義來説，是共同的領域（common ground），也是神聖的領域（holy ground）。

我們可以回顧，對前鑑別的讀者的主要批評是，他們注目
120 文本，而誤以為所看見的就是文本的真正意義，但是事實上，真正意義是隱藏在文本表面底下的。過去一直以為對所有讀者來説都是明顯的字面意義，這樣一來就顯得是欺騙來的，而深入至表面底下直到本真的意思這種工作，則認真地開始了。但是，可能會有人爭論：由「書卷清楚地教導的東西」，轉移到「高等鑑別學（higher criticism）所確定的結果」，並不是離開無知，而只是轉移了無知的焦點。因為事實上，證明結果並不如所想像的那麼確定。（任何讀者若對此有疑問，那就請就某一既予的聖經段落，查考任何兩本註釋書，然後比較兩者的結論。）因此，近年解釋理論的某些發展，提出了問題，就是：歷史的一鑑別的進路，是否不等於容易傾向混亂了那以簡化的方式尋找「文本自身的意義」所得的努力成果？有兩個十分恰當的理由去懷疑這樣的情況是真實的：一方面是文本未可預斷的本性（problematic nature），另一方面則為讀者未可預斷的本性。

6. 懂得笑話笑位的重要

歷史意識的浮現與發展，並非以不確定的方式烙印在我們身上，事實上，我們閱讀那些不屬我們時空之中的文本，並非我們起初所想的那麼簡單和直接明瞭。即使這些文本已經有人幫忙翻成當代英語（我們應注意，這種解釋的工作已經使得扭曲與誤解原本意義的機會大增），但還有更進一步的「翻譯」要求有能力的讀者去做。理由是，撇開文本表面的清白，所有文本都是以一種代碼寫成的。作者為著某一羣特殊的人寫作，在這

些羣組或羣體之中，存在著一種共同分有的普遍知識資庫，讓作者與讀者可以一起取用。因此，作者可以恰當地暗指/喻指(allude)某些事件、文本、主題、踐行等，而永遠無須以文字直接呈現或解釋，但是這些暗指/喻指的東西，卻形成間或稱之為的「先行理解」(pre-understanding)，是作者認定會呈現的，而因此，他是向自己言說自己的先行理解。

舉一個明顯的聖經例子：當耶穌講述一個比喻，關乎園主與一羣佔據了他的葡萄園的佃農，祂是假定了聽故事的人，熟悉舊約以上主葡萄園來講述以色列人這豐富的意象(imagery)。 121
一旦這先行理解被掌握了，耶穌所講的故事，就成了一個故事，關於上帝、以色列無數桀驁不馴的君王、上帝差派到他們中間呼喚他們負責的先知，以及對祂的聽眾來説是挑釁的、費解的片段：上帝所差派來的祂自己的兒子，知道自己將會被置於死地。如果這先行理解不存在，那麼這層意義將輕易地被忽略。聽眾或讀者確實不會「接收得到」，因為故事想要引發的豐富聯想並沒有發生。同樣的情況，在「説笑」的事情上也可以看到。幽默之所以能被意會得到，明顯只在於知道某一片語或暗指/喻指所隱藏的含義。外人在大家分享笑話時，就會把握不到要點，不知道何以可笑。這些都是非常具體的例子，表明這類反諷(irony)早被大家接受了。但是，這裏包含了一個意思，就是在所有的人類溝通(口語的或文本的)之中，總是顯現出某些諸如此類的反諷。我們經常説得比我們心想的少，並且理所當然地藉著理解與聯想這一整體來使用字詞，向我們的聽眾與讀者四方八面地發放訊號。換句話説，作者落在讀者的期望之中。這樣的期望基本上是溝通過程自身，而缺乏了這些期望只會讓溝通不完整或受損害。換另一個講法，作者對其讀者所認定的先行理解，實際上是某些讀者會帶進文本之中的，以索回文本所意圖的「意義」。我們可以説，意義是作者與讀者之間的交易，在其中兩者都貢獻某些東西。

因此，當代解釋者在解釋歷史與文化久遠的文本所面對的難題是，他或她並不屬於或部分屬於共同分有的先行理解的資庫，而因此缺乏能夠全然翻譯或解碼文本的重要工具。這是為甚麼訓練歷史的—鑑別的方法，基本上包括了嘗試讓學生盡可能熟悉文本的處境，使得他們能同情地成為典型一世紀的猶太人，或是伊利莎伯一世女王時代的手藝人，或是維多利亞女王時代的貴族，或是諸如此類，目的是希望藉此而可以開始「掌握到笑話的笑位」，福音書中的、莎士比亞戲劇中的、狄更斯（Charles Dickens）小說中的，諸如此類。這就是為甚麼書卷的註釋書裏，花那麼多時間告訴我們文本所在的社會、政治、
122 宗教與其他狀況，因為這進路認為熟悉這些狀況，將會幫助我們更好地把自己調整至與原本的讀者一致，透過他們的眼睛看事物。我們某程度上加入到原本的讀者羣體，獲得通道進入知識、先行理解的共同分有的資庫，這資庫在一定程度上為文本的「原本意義」，提供了讀者的貢獻。

7. 私人字詞彙編的難題

暫時讓我們設想，這樣做在某程度上是可能成功的，為了閱讀保羅或福音書作者的寫作，而實際上「變成」他們的同代人。我們需要確認，仍然未能有任何把握，可以確實知道作者的意圖意義，雖然若非如此也不能更為接近了。重點是：為了準確地知道作者「心智中」的東西，我們要做更多的事情，而不能只是成為其同代人就足夠。事實上，我們要能看到作者頭腦內的想法，而這樣的事情甚至是那些最有能耐的歷史鑑別學者，也沒有渴想過的。正如我剛剛指出，語言與意義是受到所謂的社會／社羣限定（social constraints）所約束的。換句話說，我們不可能製造一個字詞或一句句子，其「意義」與其在每日的

特殊處境中使用時，毫無關係，這不能只因為我們意圖或想要這個字詞或這句子表達某個意義。字詞之所以可合理地安置，是因為其可能的使用是由諸邊界所設定的，並且其意義是由共同分有的聯想資庫之中合法地被提取出來的。但是，同時我們完全意識到，同樣的字詞與句子能夠對我們的鄰舍帶來十分不一樣的意義或神韻。我們對某些人說某些東西，我們知道我們意指甚麼。但是字詞卻被理解成別的意思，而我們（或許）發現已經無意地得罪了別人。這中間主要的原因不難找到。因為一方面，無疑同代人與鄰舍分有某種先行理解，但另一方面，這分有只有深入骨髓才成。我們一旦掘深一點，就會發現對於特殊字詞、片語、意象等，每一個人都是受其生命中獨特的經驗，如童年、成長、社會地位、教育等，決定性地塑造他們的聯想。因此，一個特殊的字詞，對兩個或更多的人是指涉某些共同的東西，但是深入至表面底下的聯想諸溪流時，分歧就出現，或許會是非常不同的。

史坦納在其很有幫助的著作《巴別之後》（*After Babel*）探 123
討這現象，並作出結論：事實上，每一活著的人，都憑藉兩個十分不同的意義資源，提取東西。首先是「當前流行的慣用語」（current vulgate），指的是共同分有的資庫，當中存在的是表層上的聯想與含義，是使得溝通成為可能的東西。這是冰山的頂尖，對所屬的人來說都是可以看見的。但跟著的是底下隱藏的，也就是史坦納所指的「私人字詞彙編」（private thesaurus），我們每個人都擁有，是由徹底的個人經驗與聯想編寫而成的，形成了我們獨特的性格，潛伏在我們的潛意識之中。[11] 因此，他提出，我們互相溝通之時，我們只「在表面」上進行。[12] 所以，任何兩個人發出或聽到同樣的詞語繼而得出的意思，只會在某一限度之內重疊，這重疊是因為他們共同分有某一特殊人類羣體的「慣用語」。如果可以列出所有意義，就會立刻發現問題中的字詞，對每個人都有非常不同的「意義」。是以，史坦納提出的是，實際上每個人類溝通的行動，都涉及了翻譯的過程。[13] 我們要調校自己耳朵，以對應別人說出來的字詞所含有的聯想，在表層掘進去而至侵入他們的私人字詞彙編。若能成功地做到這一步，真正的溝通就發生了。若果未能達至，就失敗了，並會出現誤解。即使我們聽到他們的字詞，但我們會錯失他們想要對我們說的。但是，因為我們沒有人為了掌握他人的意思，而能夠真的變成另一個人，那麼我們能做的，只是盼望取得部分成功，而我們總是在某程度上（有時是相當大的）誤解他們所說的。這是字詞與意義的滑轉性，即使在那些宣稱「說同一語言」的人中間，也是如此。

由此，我們得承認，歷史的—鑑別的學者，嘗試要從書卷文本索回「作者原本的意圖意義」，嚴格來說是失敗的事業。即使是保羅的母親或他最要好的朋友，也無望可以達至任何程度的最終理解或確定理解。我們不能簡單地認為保羅所用的這個字詞，就可以精準地認為「這就是一世紀巴勒斯坦猶太人的意思」。如果我們能夠這樣做，就很方便了，但事實上語言並非這樣。字詞與意義之間的關係，要更為開放無限制，所以，「在任
124 何特定的時刻，『字詞能夠起的作用』都是沒有限定的」。[14] 如果情形是這樣子的話，那麼立即顯現的是：歷史的—鑑別的工具最能夠做的，是使我們可以在某程度上深入至語言使用的通則（generalities），通曉慣用語、普遍慣例，以及支配作者使用表層語言的思想方式，並因而可以開始重建作者所使用的字詞所具有的很**可能的**（probable）意義。或許這樣做的時候，我們能夠辨識作者特殊地使用語言的方式，以越過慣用語；看到他如何以獨有的方式調度字詞，以表達他自己特有的聲音與聯想。但是，我們永遠不會徹底弄清楚作者意想的意義。這樣做只會否定他獨特的個人特質，也棄掉我們自己特別的品性。

·　文本作為鏡子　·

歷史的—鑑別的進路在索回書卷文本的原本意義上，所取得的實際成績，並不鼓勵我們對其確定性，採取過度的樂觀態度。正如曾經指出過，就同一聖經段落比較兩本註釋書，即便是基本的事情，也清楚揭示了分歧而非共識。我們已經看見，歷史文本自身內含的滑轉特性，以及歷史距離所產生的困難，是有合理的原因的。但是文學鑑別法（literary criticism）已經愈來愈確認在追尋意義時，不單文本是有問題的，我們作為讀者，在確定文本意思的難題上，也是一個很大的變數。

1. 承認我們的「讀者的原罪」

伊格爾頓說得簡潔，他提醒我們：讀者「並不以某種文化處子——無玷污地免於先前社會的及文學的異化——來接近文本，即一種極其客觀的精神或一張極其空白的紙，文本可以把它自己的刻寫轉移到其上」；[15] 剛剛相反，我們每一個人都滿有「讀者的原罪」（readerly guilt；譯按：意即無可避免的）：我們從我們自己的社會的及歷史的處境中承繼過來的先行理解，以及我們個人人生走過的旅程所流傳給自己的「私人字詞彙編」。我們不能避免被上述這些東西塑造。我們看著文本時，我們看見的，仍然正正是我們作為社羣及歷史所置定的讀者所看見 125
的，即使我們是藉著歷史的—鑑別的工具來進行。我們不能停止作一個我們本身就是的特殊的讀者。我們不能踏出自己的先行理解，從後面去看「文本自身」或「原本意義本身」，好像撇下自己身體從上帝眼睛的視角去觀看世界，否則，這樣子的想法，不過是再次宣告從無立足處觀看（view from nowhere），但是我們做不到。我們不能在社羣上與個人上成為非體現的（disembodied）時間旅人，透過其他世代及其他地方的讀者的眼睛，來生活與觀看世界。我們可以力求這樣的同理心，我們甚至可以以某種方式邁前以達至這樣的同理心。這是翻譯與解釋所要做的。但是最終，我們都沒有可能逃離自己的歷史的與個人的情境。

是以，當我們閱讀文本之時，我們跟那些帶著一套特殊的認定、問題、期望的人，沒有分別，這些特殊的東西很多都全然是潛意識的，因而全都影響我們的閱讀。我們從我們自己的思想設置的內部「私密」出發，要想弄清楚我們所讀的意思。而「弄清楚意思」正正是我們要做的。我們要從文本中索回的意義，在實質上，將會是我們帶進閱讀文本中的先行理解的產物。當然，我們作為解釋者要做的，是意識自己的先行理解、檢視它並越過它，目標是意識作者或原本的讀者的先行理解，以致可以脱離我們習慣佔有的高度，而改以別的視角去看文本。但是，正如我曾經指出，我們永遠不可能完全做到，因為先行理解（包括作者的與我們自己的）是非常深入的，並且不可約化而為個人的。史坦納寫道：「沒有兩個相同的人，共同分有同一的交往處境，因為這樣的處境，是由一個個體以其總體的存在（totality of an individual existence）所建立起來的；因為這樣的處境包含的，不單只是個人記憶與經驗的總和，並且也有特殊潛意識的資庫在內，而這是每個人都不同的。」[16] 再者，沒有任何陳述（statement）其意思先後兩次是完全一樣的，即便這陳述是由同一人提出的。對我們來説，一個字詞的「意指」，在每一次新的使用都會有所改變與發展。正是這樣，要想透過解釋來索回原本的準確意義，解釋者實際上只有「變成」寫作時的作者才成了。

126 是以，這一切都帶領我們承認，我們從文本（歷史的或當代的）索回的意義，永遠跟作者心想的意義絕不等同，或者，事實上，永遠跟任何其他讀者的意義絕不等同。意義是在恆常的變形（metamorphosis）之中。之所以如此，正正是因為意義並非某些全然客觀的東西，而是兩組變數之間的互動——作者所傳遞的訊號，以及閱讀接收者調校的頻道。再一次借用伊格爾頓那無與倫比的意象羣：「文本的意義，並非內在於文本之中，像智慧齒藏在牙肉之內那樣，耐心等候被拔出。」[17] 因此，我們懷疑如下的看法：認為神學牙醫有足夠訓練，能夠裝備我們把智慧齒拔出；反而要確認的是：我們拔出的意義，總是至少部分是我們這些讀者的產物。

我想，正是這一點，暴露了歷史的—鑑別的進路所具有的真正無知的風險。因為這樣的進路，已經充分預備承認文本與作者的歷史特殊性，但卻又總是沒有嚴肅地對待自己的特殊性，又常渴求扮演去除社羣體現（socially disembodied）的時間旅人的角色，不受前設（presuppositions）與認定所阻礙。這是只看到文本眼裏的污點，卻忽略了那扭曲了自己視線的棟梁。這樣無知的結果，就是以為人可以清晰地及便利地，把「原本意義」跟其他解釋與含義分別開來，並把後者跟前者比較，仿如前者可以對解釋作出全然客觀的與事實的調控或規範。但是，即便是最好的歷史的鑑別學者所找出來的原本意義，都不過是解釋、重建。這意義多少是有效的，但卻肯定並非「原本意義」本身。它不可能是原本意義。可以說，我們不能依靠自己的力量，把自己抽離自己個人的與文化的指涉架構（frame of reference），而透過某些絕對的客觀途徑，發現書卷的作者（biblical authors）心智裏的東西。在這樣的了解底下，「文本的意義」與「文本對我的意義」之分別，完全是誤導的。

在這裏，文本乃透明的這個看法，即是把文本視為窗戶——透過窗戶，我們的視線可以無阻隔地窺見窗戶之外或背後的東西，這窗戶開始鬆動危險——最好置之一旁，不以之為接近聖經的基礎。現在浮現出來的建議是，文本事實上被發現 127

是一塊部分反射的平面，以致我們看到的就如我們所想的，或者看上去的（其意義），在某種意義和某種程度上來說，總是反映我們自己帶進去的東西。意義，並非先於文本並且可以透過文本觀察得到；現在看來，意義倒是我們閱讀文本時所發生的事情，因此，意義就像詩人所歡呼的，上主的知識每早晨都是新的。

2. 意義的變形

文學理論的近期發展，愈來愈確認和強調意義發生的事件中讀者的角色，而非首先注意作者或文本之外的所謂指涉（referent）。現在更常承認讀者是不可少的，而非文本。沒有讀者，文本仍只是被置放在書架之上。文本沒有「意義」，沒有「意義」，因為它對任何人都不「意指」甚麼（“means” nothing）。只有它被拿起，抖下灰塵、翻開，並閱讀，它就開始意指某些東西（mean something）。它「意指」甚麼（what it means），現在許多人會提議，至少部分在於其被閱讀的特殊處境，甚至在於特殊的讀者自己。

在一個特殊的思想流派之中，鐘擺的運動已經去得很遠，認為「意義」真的跟作者、他的環境或文學的意圖，沒有甚麼關係，卻完全由讀者決定。是以，一個倡導以所謂讀者－回應進路（readers-response approach）閱讀文本的美國學者費殊（Stanley Fish），辯說文本並不擁有永恆意義，使得繼後的解釋者的工作變成是去發現或索回意義。反而，我們使用意義這個字詞來描述我們身為讀者，在閱讀文本時所發生在我們身上的事情；換另一種講法，「讀者的回應不是對意義作出回應；它就是那意義」。[18] 這樣的提議的要點是，我們接觸文本，它對我們的意義並不由文本自身或任何在文本以內的東西所決定，而完全是由我們帶引進去的期望、聯想、問題與含義所決定。

這個觀點的背後，就是不覺難為情的哲學懷疑主義與相對
主義。費殊相信，人類、他們理解世界的方式、他們描述世界
的語言，全部由特殊的歷史與文化視角所決定。不同的社羣與
歷史處境的居住者（不同的羣體），會以不同與不一致的方式「建
構」世界。他們擁有的視角十分相異，即是説，非常不相容。它 128
們之間沒有顯著的重疊。因此，他們説完全不同的語言（既是字
面的也是隱喻的意思），不可能以同一的詞彙來看事物，或者即
便他們使用同樣的字詞，也不可能意指同樣的事情。

就文本的情況來説，從一個歷史的或社羣的處境，轉到另一個歷史的或社羣的處境，文本的實質可以不變，這意味著不大可能讓在某一處境之中的讀者，同情地進入文本可能具有的「意義」之中，這「意義」只可能讓文本原來處境之中的讀者進入。換句話説，費殊否定我們能夠越過自己的歷史的與社羣的所在。正如我們曾經提出，因為意義永遠都不是絕對穩定或固定的，因為意義嚴格來説永遠不會兩次都是一模一樣的。他總結道：不管甚麼，沒有固定性或穩定性；對不同處境下的讀者，文本沒有重疊，沒有接觸交會點。在這裏，正如在別處那樣，經常因為對虛假客觀主義的解魅，而太快擁抱全然的相對主義。意義，正如真理，成了我們所製造的東西。沒有「真正的」或權威的意義。只有無數連串的不同意義，除了一種意義，所有都跟作者「心智中的」意義，沒有甚麼直接關係。因為我們不能夠以任何方式，知道作者的心智想些甚麼，但又不得已要有所得，所以堅持對我們要緊的，不是甚麼奇異地陳舊的及不可取得的「原本意思」，卻是文本對我們處身特殊環境之中的讀者要説的；作為讀者，我們都帶有特殊的需要與想望與問題。

把邏輯推到盡頭的結論，特別是當我們考慮史坦納所説的關於每個讀者在閱讀時都會資詢的「私人字詞彙編」，所帶來的結果很容易是認為：文本的「意義」全都在個別讀者的手裏，以

及由他們決定與文本有甚麼關係，這種觀點被較為徹底的「解構主義的」(deconstructionist) 思想流派的追隨者所擁抱。費殊自己小心地避開這些猖獗的個人主義，他堅持我們身為讀者，自己的期望與回應基本上由我們所屬的羣體塑造。換句話説，一個字詞或片語對我們「意指」甚麼，是由我們共同有分的羣體的話語規矩所限定與引導的，以允許其意指。

我相信，費殊以不同的方式針對文本與意義的讀者一回應進路，是基督徒讀者閱讀書卷時不能太快摒除的。但正如我將
129 在下一章提出的，徹底的相對主義在強化其自己之時，會為一個想要真正置其自己於一組文本的權威底下的羣體，造成極嚴重的困難。因為最終，費殊提出的是：當我們看著文本時，我們看見的不過是我們全體共同的形象，那意義是我們作為一個讀者羣體所「授權的」。然而，人透過鏡子的反映，以之作為指引，會陷入避免聽到自己不想聽到的東西的危險之中。除了在童話世界之外，他對自己是「眾人之中最美麗的」這一確認，在這裏很小機會不被干擾。真相，可以相當不同。

・ 彩繪玻璃的文本 ・

我們這一章最後轉到考量另一閱讀文本的進路，這進路是要把「意義」從貪婪地抓住指涉、作者與讀者不放的手中，拯救出來。在「形式主義」(formalism) 的眾多姿勢之中，其主要特徵是堅持文本的意義這個問題，只可能以文本自身來回答，而非追問文本之外的東西，或是探究個別讀者或閱讀羣體的情感反應。這進路論證文本一旦寫成並面向公共，就必須視之為有其自己的生命，是一個有其自己權利的客體，這客體擁有清晰的形式或結構，能就其自身而被欣賞。它構成一自足的、融貫的，以及整合的全體 (integral whole)，可被讀者探究與享受，

而無須對作者或文本寫作的特殊歷史環境，具有任何特定的知識，正如一般的遊客，無須對建築師或承造商有任何知識，都可以對偉大主教座堂的飛扶壁與拱形的拱門驚訝不已。事物的意義所關乎的，是其本身的不同組件互相組合在一起的方式，其建構或製作的方式，其作為一件藝術品完成的模樣。因此，某種意義來說，文本可以是它自己創造了它自己的「意義世界」，這就是自成一格（*sui generis*），無須指涉文本之外的真實世界、其作者，或是任何其他事物，以獲取其意義。文本自身構成一個完全與自閉的「系統」，在這個系統之內個別的字詞的、片語的或任何東西的意義，都是被這個系統所決定的。因為形式或結構，是某些在實質文本（physical text）本身之中已經固定的東西，所以文本的意義，可以說是客觀的與永久的，是 130
由那些以文學建築的眼睛所掌握的。

這種意念首先是來自一九三〇年代所謂的「新批評」（New Critics），他們首先是應用於詩歌的形式上面的。然而，不久之後，類似的看法更徹底地用於戲劇的、小說的作品，而最終用在一般的文學文本之上。意義，一方面就從歷史的一鑑別的成果所具有偶發性（contingency）與內在固有的脆弱性之中，拯救出來，另一方面則從讀者定向模式（reader-oriented model）所具有那顯而易見的主體主義（subjectivism）之中，拯救出來，並且為閱讀的公眾，提供了某些客觀地與科學地可以確立的東西。解釋，現在就被認為在本質上，是確認文學樣式的事情。文本最終可被約化為眾多各不相連的文學組件，藉著這些組件而建構文本；在新的外衣底下輪流出現的是世界神話、類型（types）與形象（figures），文學的結構可被視為根據可確認的普遍規矩與方法來運作。解釋者裝備了這些規矩的基本知識後，就可以高高興興地退到他自己的研究之中，清理掉他書桌上那些雜亂無用的歷史的與語文的參考作品，而冷靜地參與揭露文本的「客觀意義」的工作。

形式主義的理論與方法，在那些關注書卷文本解釋的人們中間，找到愈來愈多樂於接受的態度。例如，已經不愁沒有人接收或至少借用「結構主義」(structuralism)的工具，以便提供一個新鮮的進路回答福音書、書信，以及許多不同的舊約文本的意義這一問題。大體上，某些不那麼徹底的形式主義的顯現(或至少某些相類似的看法)，其影響可以在基督徒對聖經閱讀的兩個互相有別但又關係密切的發展找到痕迹，即正典鑑別學(canonical criticism)與敍事鑑別學(narrative criticism)。

想想任何一個人任何時候其書架上所收藏的書籍，可以有小說、歷史文本或詩歌、字典，類如此類。書籍共同的地方，在於它們都是同一收藏的一部分，但閱讀時我們無須理會這情況。我們依次從書架拿下每一本書，都會視之為一件截然不同的東西，容讓其意義由許許多多的事情決定，但一般來說，它
131 並不由其跟書架上其他書本的關係來決定。我們會認為，這是隨意的因素，跟理解任何特殊卷冊的書籍毫不相干。就某種意義來說，這正正是歷史的一鑑別的方法要求讀者對組成基督教的書卷——作品的組合(或正典)——作出的看法。然而，正典鑑別學的學者卻敦促我們，以不同的方法分析事情。他們辯說，與其視聖經正典為不同卷冊的組合，反而應該視之為一卷更大的文本，不同的部分互相關連，並不像書架上各不相干的作品，而是像單獨一卷作品的不同章節。一旦採取了這樣的解釋步驟，特殊文本的意義問題，就以一種十分不同的方式被處理了。如果我們貫徹上面的類比，那麼一本小說之中的某一章，就不能抽離出來而可以恰當地理解，只能跟其之前的與之後的互相關連起來，並置於整個情節結構之內。還有更多的是，歷史的追問可能發掘出文本或部分文本較為早期及更原初的形式，或是為文本背後的真實事件過程提供某些報告。但是

正典鑑別學的學者卻把這些置之一旁，雖然有趣卻嚴格來說，這對文本意義作為聖經這一問題，毫不相干。要緊的是，我們擁有的是文本的最終形式，這最終形式同時包括聖經的個別部分與整體結構及形貌。

然後，事實上，正典鑑別學堅持視聖經為一整體，是一本大型的且自足的文學作品，有其自身的融貫性與整合性（integrity）。文本之內任何段落的意義，都需要透過其在整本作品之中的位置來辨識，而不是追溯其原本的歷史位置或作者的意圖。文本有其自身的生命及意義，在其中個別部分的意義被吸納及轉化。因此，舉個例子，作為聖經，以賽亞書十一章 1 至 10 節的意義，並非原本讀者的意義或是先知自己的意義，而是作為「文本世界」的一部分的意義，在「文本世界」之中這同一的先知講論（prophecy），是被了解為在拿撒勒人耶穌身上實現的。意義是關乎文本整體輪廓結構之內的主題、事件、人物與「情節」的發展它們彼此之間的關係。這沒有使得對文本的歷史關注變得不相干，只是相對於首要關注，即文本的意義作為聖經，它是次要的。

敍事鑑別學主催相類似的看法，重視文本本身並視之為單一的整體。因此，舉個例子，費萊（Hans Frei）的作品《聖經敍事的虧蝕》（*The Eclipse of Biblical Narrative*），在這一領域的神學反省的主要促進因素，就論證了歷史的一鑑別的學術犯下彌 132
天大錯，雖然它正確地強行把聖經的顯明意思跟其歷史指涉分別開來，但卻辨認後者而非前者方為聖經的意義。相反，費萊堅持，書卷文本的意義是跟他們所講述的故事、他們講述故事的特殊方式，分割不開的。聖經整體是以「實在的敍事」（realistic narrative）的形式，在我們面前出現的。這敍事是一種仿似歷史（history-like）的東西（但不一定在事實方面準確無誤或是「歷史的」〔historical〕），這仿似歷史的敍事其作為媒介，並非旨在引導我們離開敘事本身而指向某些在敘事背後或底層的終極實在，而是要提供一個「敘事世界」，讓我們可以進入並棲居其中。一旦我們明白這一點，「就無須或不用在結構底下的深邃層次之中（一個可以分別開來的『主題』〔subject matter〕），或在可以分別開來的作者『意圖』之中，或在場景背後投射出來的這些東西的組合之中，尋找意義」。[19] 因此，這樣做就是花費我們的解釋精力，去拆解一幅漂亮的與細心織造的掛毯，如果我們在掛毯自身以外其他地方尋找「意義」的話，那麼在摺疊（folds）中所描繪的故事，就會逐漸消失而成為堆在地上顏色鮮艷的麻紗。

根據費萊與其他更進一步貫徹他的洞見的追隨者，讀者以字面或顯明意思來閱讀書卷，他們被賜予的，就如一幅掛毯、一個故事，甚或一整個系列的故事，其自身顯出全然的融貫性與統一性/單一性，給予讀者一個實在的敘事世界，並邀請讀者運用一定強度的想像力踏進其中。這是一個上帝主動參與其中的世界，在其中上帝為了拯救犯罪的人類族羣，曾經決斷地行動，自己成為人並在十字架上擁抱死亡，並在十字架上向一切有血氣的傾出祂的靈，賜下救贖與聖化的能力，而當下的世界則在等候及渴望祂兒子，以「法官」與「君王」的身分，在回來時最終啟示其榮耀。我們現在可以說，這是文本的意義。這是文本要説的。前鑑別的讀者會天真地推斷：這個故事只是一個直接的「歷史的」報告，講述實在的世界，以及這個世界在歷史中「真實發生了甚麼」。我們現在知道，在任何明顯的意義底下，這並非實情。但是我們可以不再擁抱這個想法，取而代之的是持守書卷文本的敘事意義；把文本當作聖經來閱讀時，需要慎重考量這一進路。文本之外或背後的東西，不再被視為首
133 要的東西，反而我們必須從所描繪的故事的表面，來追尋文本的意義——文本呈現出來讓我們考量的仿似歷史的敘事世界，

以及它邀請我們把自己視為內在於這個世界之中，有分塑造故事下一章的角色、參與者。

那麼，我們在這裏擁有的並非透明的文本，我們被邀請透過這文本，注意要看某些其他東西；也不是以文本為鏡子，從中我們辨識我們作為讀者在閱讀時帶進去的意義，而是視文本為彩繪玻璃，我們被呼召去注視觀看這玻璃本身以辨識其意義。重要的是那以燦爛顏色繪畫在玻璃之上的故事。這才是意義的世界，在其界域之內，我們才可以為任何個別部分找到意義。當然，彩繪玻璃具有自足的一面，使得在其以外另一面存在甚麼這一類問題，毫不相干。即便只提問題，也是錯失窗戶的設計所要達到的目的。但是，如果文本作為敘事，是要邀請我們住在其供我們考量的世界，那麼就自然浮現了一個關於「形式主義」閱讀聖經的進路的問題：它跟實在（reality）有甚麼關係？這裏所描繪的世界，跟我們生活的世界如何連上關係？為甚麼我們要委身這個世界，而不是其他可能詮解的實在？至少值得思考的問題是：當一個羣體發現自己的集體身分的意義，是來自英國幻想小說家普拉切特（Terry Pratchett）或通俗愛情小說的 Mills and Boon 出版社所提供的敘事世界——因著某些歷史的偶然，我們要放心讓我們的想像力促成這事——這個羣體實際上可以存活多久！換句話說，查問為甚麼正正要辨認與揀選這些特殊文本與它們所講的故事，以及為甚麼它們只是提供它們所取得的關乎人類在世界之中的景況的實在，是全然相干的。如果我們持續地嘗試神學地思考而嚴肅地對待真理的問題，那麼這問題是不會輕易地過去的。我們將在下一章回到這問題，在其中我會開始描繪一個暫時的進路，把書卷理解為信仰羣體的聖經。

134 **註釋：**

1. 見 Eagleton, T. *Literary Theory: An Introduction* (Basil Blackwell 1983), p.6。
2. Barton, J., *People of the Book?* (SPCK 1988), p.34.
3. Pannenberg, W., *Basic Questions in Theology* vol.1 (SCM Press 1970), p.37.
4. Klein, W., Blomberg, C., and Hubbard, R., *Introduction to Biblical Interpretation* (Word Books 1993).
5. Klein, Blomberg and Hubbard, *Introduction to Biblical Interpretation*, p.132.
6. Hirsch, E. D., *Validity in Interpretation* (Yale University Press 1976).
7. Klein, Blomberg and Hubbard, *Introduction to Biblical Interpretation*, p.133.
8. Stendahl, 引於 Watson, F., *Text, Church and World* (T. & T. Clark 1994), p.30。
9. Stendahl, 引於 Watson, *Text, Church and World*, p.30。
10. Eagleton, *Literary Theory*, p.69.
11. Steiner, G., *After Babel* (Oxford University Press 1992), p.47.
12. Steiner, *After Babel*, p.181.
13. Steiner, *After Babel*, p.207.
14. Steiner, *After Babel*, p.142.
15. Eagleton, *Literary Theory*, p.89.
16. Steiner, *After Babel*, p.178.
17. Eagleton, *Literary Theory*, p.89.
18. Fish, S., *Is There a Text in This Class? The Authority of Interpretive Communities* (Harvard University Press 1980), p.3.
19. Frei, H., *The Eclipse of Biblical Narrative* (Yale University Press 1974), p.281.

7.

世界上最偉大的講章：書卷作為羣體的聖經

書卷是世界上最偉大的講章……它是講道者的書，因為它是講道的書（the preaching book）。

富希士

人們說：旅遊的好處是，回家時能夠帶有一雙新鮮的眼睛，去看熟悉的事物。我盼望在面對意義如何與文本繞纏在一起的問題上，所提供的旋風式的巡視，可以達到類似的作用，又或許可以挑起某些創新的想法，再思我們對書卷（Bible；譯按：譯者將以「書卷」翻譯 Bible 一字，以「聖經」翻譯 scripture 一字，下同）中的意義的閱讀進路。我特別想探索上一章收集得來的某些洞見，對理解書卷如何以基督徒羣體的聖經（scripture）（而不是研究猶太古物或宗教思想的歷史的資源）的身分來起作用，有甚麼實際價值。有沒有一種特別的基督教方式是用來閱讀書卷的？如果有，那是怎樣的？基督教的信仰是否在我們閱讀索回文本意義之中，起著特殊的作用？以及諸如此類的問題。這轉而會創造了自然脈絡，可以對聖經的「感通／感動」（inspiration of scripture）這棘手問題，作出某些簡要的討論。

・聖經的滑轉性・

文學理論叫我們最印象深刻的，就是字詞與意義的尚未決定性（indeterminacy）這一不安的事實。語言的特性就像水銀一樣，正當我們以為牢牢掌握其意義，它卻在我們手指之間流轉。這使得我們全都不再像我們中間某些人經常滿懷自信地宣稱：自己在閱讀與解釋書卷文本（biblical text）之時，可以緊握「上帝的話語」。如果我們是這樣子的話，如果上帝真的自己跟人類建立親密的關係，而兩者的聯合在某程度上跟人類索回文本的意義，是緊繫一起的，那麼，研究語言與意義肯定就不鼓
136 勵那種不客氣的言説、大有信心的宣告，是可以把上帝的話語完整地確定下來，並包裝起來給我們考量。就這樣打發掉，不過是將問題簡化成「書卷清楚地教導的就是這些」，彷彿我們要做的是，以最小氣力看一看，翻一翻。但是書卷並非經常是意義明顯的，像一朵等候被採摘下來的花那樣子。剛剛相反，如果我們要聽到聖經對我們所說的是甚麼，那麼我們一定要學習聆聽。我們必須認真地與負責任地參與其中，在沒有獲得其賜福之前，經常要長時間與文本摔交。

甚至當我們已經透過仔細查考我們可以找到的資源——註釋書、字典等等——而完成所要完成的，但我們閱讀的成果，卻永遠沒有兩次是完全一樣的。因為我們跟那些處理文本與「弄清楚」文本「意思」（make sense）的人一樣，永遠不會兩次結果都是一樣的。我們的行動與經驗，全部都會不斷變化，而一個字詞或片語其對我們具有的精確意義，也是一樣。因此，聖經的一個段落，永遠不會對我們同樣地言說兩次。每次閱讀，我們對其了解全都加上了新的東西。我們可以說，意義是信息，當中需要考量兩方面。一方面是文本自身，它擁有相對的客觀性，如同展現在紙面上的字詞那樣穩定，並且這些字詞讓

作者或編輯，按照心智裏面的某一特殊意義（即使我們無法完全索回），作出這種方式的安置；這些字詞意義的可能範圍，在某程度上是由作者書寫時身處的文化與語言處境所決定的。然後是另一方面，讀者不可約化的個體性，他屬於另一不同的文化架構，受一組個人的、社羣的、經驗的、心理的等等特性所影響。而意義就在這兩方面的互動之中發生。

是以，我們要說的是，在閱讀與解釋文本的工作之中，有一內置的變數，使得所有談及「確定的成果」的，都高度可疑，即使是在最學術或最科學的處境中，也是如此。因為即便我們嘗試越過我們的特殊性，以便發現「原本意思」（original sense），無論怎樣成功也好，成果總是過程的產物，這過程不可避免地內置了某一程度的尚未決定性，並且也不能完全淨化我們作為特殊的讀者這種本性。我對加拉太書保羅意義的閱讀，總是**我的閱讀**（即是，對我而言的保羅的意義），無論我怎樣小心探討；而我獲取的意義，將永遠無法**絕對等同**你的意義 137
或保羅自己的意義。要問的問題，是關乎我們可以合理地期望的重疊的程度。是以，從文本索回意義相當冒險（而總是更為動態的與刺激的），並非「書卷清楚地教導的就是這些」或「鑑別的方法其確定的成果」，就能夠應付得來。

有些人會提議，如果情況真是這樣，那麼上帝就已經讓教會落在不可能的情境之中。對於這些人，尚未決定性總是一個致命情況。除非能夠提供某些石頭般堅固、絕對確定的基礎或腳踏，讓我們可以著力解釋書卷，否則他們會堅持我們的閱讀，只是隨意的和沒有保證的，在無望的解釋境地之中不穩定地建構意義，而總好像隨時會下沉，發出沒頂聲音，消失得無蹤無迹。對我來說，對文本的保證（textual surety）這同樣的欲求，在下述的要求之中顯現了出來：基要主義者（fundamentalist）訴諸清楚教導聖經無謬誤；歷史的一鑑別的倡議者訴諸科學地建立的與客觀的成果；而羅馬天主教會提供了一個不會錯誤解釋文本的解釋者。每一種情況，意義的責任都從讀者的肩頭省事地移除了。

其他人對意義會勇敢地擁抱一種徹底的相對主義（radical relativism），同樣地確信：沒有絕對的確定性就絕對地沒有確定性，意義可能擁有的惟一持久性，就是我們（或我們所屬的羣體）選擇給予的；因此，意義像短暫的私通，應享受還有的時間。換句話説，這也把意義的責任從讀者的肩頭移除了，因為他被免除了文本自身所賦予的制約，自由地按著自己（或其羣體）所喜好的來閱讀。

・ 馴服文本 ・

把兩個同樣是無望的進路置於徹底兩極之上，既不必要，並且對於基督徒的目的——明白上帝如何透過聖經説話，也特別地不健康的。我們首先討論前者。客觀主義與多元主義（pluralism）同樣有效地把文本封口與歸化，即便是各以自己不同的方式來進行。因此，那些無論是來自聖經主義的－基要主義的（biblicist-fundamentalist）或歷史的－鑑別的視角的人，他們堅持聖經的某一段落的真實（real）或「真正」（true）的意義，是堅固地建立在文本之上，並且在註釋書之中被揭示出來，但是實際上，這只是把兩者〔譯按：指文本與註釋書〕混同
138 起來。這樣做，他們認為自己是可以免於任何對文本所作的另類閱讀。他們「擁有」文本。他們因此不再真正地敞開，從嶄新的角度考量文本，或是聆聽文本以任何其他聲音所作的言説，只滿足於他們現在已經捕捉了的、馴服了的，以及包裝了的聲音，而予以觀察。然而，其他的閱讀、其他的解釋，總是可能的。在其他聲音面前與在文本的客觀形式的亮光底下，每一個

可能都必須把自己交付給仔細的論證與勸説。但是我們應該永遠不踏出致命的一步，就是把自己的解釋（無論可以多細心）等同文本自身，或是等同「文本自身的意義」。這樣做是把終定性（finality）、充足性（sufficiency）賦予這些解釋，這就把解釋的地位高抬超過文本，並且也避免了批評。是以，與其説是建立文本的權威，這實際上是一項策略：推翻文本的權威，把自己的解釋置放在權威的寶座上面。

然而，逃至完全的相對主義同樣是魯莽的。因為在這裏也出現聰明的隱蔽嘗試，要操控文本，以興高采烈的自信心掌握它，正正是在於：任何文本以意想不到的方式肯定其自己的危險，都預先被排除了。藉著廢棄追問發掘「真正的」或原本的意義、藉著承認如下的宣稱：對於我們作為讀者的惟一可得的意義，是我們從我們帶進文本的材料之中所建構出來的意義，這一進路同樣有效地防止文本行使任何真正的權威。文本之內沒有甚麼可以制約我們的解釋。這些制約是來自我們身處的解釋傳統、我們作為讀者的特殊視角。我們不能越過這種特殊性，就不能聆聽任何來自文本的奇異或叫人不安的聲音。我們被禁止這樣做。我們從文本索回的意義，都是我們處境所授權的。換句話説，文本的意義，是我們容許它言説的意義。事實上，在我們勇敢地把自己的腦袋，置於解釋任務的口中之前，就已經拔掉文本的牙齒。這樣的相對主義其最終結果是，文本沒有真正咬讀者一口！我們被允許而可以表示，沒有理由較喜歡這個文本的意義或這種文本的閱讀，而非其他，在於：實際上我們所屬的羣體，確認這解釋是正統的，而宣佈另些解釋為異端的，並禁止它。我們根據我們解釋的規則來讀懂聖經的意思，即是説，我們不能夠宣稱文本自身有任何合法性（legitimation），因為所有對文本自身的知識，都被認為是虛幻的。當然，這些規矩與權威的解釋，也不可能感受得到任何從 139

這同一的、難以理解的文本而來的真實挑戰。當文本咆哮，他們會——如果他們選擇這樣子的話——視之為貓兒愜意地打呼嚕而給牠一碟奶。那麼，就很難不作出如下的結論：這樣所設想的文本權威，已經向解釋羣體屈從了。

・ 培育聆聽的藝術 ・

若要取代上述的種種進路，在我看來，我們必須再次看看在閱讀的過程之中，**實際發生甚麼事情**，並確認當中同時包含了決定性（determinacy）與尚未決定性、既予（givenness）與變異（variation）、真正的客觀性與讀者方面的不可約化的「個人系數」（personal coefficient）。這樣的話，跟著就是我們要面對的：既非絕對確定性（absolute certainty）的可能性，又不是隨意解釋的不斷變動的不可避免性。一切真正的溝通，都在這兩者之間的某處複雜的地方發生。我們說話，希望他人會聽到我們說些甚麼。正如史坦納論證，人與人之間的每一溝通行動的邏輯結構，完全是一樣的。無論我們聽鄰舍講述昨天的板球比賽，或是以手上的詞彙工具審視古代文獻，事情的性質都是完全一樣的。兩種情況都涉及翻譯，這是一種（意識或無意識的）努力，把我們自己的理解視域（horizon of understanding）跟另一個理解視域，盡可能校準起來，成為「有耳可聽」的人。如果我們未能完全達至（正如我們一貫如此），就要認真處理誤解與隨之而來的困難。因此，正如很久之前的德國語言學家洪堡（Wilhelm von Humboldt）所看見的，「所有理解都同時是誤解，所有在思想上與感受上的一致，都同時是分道揚鑣」。[1] 無疑，這任務總是困難的，而相應地，誤解是更可能的結果，因為在傳遞者與接收者之間，存在著語言的與文化的還有個人的差異。然而，史坦納堅持，我們不需悲觀，如重生的相對主義者所認為的。他寫道：「我們**的確**言説世界，並彼此言説。我們**的確**進行語內的（intra-lingually）和語際間的（inter-lingually）翻譯，並且從人類歷史開始時已經這樣做了。對翻譯作辯解，我們擁有大量這類世間事實的巨大優勢。」[2]

史坦納為我們指向的事實是，文化與羣體之間的界限，比 140
不上那些把我們彼此分別開來而為截然不同的人，那麼堅穩與牢固。因此，嘗試絕對地劃下文化的與語言的分界線，是相當隨意的，無論這做法可以有多流行。我們身為特殊羣體成員的身分，只代表了身分的一個層次，因為光譜很闊，可以由我們分有的共同人性，以至我們自己個人獨特的性質。

特殊羣體的成員分有一種共同語言這意念因而是真的，但只是某程度上。這些成員也把語言個體化，整合至他們自己的私人字詞彙編，藉此而索回講話與文本之中的意義。如果因此——雖然仍然存在障礙——個體之間的溝通是可能的，如果翻譯能夠並且的確越過我們個體私密所創造的間隙，那麼我們就不需為到聆聽別的文化、時空對我們説話的聲音，感到失望。意義可能脆弱、在傳遞的過程如果不小心處理可能破碎，但卻是合法的運送。如果這樣，嘗試聆聽這些聲音、辨識文本原來的意思，既是合法的，也是在界限之內可能的。

史坦納提供了一個工作的敍述，嚴肅地同時對待解釋的價值與其內置的限制。我們始於相信：「把信念投放於文本⋯⋯的⋯⋯豐富意義之中，由先前的經驗承保」。[3] 換句話説，我們相信意義是存在的、某些東西「在那裏」是可以被抓住的，但我們不能證明這是真的。我們可能最終只是自言自語。然後，其次，出現了侵略的行動，入侵文本與作者的世界，在裏面我們「去獲取」意義以帶回家中囚禁起來。通過細心的歷史、文化與語言研究，我們把自己浸淫在另一個世界之中，在一個「不是科學」——跟平常所講的不一樣——「而是一門嚴謹的藝術」的過程裏，成為行家。[4] 第三，我們向我們自己的理解世界（world of understanding），引介這新近索回的意義，這種情況不可能不改變我們的理解世界。借用史坦納自己的隱喻，總是存在入口貨物感染的風險。我們可能發現，被迫考量以新的但不安的方式看事物。（正是因為如此，相對主義者拒絕承認其所排除的翻譯的可能性，但是閱讀聖經，某意義上為上帝向其子民言說的話
141 語，正是要產生這樣的結果。）然後，最後，就是史坦納稱之為「歸還」的階段（stage of restitution），當中解釋者或翻譯者，忠心地想要對某些意義提供報告，是他為到那些不能走上這趟智性旅程的人，以他們熟悉的語言把這些意義帶回家中。他嘗試以他自己的舌頭，把原本所說的「再說」一遍。但是這種語言傳遞的成果，只會是片面的與暫時的，最好視之為不確定的。成功的程度，一方面在於仔細檢查意義之原本處境的可能性，而另一方面則在於踐行聆聽藝術的人其技能如何。

・ 巴別的祝福 ・

史坦納提議，在客觀的與個人的、決定的與尚未決定的之間的不穩定平衡，可以找到語言的資材，提供充足的穩定性讓真正的溝通發生，以及充足的不穩定性讓語言真實地指涉一個複雜的、常變的與敞開的經驗世界。字詞跟其意義夠結實，足可追溯與把握，但是又有可塑性，足以創意地鑄模與塑造以更應合新的環境與新的實在（realities）。同樣，看來上帝正是知道當祂投身於語言、以之為媒介來跟人類作出實質的自我溝通，祂在做著甚麼事情。一方面，聖經文本的持久客觀實質形式（physical form），伴同塑造它的某些原來處境，某意義上構成了一個客觀的「既予」（objective “given”）——這是追查與索回

意義或諸意義的資源所在。我們從如下想法開始：上帝把自己賜給人類，跟文本包裝的人類作者與編者所想要傳遞給讀者的東西，直接關連，我們想要知道的正是他們心智中的東西。因為我們對聖經的解釋趨近這種客觀的意思（objective sense），即在兩者之間將會出現一可被辨認的連續性，即或它們永不等同。在我們的解釋任務之中，我們委身自己於信仰以索回這信仰的意義，也就是那塑造我們而為教會的「福音」（gospel）。我們處身於文本之下而負有道德責任，這文本站在我們面前，在我們之外來到我們面前並審判我們，還激發與確認我們的洞見與理解。

另一方面，文本內在固有的不穩定性、每一解釋嚴格來說 142
都是新的解釋這事實，使得閱讀聖經成了新鮮與活潑的工作，並且有責任把我們的閱讀置於客觀的文本底下，而必須承認這文本是在我們能力之外，不能確切準確說明其意義的。無論我們投身解釋（exegesis）的任務（就我們來説，這是：文本那時意指甚麼？）或是演繹（exposition）（文本對今日身處變動環境的我們，意指甚麼？），解釋的事件是需要重複參與的。因為成果經常只是暫時的，我們可能出錯。我們的洞見常常只是片面的，需要實質調整。我們必須不斷回到文本，把自己的解釋置於其下，永遠不能安於以為我們已經一勞永逸地確定了文本的意義。如果我們掉進了這樣的陷阱，那麼我們就不再忠於文本自身的權威了，反之乃是高舉我們最出色的閱讀。但是這種尚未決定性與流動性（持守這一點，是要跟賴特所呼籲的「批判的實在主義者」〔critical-realist〕對要索回客觀呈現的意義的委身，作出平衡），完全不是教會生活的病源體，事實上卻可能是緊要的東西；藉此神聖話語那常新的新鮮性與我們相遇。弄清楚聖經的意思的任務，應該更像面對咆吼的獅子，多於像參與考古發掘，發掘曾經一度活躍但已經不再的「文本－托斯龍」（text-

osaurus）之中無生命的剩餘物（inert remains）。上帝言說，而當祂言說時，祂是向我們身為特殊子民又活在特殊處境來言說的。祂要說的，我們可以這樣想，將會顯現某種可辨認的連續性，跟祂過去在其他情境之中對其他人所說過的連續不斷，但是卻永遠不是簡單的等同。閱讀的尚未決定性，就讓其自己處身這樣的景況之中。這樣一來，聖經的意義每早晨都是新的，正如對上主的認識，某程度上，這就是那途徑。

・　只是故事？　・

在我們曾經講述過眾多閱讀書卷的可能進路之中，敘事的範疇看來可以貢獻最多，它提供基礎讓我們理解文本作為教會的聖經，其作用的方式。書卷在我們閱讀其現存的形式時，
143 正如其從舊約到新約的公開進程所表明的，它**所作的**是告訴我們一個單一的故事，關乎我們居住的世界；這個故事包括了創造、墮落、應許、實現與救贖，這個故事有一個敘事的中心，就是拿撒勒人耶穌這人的生平與行動與命途。這是一個上帝在與透過（in and through）以色列和耶穌這基督的特殊歷史，與祂的世界和祂的受造物打交道的故事。正是基於這個故事——聚焦於耶穌的福音或好消息——今日的教會塑造其身分，並在應合這個故事的形貌底下，教會尋求活出她自己的生命。某意義來說，成為基督徒是讓自己的故事，決定性地被這更大的故事——上帝在世的救贖行動的故事——所塑造，並被接納包容進去。

但是「故事」這個用語，會帶有無益的與誤導的含義，這詞語使人想起孩童時模糊的意象。我們有多少人還能記得盤著雙腿，以不能相信的態度坐在電視機前，緊張地看著某些劇集的英雄，其灰暗的命途到了明顯地要在另一集才揭露？而這一集

不會有明言的結局設計，是想要保證我們下個星期同樣時間，會調校到這個電視台繼續收看？那時我孩童的不忿，常常需要母親以經得起時間考驗的公式來保證：「不要擔心，只是一個故事。」只是一個故事！九歲時我很開心聽到這個安慰。但是我們能夠把書卷的信息理解為「故事」而附加類似的安慰或保證嗎？或者反而正正讓我們感到相反，有些不安，並預感我們需要某些更堅實或實質的東西，而非「只是一個故事」，可以環繞著來建立我們的生活？

對故事或敘事範疇的懷疑，已經因為其倡議者有些時候貶低傳統歷史的－鑑別的進路閱讀書卷文本（biblical text）而加劇。他們大力主張，這文本對教會的意義，並不能分拆而至文本背後的「事實」（假定為真的並因此而為滿有意義）。這樣做可以説是謀殺以便解剖，然後發現停屍桌上事物的靈魂並不能夠用這方法抓住。意義只能在整個活著的東西之中方才找到，只能在已完成的文本的敘事當中精心設計的情節、反諷、張力與鬆弛之中方才找到。這是作者與編輯想要告訴我們的故事，而我們必須專注於已完成的文本來閱讀。沉溺於文本的考古學，正正就會喪失那對教會非常要緊的意義。

我想，這一點完全合理，使得我們接受聖經對教會的信仰 144
所具有的敘事作用。無疑，歷史的－鑑別的努力的結果，常常是把文本約化成為其構成要素，這只會讓人發現，繼後無法重新裝配而成任何實際有用的東西。為我們的益處而拆散作者細心與專注地織造在一起的東西，看來在很多方面來説，都是在解釋上犯了故意破壞公共財物的罪。但是歷史的問題不會離開，因為它是緊繫著故事的真實性／真理這問題的。這「只是」故事？或是否在某意義上來説，這故事是「真的」（true）？而如果是後者，那麼我們怎樣理解故事跟真實性／真理的關係？一旦我們承認書卷所講的故事，在任何簡單或直接明瞭的意義上，並不等同「事情之本來面目」(the way it really was),這問題就落在我們身上了。正如沃森的觀察:「一個故事是否真正的故事這問題,是所有類型的讀者都會拋出來的,無論是見多識廣或不是見多識廣的、無論是成人或兒童,都是如此,並且不能以之為不合法的嘗試:把自主的敘事世界臣服於外在的實在,而去除這問題。」[5] 書卷所講的拯救故事,是一個真正的故事?聖經的敘事世界跟我們生活於其中的真實世界,有甚麼正面的關係?除此之外,還有其他的敘事世界供應。托爾金(J. R. R. Tolkien)的讀者、《弓箭手》(*The Archers*;譯按:英國電台廣播劇)與《鄰居》(*Neighbours*;譯按:澳洲肥皂劇)的擁躉,會擔保這是事實。甚至有可能,這些經常把自己浸沉在這樣的敘事世界的人,會偶爾忽略了這些講明是虛構的敘事,與他們自己生活的世界兩者之間的界限。這正正是基督徒主張要做的,要生活得像一個以書卷的故事為自己的故事的人。是否這裏所敘述的故事若為真,那麼在某程度上,其他的故事就不是真的了?如果情況並非這樣,那麼主張人以「仿如」其為真(“as if” it were)的態度來生活,但事實上卻是,這故事是環繞著一部神聖的小説/虛構的作品而非實在(reality)來構造,那麼這肯定地是不負責任的。

・ 信仰與真實的世界 ・

這樣處理事情,是想主張我們有能力把聖經的敘事世界,置於「真實世界」的旁邊,好作比較,並因而評審其真實性/真理。但是我們這書較早時對真實性/真理與知識的查考,就指出
145 過情況並不如此。我們所居住的「真實世界」,是我們解釋的世界,我們透過我們的感官,而讓世界從物理/實質的視角向我們呈現,我們透過我們所屬的特殊傳統,而讓這世界從智性的視

角向我們呈現，這特殊傳統也是主要塑造我們知識的所在。我們對真實世界的認識，就像我們對文本的閱讀，是兩方面的妥協，一方面是「在那裏」存在的世界，另一方面是我們個人的視角。我們不能「如其所如」(as it really is)地認識世界，因為我們不能停止而為一個坐落於身體上的、社羣上的與歷史上的存在物。我們可以主動地或富想像力地移動至某處來觀看事物，但是這樣做，我們只是選取了另一視角來觀看事物。最終，我們委身自己於那對我們來說，是提供對在我們自己之外的實在最令人滿意的講述。換句話說，真實的世界是我們在信仰的邁步下所委身的東西。

我想要在這裏提出的要點只是：我們對世界的知識，大部分是由「故事」(明顯地不是宗教的故事，就是別的故事)所塑造，這些故事由我們所屬的智性傳統講述。因此，提出我們可以把「真實的世界」，置於「書卷的世界」(biblical world)旁邊以作比較，是誤導的。事實上，這是提議建立某些其他的故事(某些對我們的世界所作的另類看法)作為標準，來判定書卷故事(biblical story)相對地真抑或相對地假。但是，基督徒正是被呼召容讓這故事，至少以其寬闊的輪廓，來決定他對「真實世界」的看法，容讓這故事成為標準，來評審與判定其他察看人生及其目的之視角。或許，可以辯論的是，這是怎樣的信仰；這是對故事的委身，這故事是由基督徒羣體講述在上帝的世界之中事情的模樣。基督徒是那些相信這故事的人，他們把這故事整合至他們的世界觀之中，並因此而調度這故事作為他們在世界之中生活的基點。

然而，如果我們沒有客觀的標準或中性的有利位置(vantage point)，來建立書卷所講述的故事的真實性/真理，如果我們不再能夠把這故事跟「事物之真實模樣」比較，不以為自己可以踏出自己身體之外，把某些對我們看來是那樣子的東西，跟「事物的本來面目」比較，那麼我們是否就不是被迫去承認相對主義者的宣稱，而對其效忠並主張其他人對其委身，這只不過是常規而已？某些以聖經為敘事的講法，看來近似這樣的看法。書卷講述一個故事，為我們提供一個令人滿意的基
146 礎，在世界之中生活。當我們選取這故事，並把這故事當作真的來生活（live as if it were true），看來又奏效。這世界還有其他故事，而且有些故事對事情的講述，同樣叫人滿意，或者按照這些故事來生活，也可以叫我們滿足。但是我們所委身的基督教的故事，只以之為替我們工作的故事。在任何絕對的意義底下，故事真實性／真理的問題在我們的視界之外。最終來說，如果故事被證實為虛構的，那麼我們能夠說的就是，故事是一方便的（convenient）虛構，具有塑造與補給一個羣體生命的資源的作用。我們要求的或期望的，可以比這更多的麼？

這種樂意的相對主義，連同著其終極地擁抱福音信息真實性／真理的不確定性（uncertainty），我相信，它並不足以支撐信仰羣體在其宣教與見證工作上的生命。然而，我們在這裏可以合理地提供甚麼？我們沒有真的犧牲理智，回不到前鑑別的想法，以為聖經只是「如其所如地講述」（tells it as it really was）。在書卷的書頁裏講述的故事，無論其跟真正歷史事件的確實關係是甚麼，肯定地並不只是跟事實本身（facts *per se*）聯繫起來。那麼我們該怎樣關聯著這個棘手的真實性／真理問題來思考故事？

‧ 故事與講章 ‧

我提議的是，我們應以講章的講法，補充故事的講法（「故事」仍然完全合法）。因為某意義來說，這正正是我們從始至終對待書卷裏的信息的方法；這是以一篇敘事方式出現的偉大

講章。當然，講章的設計主要不是用來提供準備仔細的歷史事
件的報告。它可以包括曾經發生的事情的指涉（reference），
但它處理這些事情的方法，並不著意於提供一張簡單的事實的
抄本，而這卻是當代歷史學家可能確認為他們本行的東西，但
是講章卻是喚起及育養信仰。書卷是一本從信仰這有利位置所
寫成的書，為要在其讀者身上產生及維持信仰。它是一本**講道**
的書。當然，它講道的內容，經常關乎它認為是真實發生的事
情。它講述一個根植於歷史之中的故事。它把我們指向中東的
歷史的、以色列的歷史的，以及耶穌這人的歷史的真實事件。
但是它並不只是對這些事件提供事實的描述。它走得更遠，以
解釋把這些事實織造在一起，供我們考量，以及委身。因此， 147
它所講述的故事，不能簡單地等同「發生了的事情」。在故事之
中有不同的參加者，其中一個參加者十分特別，祂的作為不能
以觀察其他事物的方式來認識。但是祂的參與和活動，為事件
的發生提供了恰當的意義，如果我們相信書卷的故事。當然，
這個關鍵的參加者是上帝自己；歷史學家講述同一事件時，可
能並不容許祂在故事之中扮演一個角色。然而，書卷的作者講
述他們的故事的方式，每一方面都為如下的關心所推動：在已
經發生的事情之中，顯出上帝的手與目的在當中工作。他們講
述故事，仿如那些「目睹與親聞」的人。我們必須坦白承認，還
有其他方式解釋及講述故事。也有人曾經花了好些時間與耶穌
一起，但他們卻不像書卷的作者，在祂的人和祂的活動之中，
確認祂是上帝；他們不像書卷的作者那樣，在書卷每頁之上清
晰地與明顯地以基本重要的色彩，向我們繪畫出上帝臨在耶穌
身上並活躍於人類之中，好為人類成就拯救。書卷是在這確信
之上講述這故事的，並且也出於同樣的確信，它希望跟其他人
溝通，希望他們也可以感知真實性／真理，就是那在塵世與直接
可見的事物底下所隱藏的真實性／真理。我們不能假定他們只是

描述事情，就如當時同樣看見事情的任何一位聰明的觀察者那樣。他們所做的比這更多。那就是他們的要點。

那麼，我們就歷史及其對書卷文本的重要性，可以說些甚麼？我首先想要說的是，歷史很重要。書卷的作者把他們的信息根植於歷史。他們宣稱的正是上帝已經行動，並且已經以特殊的方式，在與透過歷史中的特殊事件與人物來行動。在這個意義之下，基督教是歷史的信仰。由此而來的是，我們不能廢棄一切對發現「真實發生了甚麼」這種追尋。例如，如果書卷指示我們某些上帝在祂自己世界的拯救活動的關鍵事件，而歷史研究確鑿的證明，這事件不曾真實發生，那麼書卷所講的故事就備受質疑了。把這要點表達得尖鋭一些，我們可以引用巴雅各（James Barr）的觀察：一旦關於耶穌的歷史知識，對信仰不是惟一決定性的東西，那麼很少基督徒，會願意委身於這位歷
148 史學家已經揭示為跟今日舊車推銷員並無兩樣的耶穌。那麼，
歷史對基督教是重要的。書卷的文本把我們指向其自身之外、在我們世界之中的真實事件，在這個意義之內，歷史研究的成果總是留下某些脆弱性。

其次，我們要提醒自己，有關歷史的事實，像其他每件事情，其結果是在於視角的差異與偶然。歷史學家沒有特權通往過去。他不能「如其所如」地看事情，就好像只需拿起歷史科學的工具就成。在他可以處理的證據之中，他必須選擇、排序與組合，而使之成為一個報告。這樣，正如利科（Paul Ricoeur）所主張的，[6] 在歷史學家的工作與小説作家的工作之間，存在一種反諷的相似性。真正來講，歷史學家自由地使用其手上的材料，來「製造」（makes）歷史。他塑造一個歷史的敍事，來講述一個他相信曾經發生的故事。即便是最客觀與最科學地介入過去，作為一個認知者，他自己的個人舉止會塑造他所作的。他會力求越過材料，達至事情的真相；但是，正如我們已經一次

又一次的在本書所看見的，沒有某些設想的絕對自我超越性。換句話説，基督徒歷史學家與非基督徒歷史學家，在建構過去的方法，是可以有分別的（甚或是決定性的分別），各自以其看法來看世界之所是，從而直接得出不同的成果。他們填補證據與證據之間的空隙的方法、他們預備承認為「事實」的事情、他們預備容許的解釋與繼後的結果，全都被他們對生命的整個委身所影響。我作出這樣的立論，只是要指出，當基督徒的信仰在歷史調查面前，至少在某些重要方面來説，是脆弱的，但是歷史調查在信仰面前，也是脆弱的。事情並非如第一眼所見的那麼簡單。

第三，也是最重要的，歷史研究，即使為基督教傳統在某些重要方面影響底下來進行，也永遠不能容許信仰辨識過去的事件。就定義來説，歷史學家的方法和結論，早已從起初就排除了一切信仰認為是最重要的元素。歷史學家或許會確認，耶穌在本丟彼拉多手下被釘十字架。但歷史作為一門學科，永遠不能確認或否認書卷在講述十字架故事時所呈現出來的至關重要性，即十字架的含義乃為上帝生命中的事件；一件道德 149
事件，在其中聖子在聖靈的加力底下，自由地把自己呈獻給聖父。宣稱上帝在基督裏使自己與世界和好，是新約故事情節的核心所在。但是這宣稱卻處於歷史的判斷的合法範圍之外。同樣，歷史學家在原則上可以印證類似的情況，以色列在其早期歷史之中，藉著橫渡那滿是危險的大片水域——這水域恰好阻隔了她那敵對的追趕者——脱離了為奴的民族處境；但是歷史永遠不會印證信仰眼睛在這事件之中所辨識的東西；即是，上帝自己大能的釋放，把祂所揀選的子民解放出來，而至一立約的新生命存在的景況之中。

然後，在聖經的講述之中，日常的與崇高的、歷史的與超歷史的（suprahistorical）層次，都被無縫的長袍織造在一起，把上帝跟人類打交道的故事連結起來。可以說，我們被給予了一個神學的對位（theological counterpoint）——當中的兩個主旋律：「真實發生了的事情」與「對人類來說真實發生了的事情」——但我們並非經常能夠分辨它們，因為它們升降浮沉、彼此穿越，藉此而創造了豐富的和聲（harmonies）、不和諧音與和諧音（dissonances and resolutions）。這兩者肯定不可分開而不損害其和諧結構，樂章的整個意義就居住於這結構之中。在這個故事之中，事實上是有很多「歷史」的，但卻**不只**是歷史。故事的要點是：拒絕以符合歷史學家的模式來講述事情，而是追溯那些只有信仰的眼睛才可以辨識的意義、含義、行動，這些都對塵世的觀察隱藏起來。這是說，總是可能以不同的方式詮解，因為不同的解釋或說明會置於這些事情之上。對於那些眼瞎耳聾的，即便耶穌最出色的行動與教導，都仍然是個謎團，而對擁有信仰的眼睛的人來說，耶穌的行動和教導則顯出上帝國度介入世界的拯救行動。而書卷的作者給予我們考量的，正是這一只「信仰眼睛的視角」。這故事由眾多不同的註釋者講述。他們都從不同的視角觀看這故事的實質內容，而發現這故事中間的多樣含義。因此，在聖經故事之中會有的，肯定並不只是語言所講述的「表面樣貌」（the way it was），而是對以色列的歷史與耶穌基督的歷史，所作的多方面的又融貫的神學解釋，目的是要喚起與培育其讀者的信仰。這豐富的神學掛毯，
150 向我們呈現了一個關於上帝跟其世界打交道的講述、一個「但記這些事要叫你們信耶穌是基督，是上帝的兒子，並且叫你們信了祂，就可以因祂的名得生命」的講述（譯按：約翰福音二十章 31 節）。那麼，在這意義之下，我們可以有益地把聖經思考為——以富希士的說話來講——「世界上最偉大的講章」。

·　但記這些事要叫你們信　·

如果我們現在回到書卷故事的真實性/真理這問題，我們必定立刻説，我們在這些書頁中間找不到那種純潔的事實的準確性，對於純潔的事實的準確性，有些人曾經習慣地高舉其為真實性/真理的理想。書卷對其所包括的那些歷史片段，為我們提供了非常突出的視角；當然，聖經的焦點肯定是歷史之內的事情，但它包含的遠遠超過歷史材料。它透過各種文學：詩歌、神聖的小説、倫理的論説、冒險故事（saga）、預言，以及還可臚列下去的文體，向我們描繪一個跟上帝有關係的世界。因此，這幅描繪所涉及的真實性/真理的問題，它提供讓我們考量的敍事世界的真實性/真理這問題，在本質上，是關於總體地對歷史**解釋**為上帝創造的與救贖的行動的舞台這一真實性/真理的問題。正如我曾經指出，這樣的真實性/真理，如果真是這樣，那麼嚴格來説是不可證明的。故事的視域伸展至科學、歷史與其他人文學科遠遠不及的地方。其他對世界的解釋總是可能的。沒有任何方法，可以證明基督教的故事，是優勝於世上其他講述我們世界的「故事」——馬克思主義者（Marxist）、人文主義者、伊斯蘭教徒、佛教徒，諸如此類。因此，如果故事是真的，其真實性/真理肯定不是「公共的」，意思是不可能通得過一切與各式各樣的檢證。故事並不邀請客觀冷漠的觀察，需要的是相信與委身。每一頁它都訴諸那隱藏於不信眼睛的實在（realities）與施事者/行動者（agencies），故事的內容都環繞著這些實在與施事者/行動者來織造。基督徒可能相信，他們的故事較其他的故事對世界有更佳的全面理解，但是他們不能期望其他人可以簡易地看到這故事的真實性/真理，就如人在世界中被給予某些經歷，而在這些經歷之中、與這些經歷一起、在這些經歷之下，彷佛只要向他們指出這些解釋，這些解釋就會顯現而為真的。其他對實在的詮解同樣可能並且存在。承認這種多元故事的合法性，是把後鑑別地理解聖經而為敍事，跟其對手：前鑑別的和鑑別的，分別開來，後兩者要想提供一種
151 真實性/真理，某方面來説，是歷史上、經驗上或理性上逃避不了的。

但是拒絕可以從聖經所講的基督教故事，取得某些人渴求的那種真實性/真理，並非棄絕一切對真實性/真理的宣稱，或是擁抱相對主義，對於故事真實性/真理之全然不可知，最終並不很關心。我們身為基督徒，不能對如下立場毫不關心：回避真實性/真理宣稱，而以之為不能接受與偏見的形式，或是感到無須在向實用主義者他們按照故事來生活是否「可行」這一問題之外，追問另一層次的事情。教會沒有向世界提供福音並邀請世界擁抱福音，以及只是把這故事「仿如」(as if)真的來生活。基督不曾因為方便的虛構，邀請祂的門徒背起十字架，並跟隨祂走向各各他。但是正如我們已經知道，如果世界只是稍為停下來看一看和想一想而已，我們也不能把我們的故事，展現為一個顯然地或可證明為真的故事。

相反，教會可能對他人提供一種觀看世界的方式、一種解釋世界的方式，因為這正正是聖經提供給教會的東西。格林(Garrett Green)把書卷敍事(biblical narrative)視為：對世界理解「為……」(as...)，而非「仿如……」。格林提出：「作者把某些東西看為某些其他東西，是顯示出他對觀看同一對象的其他不同方式的意識。」[7] 但是，他也注意到他自己觀看的方式，表示他觀看事物的方式，是有別於其他方式的，而且更多時候遠不只如此，他更會評論，在某意義上這方式比其他的更好或更令人滿意。書卷講述的故事，邀請它的讀者以不同的方式觀看世界。它邀請我們使用我們的想像力也用我們的心智，在一小羣遊牧部落的複雜命途之中，追查那只創造並維繫整個宇

宙的手，觀看那位被判以政治叛亂而得接受暴力刑罰，卻視之為：聖子在為世界的罪所作的救贖性獻祭之中，向聖父獻上祂自己；並且把我們自己安置在同樣的故事其延續之發展之中，成為其中一個角色，而辨認我們所居住的世界，以及當中的戰爭、悲劇、明顯的無意義，乃是上帝所創造的並「看為美好」的世界，是基督為之戰勝邪惡打敗死亡成就拯救的世界，是祂釋放聖靈的轉化性能力所進入的世界。有時這會要求我們使用想像，不單作為補充，而是在某意義上，實際跟常識或經驗所 152
呈現的情境面貌，互相矛盾。但這是歷史學家、科學家、偵探常常使用的出名招數，還有那些經常講到的只是與觀察與推演有關的職業。正是他們具有「以別異的方式看事物」的能力，能在表面現象看到以外的其他可能性，使得他們可以有所突破，發現真相；這些能力，總是在常識面前徘徊，但卻向靈感或直覺投身，以至可以發現真相。想像力與委身遠非對立的，其流行的討論可以引領我們相信。想像力可以是十分重要的，使我們深透真相，否則真相仍然隱藏，而我們只有在相信之中掌握真相。希伯來書的作者就指出，相信是「未見之事的確信（conviction；《和合本》聖經翻成『實底』）」。費萊寫到有關復活的敍事，提出異乎尋常的同樣觀點：「委身於信，與心智為想像力所制約而達至的贊同，是二而一的。」[8]

· 信仰與公民身分 ·

換句話説，邀請接受書卷所提供的而相信，正正是邀請以這特殊方式而非別的來解釋世界，把世界辨認為一個書卷故事所講述的世界。作者為我們提供一個敍事報告，包括地形、角色與發展主線，從而讓我們擁有一個架構，可以弄清楚我們這個世界的意思，它的存在的原因/目的，它的過去、現在與將

來。我們被呼召不單以某種想像的方式撤離實在，進入文本的
世界，並且在進入了這個世界之後，要確認這就是我們自己的
世界，還要開始複雜的任務，就是在這個敍事所呈現的世界之
中，重新塑造我們自己的世界。就像大衛與拿單的比喻所呈現
出來的，其目的不只是要我們對故事緊張，而是要辨認錯失；
我們把自己把我們的世界，看為故事所講的那個人那個世界。
然後我們繼續根據故事，再思我們的世界，作出調整，無論所
要求的是智性的、道德的或其他的。因為，正如賴特指出，書
卷所講述的故事，是一個開放式的故事，尚未完成。而其中
一種思考皈依或相信的方式，是視皈依或相信為我們的生命在
153 自己的「故事」之中的關鍵時刻；那些我們跟其他人關連起來
以辨認自己的敍事，那些我們在更大的事物體系之中理解自己
與自己地方的方式，跟福音的故事相衝突並被福音的故事收納
進去，以致我們現在在那故事繼後的篇章之中，找到自己的角
色。如果有的話，這裏就是讀者回應閱讀文本的進路的洞見與
重點之所在，以及意義豐富之所在；因為基督徒閱讀聖經文本
的進路的方式，正是帶著期望，在閱讀聖經文本時遇上信仰、
行動與轉變等等的挑戰。文本以今日活潑的聲音，向我們說
話，而不僅是某些古代對其他人的言說的記錄。我們閱讀文本
時，不能以片面的旁觀者的心態來進行，而應帶著間或被稱為
「投身進去的力量」(self-involving force)。

因此，作為基督徒，我們應像那些把自己的世界，辨認為書卷所講述的同一世界的人那樣生活；我們應像那些讓自己的身分被文本的情節與主要參加者去塑造的人那樣生活。這種說法的真實性，我們不能向不信的朋友證實。我們不能指向它，或提供決定性的證明。我們能夠做的只是講述故事，當下提供一個對世界的講法，這講法深深植根於書卷所講述的泥土之中，這講法與故事的廣闊的地形相符，從而理解世界，並且把

世界和我們自己置於——可以說——仍然在書寫之中的篇章之中。我們解釋世界為這個世界。這是佈道者與神學家，同時被呼召以不同方式從事的任務：邀請人去以這方式而非以其他方式想像世界，踏進敍事並從這敍事之內來考量世界，看看它是否比其他講述世界的故事更不能理解世界。本質上，這要並且必須要訴諸想像，並邀請人以不同方式詮解世界，且懷著事情是可以有別於我們迄今為止所設定的那樣的其他可能性。這是為甚麼，肯定事情就是這樣、發現故事是真的，是涉及我們思考中的**皈依**，一種思想的徹底改變，以及意志與行為的改變。正如費萊所說，我們的心智，受到我們對我們的世界與我們自己，所作的想像——不一樣地思考的想像——所制約，這就是信仰之所是。

・確信與制約・

那麼，在甚麼基礎之下，我們把自己委身於書卷故事？這些文本是甚麼來的？這些文本所講的故事（有別於別的故事），154
有甚麼使得其值得在教會的生活之中，佔有一個如此關鍵的位置？對這個問題的回答，可以只滿足於某程度的隨意性，或是把問題轉成了邏輯上的同義反覆（tautology）。這個回答肯定，稱這些文本為聖經，實際上是把權威歸給它。因此，基督徒把聖經視為權威的，正是部分因為：它屬於這個特殊羣體，這個特殊羣體把權威歸於這些特殊的文本。這些文本是權威的，意即它們在教會起著權威的作用。換句話說，它們的權威是由教會把他們當作聖經來使用而被構成的，而不是因為它們擁有任何內在固有的性質。

現在，無疑，大部分基督徒把權威賦予書卷，首先是因為他們視這為基督徒應該做的，也是傳統對我們的要求。作為起點，這很公平。作門徒總是以非批判的態度，從其他人身上接收某些踐行與認定。但是，這不足以解釋教會在這事情上面的思考。我們可能合理地推斷，從歷史的角度來講，任何羣體把權威歸予特殊的文本，並授予其間或稱為「經典的」(classic)地位，理由很少是隨意的或輕率的判斷，而是涉及辨識文本或文本要講的故事，其所擁有的某些真正內在價值或洞見，是促使或提供資源如何在真實的世界之中滿有意義地存活。事實上，為了維繫羣體的生活，我們可能同樣認為這類品質是必要的。

事實上，這就好像教會內的情況。當人到了要委身信仰、辨認聖經所講的故事為他們的生活從此要被其塑造的故事，並因此而安置他們自己在信仰羣體之內，他們不會隨意或只純粹基於實用的理由而作出這個決定。正如保羅很快確認，基督徒要講的故事，不是一個要贏取普羅羣體的羨慕或同意的故事。在外面有很多更叫人舒服或更有智性上刺激與令人滿意的故事；跟這些故事相比，這故事可能被判定為愚拙的或是一樁醜聞。無怪乎教會經常以故事已經講過了，來稀釋或緩和這醜
155 聞；但是教會有一種叫人尷尬的習慣，就是在閱讀聖經並嚴肅地對待它之中，重新肯定聖經。一個以人類的不順服與罪性為核心主旨的故事，講述我們在上帝面前的罪過與我們需要祂的寬恕，在大多數一般情況之下，不會贏取朋友與影響人羣。我們喜愛的，是更為樂觀的或對我們有「啟發」的故事。

因此，那些講述**這**故事的人這樣做，大都不是出於選擇，或僅只因為他們從現在所屬的羣體繼承過來，而是來自信仰，在確信這信仰的真實性/真理與迫切性之中來掌握這信仰，而把這信仰理解為觀看人類存在(human existence)觀看的視角。他們發現自己被這故事以他們不能否認其真實性/真理的方式，直接地向他們說話。他們就像很久以前的大衛那樣，他們發現自己被拿單那隱含在說話之中的挑戰對質：「你就是這人！」聽

的時候，他們知道這是事實。可以說，他們被一個他們不能證實或證明的真實性/真理所逮住，但是他們不能否定，否則就是否定自己。這裏出現了一種確信，讓他們在這真實性/真理面前，要負上道德的義務。他們能夠做的，不過是站立起來而被判罪，改變他們對世界事物的看法，以言以行向他人見證與講述這故事。他們被真相強逼，必須回應這真實性/真理。在相信的一刻，他們停止不再作旁觀者，而是成為故事中的參與者，住在故事所描述的世界之中，而非另一些世界。

那麼，這是怎樣發生的？在哪裏我們可以追查產生這種回應的權威？對於這問題，可以從不同層次來回答。或許在這中間，最有意義的是傳統的宣稱：在教會之內閱讀和解釋這些文本，某些事情就發生，不單只是人在閱讀文本，某些神聖的以及人的施事者/行動者也參與其中。換句話說，這宣稱是：當我們閱讀和解釋，上帝就向我們說話；某意義來說，聖經是上帝的話語、「被感動/感通的」文本（“inspired”text）。

・ 權威與感通 ・

「在書卷之中我們接觸到的是被感動/感通的文本」這宣稱，可以以多種不同的方式來理解。對某些人來說，這宣稱不 156
多也不少，意指任何一件人的文學作品（或音樂，或藝術），都是從「靈感」而來的成果。當我們這樣說，我們就確認問題中的作品，是特殊類型的；它探究人類處境的深處，至一程度所有其他文本都不能達至；它以開啟我們的道德或靈性、或促進我們的自我理解等等方式，來向我們說話。這樣的「經典」（它們一般是這樣被稱呼的），被辨認為偉大的文學，同時是被感動而寫下並感動讀者的（inspired and inspiring）。對於某些神學家，十分滿意以這些言語，來形構聖靈的感動/感通這看法。在追尋其權威的事上，我們不需要再向前走，這權威跟任何擁有感動和塑造人類思想與活動的力量的偉大文學作品的權威，是相似的。然而，我們無須懷疑書卷包含了這個意義的某些「經典」的文學，但是，這看來會讓人推斷：文學的偉大，可以被算為聖經整體的權威之所在。因為我們必須提醒自己，大部分聖經文本，都不是出自宗教的與文學的天才之手，而是來自凡夫俗子，他們被強烈的慾望逮住，要講述上帝在他們在他人身上拯救活動的故事。我們必須坦白承認，很多都不是偉大的文學！然而基督徒發現，塵世的與（至少在文學意義上）毫無靈感的作品，就如被信仰視為權威的作品那樣子，可以輕易被挑選進世界偉大詩歌與散文的作品集。那麼，看來教會歸予聖經的感動/感通，必須跟謬思女神(muse)所發出的感動/感通，分別開來。

或許，更通常的是，談論聖經的感動/感通，是想要傳遞一種思想：書卷作品自己的源頭在上帝那裏（並且涉及祂的自我啟示與救贖），而其方式是其他人類文本不能採取的。但即便如此，這也可以以不同的方式來了解。對許多基督徒來說，這種關乎文本**來源**（origin）的神學判斷，跟如下的特殊理解有密切關係：文本成為文本的方式與文本內容之性質。在我腦海裏的，這就是有時被稱為「先知式模式」（prophetic model）的感動/感通，在當中作者被視為好像一個被動的器皿，有效地服事，直接默寫上帝的字詞與句子。他是一個祕書，有效率地再生產那些傳遞給他的確切口頭言說，並把這些言說以文本方式呈現給
157 教會考量。就像舊約先知，所有以這種方式經過他而傳遞的，都在前面加上了公式：「這是上主說的！」這種思考方式往往被一種對聖經的理解所補充，就是實際上把聖經視為一組無誤的命題、神聖地發出的真理，觸及整體不同的課題：歷史的、倫理的、神學的，諸如此類。除此之外，如果「感動/感通」意即上帝自己以特殊的次序默寫這些特殊的字詞，那就不容許任何

種類的差錯或失誤了。上帝是全知的，而祂是真理的上帝。因為這樣，所以我們可以絕對信靠命題，上帝藉著這些命題，已經為我們提供了「神聖的真理」。

在我看來，這特殊的書卷感動/感通模式，是站不住腳的。就像把書卷放在莎士比亞的作品旁邊，這不單把書卷置於一個平庸家庭的書架之上，而是把其本性與含義平庸化了。其一是，沒有嚴肅對待聖經的實在（reality of scripture），乃視之為普通人反思與寫作過程的產品；另一是，趨向約化其具有的權威，而只成人類文學（雖然是卓越的文學）的權威，因而把整組文本的獨特性掠奪了，而在某意義上，那組文本乃是由上帝所感動/感通的。含義深遠的是，這兩個模式都視聖經的權威為：以某種十分明顯的方式內在於文本本身的特性，無論視之為一組無錯謬的神聖命題，或是視之為人類精神的崇高表現與洞見。我現在想要提出的是，如果我們在別的地方尋找文本權威的核心，我們可能需要同時找到對感動/感通的性質一個更為滿意的理解。

・ 在影響底下寫成？ ・

「被感動/感通」的作者，在聖靈的直接影響底下，產生了「被感動/感通」的文本，這個看法最大的困難，在於它基本上沒有嚴肅對待書卷文件（biblical documents）形成的真實過程。如果不是大多數也會有很多書籍，指出書卷的組成，不是按照「寫作」這個字眼的直接明瞭意思來完成的。相反，它們的出現是經過漫長而且複雜的過程，中間有成文與口頭的傳説，被接收與整合、織造在一起、修改與重新解釋，以致可以找到其對特殊地方特殊時間的上帝子民的生活處境的意義。舉例來説，福音書的作者，引用了當時存在有關耶穌事工的記載，正如路

158 加公開承認的（見路加福音一章 1 節），以及他們使用這些材料的方法，顯示了一種可見的自由，甚至把耶穌的用語也重新修飾，以致有效地為著特殊類型的讀者，講述故事，並創造意味深長的神學資本。因此，阿克提美亞（Paul Achtemeier）寫道：「遠遠不只具有一個固定的、任何時間都是相同的意義，耶穌的說話明顯地被視為在不同處境之中，含有十分不同的意義，而作者搜集這些傳統，使用這些傳統，建立他認為讀這福音書的必須知道的神學觀點。」[9] 阿克提美亞論證，這是整本聖經的特徵。他主張，書卷傳統（biblical tradition）所代表的，正是一個持續的與動態的解釋與再解釋事件的進程（並恰當地，在傳統與文本之中，這些事件被傳遞到繼後的世代），這些都發生在信仰羣體之內。在以色列民族的生命之內的事件或耶穌生命之內的事件，被認為是對羣體的身分具有形塑作用的，這些事件一而再被涉及（最明顯的兩個事例是，出埃及與被釘十字架／復活）。但是每次它們被涉及，都提出了新的見解，故事都以新的方式被講述。理由是：故事被講給新的聽眾，他們都處於新的景況。如果真的塑造教會的日常生活，並為教會的日常生活注入能量，故事的講述，必須深入教會自己發現其身處的真實情境之中，對應其特殊議程中的問題、難題與期望。因此，故事講述者必須經常重新發問這問題：這故事對在這景況之中的這些人，意指甚麼？」

書卷作者（biblical authors）對這問題所採取的那種絕對嚴肅的態度，可以從他們作品的性質與內容而得見。因此，我們在書卷中所擁有的，並非在「影響之下」——一種非凡地與屬靈地熱切創作的熱情——一次過寫成的文本的匯集（a collection of one off texts），而是經過長時間與過程複雜的羣體解釋，所得出的成品。我們的作者大部分是編輯，他們收集並整理手上那些古代的材料，以便同時對他們特殊的現在說話，並且轉身

把信息傳遞給將來。他們對這些材料所做的（如我所主張的，
經常必須是），同時是與過去保持延續（continuity），也實行斷
絕（discontinuity）。他們所講述的故事，可被辨認出來為同一的
故事，如同那由他們先輩傳遞下來給他們的故事；只是因為他
們重新解釋這些故事，並且從一個新的處境來解釋，所得的結 159
果，就是在意義上或多或少是不同的但又是相同的。這裏既有
意義的滑轉，也有意義的穩定。而這滑轉並非病態的因素，但
難免的後果是，羣體生活中的傳統會被「更新」（made new），
這傳統會在羣體生活那發展與改變的環境之中被解釋。因此，
阿克提美亞總結：書卷作者的確信就是，「一成不變地堅持過去
神聖傳統所採取的形式，正正是錯誤地尊崇上帝的話語，上帝
是活的，因而祂是現在的與將來的也是過去的上帝」。[10]「祂是
將來的上帝，並且是自由地透過祂在將來所作的，重新創造過
去的意義。」[11]

阿克提美亞寫道：「我們所有的書卷文本，因此是解釋上帝旨意的產品，由此，上帝的旨意藉著較早的傳統而在新的時代被闡明。以色列和教會努力地理解上帝對他們的心意有甚麼新的啟示，他們轉向舊有的傳統，尋找線索：怎樣與這樣一個動態的上帝打交道。我們的聖經反映了這一過程，並莊嚴地記載了這探索。」[12] 這樣一來，就不可能再把感動／感通思考為某一作者所作的神聖默寫了。離開成就文本的整個宗教的、神學的，與文學的歷程，而辨認最終成品的優秀非凡，是極為隨意的。較為滿意的是阿克提美亞的建議，我們應該把感動／感通，視為上帝的聖靈在與透過整個過程的活動，並因而是在與透過整個信仰羣體的生活的活動，在適當的時候生產出這些特殊的文本沉澱。那麼，感動／感通就是信仰羣體在其嘗試理解那傳遞給她的傳統，以及在這些傳統的亮光底下於當下再造她的身分，而「被提升加強靈性」（en-spiriting）。教會的聖經，就是這

樣的過程的產物。

·感通、羣體與解釋·

這種觀點，並不鼓勵我們把聖經視為神聖真理一次過並且是最終的倉庫，讓我們可以隨意採用，在太陽底下檢視其對任何題目的討論，都會發現其資料是無誤的。或許沒有人這樣想過，但是某些普羅的看法肯定是相近的。然而，一旦我們把聖
160 經的本性，視為信仰羣體在聖靈的能力底下努力留下的遺產，為的是要弄清楚她們聽聞和接收的故事的意思，以及在一個恆常變化的世界中，重述及活出這個故事的含義，由此即有好些結論向我們提出。

首先，書卷不是要我們視之為一部神聖默寫的百科全書，為我們提供另類的科學、歷史、宇宙學等等，而是視之為（像提摩太後書三章 15 至 16 節——在這方面最多人引用也經常被誤用的經文——那麼清楚表示）資源，這資源將會有效地塑造基督徒羣體，在上帝那廣闊的創造與救贖目的之中的生活/生命與身分。

第二，書卷不是想要我們視之為（事實上也不能）最後的説話，從此之後沒有更多要説的話了。剛剛相反，書卷的本來性質，提醒我們其見證的信息，在每一個世代一定要被重新形構（因而是再解釋）。教會在與透過專注文本及其所講述的故事，尋找這故事對教會自覺其所處的特殊情境有何意義。因此，實在來説，在信仰羣體的講道或其他神學思考之中所發生的，都只是一個持續的過程，首先引向聖經的形成（formation of the scripture）。

第三，如果嚴肅地對待這個看法：書卷文本是被「感動的/感通的」，並因而是權威的，那麼我們必須同時提出，在某意義

上來説，這感動／感通是延伸至文本以外我們對其所作的理解嘗試。僅僅作為一部被感動／感通的文本，對教會用處不大。我們需要知道的是：文本意指甚麼；但是我曾論證，意義是客觀的一面與主觀的一面這兩者之間的關係。某些感動／感通與無誤的看法，把感動／感通與無誤這些名詞用在文本本身的性質上，其決定性的不利是，一旦我們把我們會出錯的人手，置於文本之上並弄清楚文本的意思，後果是：意義受到一切我們人在貢獻之中的不穩定性所污染。彷彿上帝做了祂的本分，提供了一份純潔與未被污染的文本，然後把我們留在國境之中，要求我們克服自己內在固有的軟弱與罪性，方才可以完全掌握文本的意義。因此，毫不奇怪的是，天主教主義（Catholicism）與新教主義（Protestantism）的錯誤是孖生的，一方面嘗試提供一個無謬誤的教宗解釋家（infallible papal interpreter），伴同無謬誤的文本；另一方面則無知地拒絕把文本與意義分別開來。與其這樣，我們重估聖經的感動／感通性質，由此提供一個啟發性的 161
另類想法，就是那同一位聖靈，祂曾經活躍於過去的世代，塑造與形成羣體，讓這些文本從這個羣體之中出來，這同一位聖靈，現在則「在靈裏提升強化」我們當代的努力，幫助信仰羣體閱讀及弄清楚文本的意思。如果我們嚴肅地對待這一模式，那麼我們就能夠説，不單是聖經文本，並且其**意義**，直接來講，是被感動／感通的，這是另一種方式表示：上帝透過這些文本向我們説話。換句話説，聖靈在客觀面與主觀面之間、文本與解釋之間築橋，從而促發並指引我們回應，以及在過程中塑造羣體的理解與生命的更新。

我們現在可以開始看見，是甚麼把基督徒對書卷文本當作聖經來閱讀，跟其他可能閱讀這組書卷文本的方式，分別開來。教會轉向文本，尋找一樁事件：當文本被解釋，它權威地向羣體説話。這事件發生。它的確發生，是羣體可以作見證的，但它是完全在羣體自己控制之外的。上帝向我們講說話。在與透過我們閱讀這些文本來與我們相遇。當我們閱讀與解釋時，祂引導與帶領我們的思想，挑戰與激起我們的行動，強化與維繫我們的信仰。但是這一切，並不跟我們所擁有的物質文本與對文本本身的默想，同時發生。我們可以閱讀這文本，但是會發現文本靜默與抽離。我們可以擁有其物質形態，但是仍然處於其所描述的敍事世界之外。但是對於那些文本對其説話的人來説，對於那些文本世界作為一個實在並敞開把他們吸引進去的人來説，文本是意義和方向的資源，但意義和方向都不在文本自身也不屬於文本，而是因為文本是管道，講述上帝的故事，服事我們對上帝的位格性認識（personal knowing）。

對這個故事的真實性/真理的道德確信，以及由此而來的故事的權威，正是根植在這裏。上帝言説。祂説服我們祂自己跟人類之間的事情，事實上就是故事所講的。我們被牽引進文本世界之中，正如被牽引跟文本世界的主角建立關係。這一旦發生了，我們發現自己被許多文本所敍述的相同實在與經驗所質詢。突然間，罪、罪過、恩典、和好、上帝的靈的能力、復活的基督等等，不只是敍事世界的元素，而是我們自己世界的構
162 成部分、我們日常生活所考量的角色與因素，以及我們對自己景況理解的嘗試。在這個時刻，彷彿使徒與先知，不再是歷史的與文化的遙遠人物，而是與我們同代——當我們確認他們所描繪的世界地形之中的地標，就是我們現在所經歷的，他們的意義就與我們相遇了。當然，我們不能向那些不能看見的人，證明所看見的東西的真實性/真理。我們只可以描述它，希望他們也可以看見它。我們不能向耳聾的人，證明巴哈（Johann Bach）的和諧。但是我們也不能孤離自己，只存活在自己所詮解的世界之中——以之「為」（as）聖經所描繪的世界。因此，那些看見事情的人，進入信仰羣體之內，與其他人一起成為這

個世界的伙伴公民，而「真實的世界」(the real world)就是為他們而建立的。這就是波蘭尼所講的「核實者的羣體」(community of verifiers)，他們核實我們所看見(或閱讀)的內容，大部分與他們所看見的吻合。這是為甚麼那麼重要，要提醒我們自己：閱讀聖經不應是孤離的或個人主義式的，而應是集體的活動，植根於羣體傳統所接收的智慧，受羣體之內其他人的洞見與經驗所測試，在與透過這一切，上帝向祂教會所說的話語，其在當下特殊處境中的獨特性，就可以辨識出來。

註釋：

1. 引於 Steiner, G., *After Babel* (Oxford University Press 1992), p.181。
2. Steiner, *After Babel*, p.264.
3. Steiner, *After Babel*, p.312.
4. Steiner, *After Babel*, p.311.
5. Watson, F. *Text, Church and World* (T. & T. Clark 1994), p.25.
6. 見利科的文章 "The Narrative Function" in Thompson, J. B. ed., *Hermeneutics and the Humans Sciences* (Cambridge University Press 1981), pp.274～305。
7. Green, G., " 'The Bible as...' : Fictional Narrative and Scriptural Truth," *Scriptural Authority and Narrative Interpretation* (Fortress Press 1987), p.88.
8. 引於 Green, " 'The Bible as...'," *Scriptural Authority*, p.92。
9. Achtemeier, P., *The Inspiration of Scripture* (Westminster Press 1980), p.83.
10. Achtemeier, *The Inspiration of Scripture*, p.87.
11. Achtemeier, *The Inspiration of Scripture*, pp.86～87.
12. Achtemeier, *The Inspiration of Scripture*, p.89.

第四部

傳統的轉化

8.

回望過去與面向將來

> 每個擁有真正生命活力的人，都可被視為兩種力量的結果。首先他是特殊年代社會、習俗的孩子；他是我們可稱之為傳統的孩子。其次，在某一個角度來看，他是傳統的叛徒。而最優秀的傳統，造就最優秀的叛徒。
>
> 梅里（Gilbert Murray）[1]

傳統（tradition）這個字詞，十分麻煩及難解。在當前的氣氛，傳統這個詞語，可能對不同的人會引起不同的反應，無論在宗教、政治、文學或任何其他領域都是這樣。傳統、傳統的、傳統主義者（traditionalist），這些詞語對某些人會有很正面的聯想，但是對另外一些人則立即引起強烈的敵意。當然，事情要比這複雜得多。情況就是，那些在某個領域對這些字詞所附加的意義感到嫌惡的人，很可能在另一個領域對其友好，反之亦然。舉例來說，訴諸所謂「傳統價值」，在那些成功的廣告花招的清單上面，肯定位列高位，它們在利用我們重建過去的懷舊的能力（過去看來總是比現在好），以說服我們，雖然我們永遠回不去了，但至少可以為了舊時代的緣故買些回來。但是

許多被説服購買所推廣的產品（由麥包到人壽保險）的人，可能
會在其他領域拒絕訴諸「傳統價值」，視之為對一種現時已淘汰
的與過時的生活方式，作出無憑證與浪漫的嘗試、依戀不捨或
重新引入。看來，把事物形容為「傳統的」，可能使人想起溫暖
的意象，熟悉的、穩妥的、可靠的、耐久的、可信賴的；或是
用來形容我們那種死也不願改變的意志、嘗試否定無可避免的
時代步伐、活在過去而非現在、保留思想與行為的方式而犧牲
166 進步。要點是，無論過去的日子對我們是好是壞，只在於我們
所考量的議題，以及我們所佔有的視角。我們對訴諸傳統的態
度，會隨之而改變。

當然，在這一切背後的看法是：傳統是某些基本上朝向過去（我在這一章，部分是要挑戰這觀點）的做法。傳統主義者對事物的進路，因而被定義為——直接來講——仿照過去，以保留與保護過去所遺留下來的某些片段，以及保存這些東西，使之毫無玷污，不被那被視為已然污染的現在所玷污，無論這些東西是道德價值、音樂的或藝術作品的或表演的風格，或是十七世紀的祈禱書或聖經翻譯。傳統在本質上是靜態的而非動態的，拒絕改變而非促進或推動新發展。傳統主義者堅信舊的方式是最好的方式，我們應該遵行這些方式，而非追逐每一個瞬間的時尚或被變動中的時尚浪潮的波濤所捲走。相反，「現代」（modern）或「進步」（progressive）的思想或行為方式，其本質常被視為有計劃地把傳統所提供的大部分（即或不是全部）置之不理，而以清白的石板開始，不受承傳下來的認定（assumptions）與踐行等一大堆雜亂東西所牽制，可以根據當下的環境負責任地自由思考與行動。

這種兩極化，在神學的場景之中可以很容易觀看清楚。這裏，光譜上有的看法與進路，看來一方面是：堅守接收從過去傳遞下來的權威性教義遺產，並保護、保存與珍愛之，以致可

以在恰當的時候安全地把它傳遞給下一個世代（就好像一只珍貴的骨灰瓷器多個世紀在一個家族之內流傳），另一方面的看法是：嘗試把教會又踢又喊地拖進現代之中，擺脱那些被視為不健康的和沉悶的教條主義（dogmatism）的桎梏，並且把那些甚至最為古老與珍貴的基督教信念與踐行，置於理性與時下先進的人類理解的狀態，其所提供的日光底下，進行檢視。這種常被稱為（卻是誤導的）「自由的」進路（“liberal” approach；對立於傳統主義者的保守主義），他們的主張常常是站在道德以及智性的高地，擺開他們的攤子，直接跟他們視為相對地「智性的 167
不誠實與天真的輕信」的人，對立起來，[2] 這些站在他們對面的人，依附傳統，拒絕開放心智的與痛苦地誠實考察的「批判思考」（critical thinking）。

這種無益地（我將論證其為錯誤的）對待傳統的極化態度，有其根源，就像大多在我們現代處境中出現的事物，是來自歐洲啟蒙運動的智性發展。

・　對傳統的抨擊　・

當然，在宗教改革時期，傳統已經成了一個受到神學嚴重攻擊的犧牲者，這種攻擊以聖經（scripture）之名來進行。這個時期堅持，神學必不能置於教會眾多信經與傳統的人類權威之下，卻必須直接地順從那位已在書卷（Bible；譯按：譯者將以「書卷」翻譯 Bible 一字，以「聖經」翻譯 scripture 一字，下同）中説話的上帝的權力。正如我們看見，事情並非像這簡單的聲明所講的，那麼直接明瞭。書卷要被閱讀並弄清楚其意思；而我們對書卷的閱讀，無一例外不是受到神學的及其他諸種傳統所塑造與影響，我們都是站在這些傳統之內而為解釋者的。因此，對於這個意念：我們可以完全從這些影響撤退，以致對文本作出純粹的閱讀，必須揭示它是自欺的。無論宗教改革的原則：唯獨聖經（*sola Scriptura*），[3] 意指甚麼，都不能意指這個看法。簡單地訴諸「書卷所說的」，通常是（肯定是無意識的）馴服於一個解釋傳統的記號，而非從傳統中釋放出來。我們錯誤地思考而以為已經逃離傳統，事實上，這些傳統正對我們施加更多影響，因而，潛在上亦是更為危險的。

在啟蒙運動的時候，傳統的概念更被進一步攻擊，這次是以現在熟悉的名字：理性，來進行。依賴所接受的權威性處方或其他宣告，無論在神學上或其他甚麼的，都會被侮蔑為迷信的，以及智性上不負責任地依附那些不過是「教條/教義」（dogma）的東西。成熟與負責任的人，會拒絕接受或同意那些身在權力位置者所說的，但卻會自己把事情想通想透，挑戰那些甚至最基本最為大眾持守的信念，而支持誠實的仔細檢查，
168 公開地考量證據的重量，並據此評論確信（conviction）。任何信念若不能在這樣的理性基礎上，實質地建立起來，則必須置之一旁。那些體現（embodied）過去智性傳統的專家與權威，成了被質疑的人物。與其只是相信他們所講的，真正自由與負責任的思考者，必須動用他的批判官能，不容許任何教條/教義逃離細心的檢視，要把自己跟傳統的影響割斷，以致可以依據理性的客觀仲裁，而進行測試與嘗試傳統所提供的看法。

在這樣的態度之中，要辨認出（identify）現代自由神學的支持根源，並不困難。根據自由神學（liberal theology）其中一位倡議者，其核心關注乃是：「使得基督徒的信仰對每一代那些理智的、博聞的和誠實的心智，都是**可理解的**與**可信的**、**全面的**與**有說服力的**。」[4] 然而，事實上，自由主義真正的特色，在於其所駐足的認定，關注的是如何更好地達至這值得讚揚的目的。這個認定是：對於不能絕對肯定的東西作出懷疑，而非相信或委身，是智性上更為誠實的；不留情地訴諸「理性」並以之

為獨立權威，以之同時為優勝過聖經與傳統的；因此，對神學傳統最負責任的主張，是發動背叛其權威、測試其價值與只尊重那些建基於其他獨立根據的真理獻議，並因而向那些不屬於傳統的人，推舉這些真理；這些現在都是為人熟悉的自由神學傳統的特色。

・ 從後嗣到奴隸 ・

當然，在上述的描述中，老虎已經出籠了！這提醒我們自由神學的確實情況，即是，自由神學連同其方法與認定，自身是一個智性傳統，其追隨者經常對其卓絕的智性生命，顯現熱情與確信。是以，自由主義遠遠不只是普遍印象所得的自由智性精神，而是像每一個人，都繼承一組認定與思考，以及做事方式，他們對於這些就只是認為理當如此的。特別是，許多被判定為神學的「保守主義者」的，投訴他們的自由神學同僚，太快把最新的智性潮流和風尚吸收，並且運用這些東西，以之作為「批判」思考的「客觀」標準，經常犧牲那些經受多個世紀測 169
試的標準、信念或踐行（這事實並不保證這些信念與踐行的真實性/真理或合法性〔legitimacy〕，但卻可以視之為那些要想推翻這些信念與踐行的人，舉證責任主要在他們身上）。「自由」、「開放」與「批判」，因此，需要小心檢視。關於現代文化的權威聲音，必須承認，「自由」策略的倡議者所關心的，經常只是教條主義、非批判的吸收與心智封閉的馴服者。經常地，只是**相對於被接收的傳統**，他們才是自由、開放與批判的。涉及時代的精神，他們必定經常被判定為頑固不化類型的保守主義者。

這是觀察而非批評所提供的樣貌，雖然它當中含有有力而貼近航迹的批評，就是：神學的自由主義，是啟蒙運動最大的自我欺騙，以及許多確實的好處的繼承者；即是說，他們以為可以完全從傳統之中釋放出來，並且對任何事物都可以進行真正的批判。那些認為他們已經做到了的人，就像那些認為自己無罪的人，自我欺騙，並且，遠遠不是自我所宣告的智性誠實的勝利，真實性／真理更不在他們那裏！就像那些以為他們已經發現了「書卷所教導的」的直接而絕對的意義者，也認為他們自己脱離了智性與文化傳統的限制與影響，但是在實際上，卻不再是其後嗣，而只成為其糊里糊塗的奴隸，背叛及逃離那生產並養育他們的傳統，進入其他影響的臂彎之內（更可能的是消逝中的智性潮流），但是他們拒絕承認這些影響的存在，因而這些影響更輕易控制他們。

那麼，我們在這裏回到這本書早前所建立的要點：即所有理性的與批判的活動，都在某些認定與委身或其他東西所提供的脈絡／處境中發生，這包括某些文化與智性的「傳統」脈絡／處境，它們提供觀看事物的視角、制定其他看待事物方法的標準。這樣的傳統，是置於社羣之中的及歷史之中的，並且，我們作為被置於社羣的與歷史的存在物（beings），不可避免屬於某一特殊人類羣組或羣體，而這羣組或羣體，又依附於某些特定的信念與踐行。因此，對我們來説，合理的或可接受的或可
170 信的，將由我們的特殊傳統判斷。我們對生命、世界與所有事物的思考，將無可避免地使用這些傳統，並被這些傳統所塑造及決定。傳統會為我們提供許多我們所需的固定的指涉點（point of reference），以致我們可以在智性上起作用。在某些階段，如果我們發現自己被驅使，去修正或甚至拒絕我們那特殊傳統的部分遺產，那不一定是因為我們已經完全可以從這些傳統的影響與支配性因素釋放出來（完全的心智「開放」），而是因為其他影響已經在其領域之內吸引我們（由另一傳統所提供的觀看事物的角度），並且對我們來説，它們可能提供一個對實在（reality）至為滿意的講述，或一個在潛質上成果更為豐富的進路。我們

永遠不能全然從這些影響逃避開去，進入啟蒙時代的仙境，可以擁有在社羣上、在歷史上與在空間上，全無特定位置的「自由批判思想」。

所有人類的思想，即使是那些最批判的與最激進的，都依賴一個智性的與文化的傳統來作支撐，因為必得依賴如何、何時與何地使用工具，而傳統是一龐大的知識與認定的體系，是羣體所共有的，我們生活存留以及擁有自己之所是（being），都是在這個羣體之內的。我們可以嘗試，但沒有出路可以逃離這樣的情境。我們只有認定另一組信念或踐行的有效合法性（validity），才能批判地對待這一組信念或踐行。關於生命／生活的進路，沒有絕對不需委身的或全然開放的心智。

·　灌輸的無可避免　·

米切爾（Basil Mitchell）在其討論灌輸（indoctrination）這個容易引起尖銳反應的字詞時（但正如米切爾所顯示的，我們很多時沒有考量這個字詞），證實上述的講法。[5] 灌輸的有用定義是：對別人努力反覆教導某個信念或某組信念（教義），而他們原本是不完全理解的，並且他們自己也不完全能夠提供理性與證立（justification）。那些受教於灌輸底下的人，他們完全依靠那些教導或指教他們的人的權威。

現在，當我們以這樣的方式來描述灌輸，很大可能會（在我們與其他人中間）引起一種對整個過程的即時懷疑與不安。肯定地，我們會問，這樣的進路對在智性上負責任的人來說，是否完全不值得的？如果我們願意順服灌輸，我們很快發現，
自己會對一切種類的怪誕與叫人驚訝的信念表示贊同，而這 171
些信念大部分跟真實世界沒有甚麼關係。對於整個灌輸的觀念，我們會直覺地聯想到怪異的宗教團體與「基要主義者」

（fundamentalist）的羣體，這些團體或羣體拒絕容許他們熱情地保持的信念，受到理性的仔細檢查。從韋科市（Waco）與伊斯蘭教的自殺式炸彈，到較小損傷但同樣傷痛的事件如統一教信徒（Moonies），受到所謂羣組的「洗腦」技巧影響而至家庭破碎，結果是我們大部分人都希望這些事情可以在我們的世界之中根除。因為恐懼這些「非理性主義」的湧現，我們十分願意但是卻沒有細想，就相信了下述的看法：惟一在智性上負責任的做法，是理性地檢視所有事情，這樣的意思是，我們應該在投身某些事情之前，有責任考察研究事情的邏輯的與證據的基礎。根據這種看法，理性的人能夠為其所持守的信念，提出良好的理由，因而向其他人推薦其為理性事物而可以相信。另一方面，灌輸是一個過程，持守大概缺乏理性憑證的信念的人，強逼其他容易上當的人生吞活剝這些信念；灌輸的基礎，是有關教師或古魯（guru；譯按：印度教或錫克教的宗教導師）所具有的權威。

這種態度（我懷疑在我們的社會之中十分普遍），顯示出啟蒙運動的小昆蟲叮得有多深。肯定地，啟蒙運動反對一切形式的權威主義，而要求人們應該自由地及自願地，為自己而思考事情，而非溫順地把自己置於任一為政治與宗教建制服務的信念或偏見，被這些建制所消費；啟蒙運動要這些聲音，在那些好像韋科市與伊朗的地方，可以響亮而清楚地被聽到，以及無論在甚麼地方，任何宗教的、政治的、意識形態的或其他權威，一旦成了威權/專制的（authoritarian）、損害合理的與縝密的思考人生的進路，啟蒙運動這些聲音就要響亮而清楚地被聽到。啟蒙運動的光芒可能不能完全驅走黑暗，但是無疑在許多其他方面，它對人類存在的質素有基本重要的貢獻。它的錯誤（而且是重大的錯誤）是它的反應過於尖刻，它要求（在智性的與宗教的，以及政治的領域）罷免權威的王位，並把自由主

義的自由模式提升至這權威位置，但卻已證明這是咒詛多於祝
福。因此，它拒絕教條/教義與灌輸，而支持據説完全開放的、 172
「自由」的批判進路來對待知識。但是，正如我曾經提出過，實際上，沒有想像中的所謂完全不受任何影響或權威決定的「自由」。在這樣的風險之下，棄絕已確認並為人所識的權威，背後潛藏的持久威脅是：無意識地屈服於一個我們不認識的魔鬼，而非某些消逝中的智性潮流或風尚。

米切爾在其對教育過程的敏鋭分析之中，確認這一點。他論證這個教育過程，灌輸的形式是不可避免與關鍵的部分。稍為想想小孩子學習的方式：無論語言、數學、遊戲規矩或甚麼的，其中所涉及的過程是，他們複製，或是因著信任而接納父母或老師所做的與所説的，漸漸地為了自己而吸收信念與踐行的結構，直至這些東西，成了他們的第二天性。這種情況在小孩子學習説話時，特別明顯可見，在其中無須解釋為甚麼，直至他們真的學會了説話。但是這可以應用在所有的學習情況之中。正如任何熟悉小孩子的人都知道，沒有學生會熱切找尋「為甚麼？」的答案，真相是，我們大多不要求解釋為甚麼 2 + 2 = 4，為甚麼“the book what I get”是錯誤的表達，為甚麼諾曼征服（Norman Conquest）在一〇六六年發生，至少在最初的一刻我們沒有嘗試解釋。後來，我們可能對這類的問題嘗試回答。但是在最初的教育階段，我們集中於提供法則、數據與技能，使得小孩子在世界之中可以運作，而如果我們停下來，證立每一事實、每一真理宣稱、每一條我們教導他們的法則，我們永遠不會有甚麼進展。因此我們不會這樣做。我們企圖並希望的，只是我們的孩子基於信任和權威，而接受我們為他們提供的東西為真的，或許，直至他們到達了某一階段，他們能夠形構「為甚麼」的問題，有足夠的學問智性抓住答案（假定我們能夠給予他們）。換句話説，基於上述所提供的定義的基礎，我們對自己

孩子在其早年所作的，就是灌輸教育。

・ 被教導去相信 ・

你可能會説，好了，那對孩子沒問題。但是肯定地他們是
173 特殊個案，而啟蒙運動哲學家建立的要點是，我們需要在智性上「成長」，因此，我們不能停留在孩童時期，接受其他人（無論他們是誰也好）所提供的信念、意見與真理宣稱，對這些東西採取同樣的被動接受的態度。我們必須學習，對我們的知識與信念負責任，並像確信的市場上的顧客，在購買前測試，免得最終買到了次要的貨品。

肯定沒錯的是，在學習的場景之中，老師可以合法地對成人與孩童有不同的期望。但是米切爾堅持，這些差異並不、也不能擴大至拒絕對成人進行灌輸。相反，即使那些有志追求最高智性的與實踐的成就的人，無論是自然科學家、外科醫生、律師、哲學家、經濟學家、心理學家，無論甚麼也好，訓練開始時，都是進入一個權威的傳統，涉足一個特殊實在的領域中的正統信念、公理（axioms）與確信，以及被視為（由有關的智性羣體或執業協會所決定）處理事情的恰當方式。這些信念與方法學上的程序，都是同樣需要理性和證據去證立的，但卻全然是外於這個教育階段的學生或學徒所能達至的領域。大學生的筆記本，滿是這些材料。從這個角度來看，原則上，四歲孩子老實地接受 2 + 2 = 4 這宣稱，跟十八歲成年人他們在課堂上高速地在白紙上草草寫下並好好保存他教授那確信的教義（「馬可福音極有可能是四福音中最早寫成的」，等等），是沒有甚麼分別的，因為他尚未具有足夠知識或技能自己去建立（或提問）這些教義。

米切爾總結得很好，他寫道：「有時學者會使用一個很有啟

發性的片語，來描述他們自己當學生的日子：『我在牛津（或普林斯頓、海德堡）的日子，是被教導去相信……』」[6] 被教導去相信。在這片語之中，所有人類教育的灌輸核心，都表達出來了。所有學習，無論智性成就的任何層次，都始於對事實、真理宣稱、方法，作非批判的接受，而這些事實、真理宣稱、方法，為學習任何事物提供了條件、材料與工具。這些東西，由一個學習與踐行的傳統當中的智性前輩，忠心地傳遞下來，讓我們這些只是新手進入其中。

·　尊重、反叛與責任　· 174

但當然，事情並不在這裏就停止下來。學習並不止於藉著傳統灌輸之同化，這只是開始。我們想要把我們所知的與所獲得的智慧這一權威的遺產，傳遞給我們智性上的後嗣，並不意味著他們繼續被動與倚賴，而是希望他們可以有能力涉足世界，自己與複雜的實在打交道，成為熟練的操作者，能對我們留傳給他們的觀念與踐行，操作得熟練，並把握這些東西背後的理據。我們可以完全合法地對此理解為：智性上的成熟的記號，是跟那些相對地不成熟、需要倚賴其他人的言語教導，剛剛相反。（無論如何，我們應該面對事實，就是在這個意義上，我們所有人仍然在人類理解的許多層面都不成熟。這是為甚麼我們聘用「專家」為我們做事，因為他們是熟練的而我們並不是。我自己跟汽車內燃發動機的關係——許多事情其中之一——正是這種情況。）

再者，我們期望，理解並非一種經常處於靜態的狀況，而是在人機敏地深入探尋實在其進程，或在社羣習慣改變人的思考與行動的方式時，就開始向前移動。那些今天作我們學徒的人，在適當的時候，就會變得熟練地操作傳統的人，可以很好地帶領自己進入將來，挑戰、修正、發展，甚至在某些情況下，拒絕部分或整個傳統。是以，教育是以充足的知識與技能（灌輸地）裝備學生，使他們以自己智性的雙腿站立起來，越過灌輸的階段，批判地與他們自己所接收的傳統互動，並因而：若不是因著得到充分的理由，以致繼續持守傳統，並轉身傳遞給下一代作合適的發展，就是放棄傳統，選取其他的思考與行動方式，以回應世界。權威的傳統因而提供條件，同時讓傳統持續與發展，以面對將來的需要，以及確保傳統可以以任何在本質上轉瞬即逝的特殊方式出現。上述同樣的情況，可以使得這樣的傳統變得脆弱，在原則上難逃被棄與死亡。

我們已經談過灌輸的合法性與必需性，因此我們不是要反
175 對或預防批判的、反思的，甚至激進的/徹底的（radical）思考。在這個意義下，這種灌輸跟另外一種灌輸是十分不同的，對於後者我們可以定義為一種努力，要想把他們自己也不完全明白的一種信念或一組信念，反覆教導給其他人，而這樣做的後果是，這些人要不是無意批判地反思所教導的、挑戰及轉化這些教導，就是無意反對這些教導以選取其他的信念。實際上，那些被這種灌輸教導的人，通常不能嚴肅地或同情地思考那些跟他們自己截然不同的觀點。他們對待與自己不同的觀點的態度，傾向反對與挑釁，而並非不常見的是：向傳道者常用的縮寫筆記求助——AWSL（argument week, shout louder!；論據薄弱，大聲喊出！）當然，這是一個人的對自己所看見的真實性/真理，沒有信心的病癥，但更是深層次的不安感、拒絕進入與他人真正對話之中、恐懼自身的不足會被發現。正是這種灌輸，阻止了而非促進了對自己信念的真實性/真理和憑證，作出負責任與誠實的探求。結果很易造成宗教的或意識形態的不悅的咆哮，造成不同的政治、民族或種族羣體內，成員之間的懷疑與疏離不斷增加的危險，甚至某些組織的哄騙與悲劇行為，

例如大衛教派（Group Davidian Sect）。

然而，答案並非從一開始就全然回避權威與傳統，選取那據稱是自由的與批判的選項，而是確認（並因而能夠細心地調校）那無可避免的權力與傳統其恰當位置，以之為母體（matrix），在其內所有真正負責任的批判思考，得以發生。弔詭的是（paradoxically），我們對傳統的委身，為我們提供了資源，最終釋放自己，踏出了單純地依賴傳統，而至成熟地跟傳統所講的實在打交道，但這傳統卻是我們所相信的和靠賴的，是我們願意被它孕育的並在其內發展的。只有在上述所講的打交道的亮光底下，我們傳統的實力或虛欠，才會向我們這些以自己的方式而為批判的思考者，顯現出來。或許，那時我們成熟的回應是：感到被迫要背叛它了，但我們確實要這樣做時，只因為經過仔細思量，並為著這傳統先前之所是與曾經賜給我們的，而尊敬與感恩。一開始就想要背叛，把我們學科的先輩與先輩之前的先輩他們的智慧置之不理，並以自由與負責任之 176
名如此實行，這是智性上輕率的青少年表現而非成熟的表現。

・ 日常生活的權威聲音 ・

到目前為止，我們講述了，無論甚麼時候我們要想在一個既定的人類理解領域或事業領域，追求智性的成熟與責任，我們需要倚賴權威的傳統。這就是說，我們不能以一貫與全然的態度，懷抱那被稱為徹底懷疑的原則，就是在那些我們的知識已是最先進的、我們已經是專家的領域，也萬不可能這樣子。但是作為人，我們沒有一個是受制於只跟一個狹窄的智性傳統打交道。我們可能是核子物理學家、精神科醫生，或藝術家，我們生活的整體延伸至我們工作的實驗室、輔導室，或工作室的界限之外，而在知識與行動上全面捲入不同的領域與環境。

我們日復一日跟豐富多樣化的真實世界交往，我們沒有一個能夠介入超過一個或者例外地多個的領域之內，達至專業的、有見識的、批判的水平。因此，要在日常生活中成為一個全面參與的能手，我們每一個就得在實際上被迫倚賴無數不同傳統為我們提供有關實在的報告——科學的、哲學的、政治的、實作的、宗教的等等。在每一種情況之中準確的結合都不一樣。我們要反思如下的事實：在我們居住的社會的較大羣體之內，我們每一個都屬於一連串不同的羣組或羣體，這些羣組或羣體的身分，是跟其所依附的某些共有的傳統或思考與行動方式，連繫在一起的。在大多數這些羣組或羣體之中，我們會很滿足於只是新手的地位。而這些不同的個別傳統與它們的權威聲音，所形成的拼布（patchwork），上面組成的絎縫圖畫（quilted picture），是我們每一個都有分建立起來的實在，並且那也是影響和塑造我們，叫我們嘗試有意義地活在世界之中的圖畫——這幅圖畫的大部分，是我們個人不能為其提供任何類似精確理性的證立的。因此，我們倚靠與信賴他人，他們的技能與訓練是在我們之外的。換句話説，啟蒙運動的原則：全然開放與批判地思考的進路、決定不依附任何權威、在接受任何東西之前
177 先行測試，在實際上是不可能的。真實的生活正正不是這樣子。

讓我們稍為想想實際情況（practicalities）。有些人持續地拒絕委身於任何信念或行動，因為他們不能提供足夠的理性憑證，所以最好早上起來留在牀上，但是稍作一刻的反省，將會確認，日常生活充滿不確定，信任、智性冒險與行動都是基於可能性的。換句話説，關於我們這些人類的真相是，我們的確順從權威的聲音，而非純粹理性的聲音，我們不能避免不作委身。當我決定，要勇敢面對英國夏天亞熱帶攝氏二十二度的天氣之前，是否應該厚厚地把防曬霜塗在我的四肢與身軀上，我無須首先感到需要接受必要的教育與從事相關的研究，使我能

夠核實科學家愈來愈多講到地球大氣臭氧層大量損耗並其相關後果。我是逃避責任不作一個理性的人嗎？或是溫順地向權威的影響屈服？或許是。但這正是我與大多數人每日真實生活的情況。從接到天氣報告與頭條新聞、我妻子和孩子告訴我日間他們遇到的人的故事與自己碰上的故事，到那些更為終極與遙遠的聲音——涉及我們人類生存的意義與我們在其中的位置，我們恆常地被這些大聲喊叫要我們注意的聲音所轟炸。我們面對眼前的困境，會選擇、採取與信靠某些看法，而靜靜地放棄其餘的，進入一個持續地建立一幅圖畫的過程，這是一幅融貫的與合理地全面有關世界的圖畫，我們在這幅圖畫所講述的世界之中居住。明天我們起牀並生活，就是基於這幅圖畫，雖然這幅圖畫可能在許多方面，都不是沒有出錯的。但是在此刻，我們有的這幅圖畫就是最好的，我們既不是專家也沒有時間，能夠親自測試與核實圖畫的每一方面。事實上，這幅圖畫在許多方面，都是直接地依賴那些從各個方面自其他人獲取回來的資訊、認定與觀看事物的方式；這些其他人是遠在我們之前的先輩，是我們跟其一起生活於同一羣體中的成員。相同的問題是：我們要作的決定，並非是否需要順從這樣的聲音，而是要順從哪一把聲音，以及在甚麼要點上和條件下，我們要能或應當挑戰他們對我們所講述的。

是以，追求一個在某程度上可以逃脫所有這些聲音的批 178
判視角，在本質上，是要擺脫我們人類處身於羣體之中的特殊性。這是那種泛濫的個人主義的病症，打造出自主性，從靠賴或依存他人的狀況中割離出來，這樣會創造出一種社羣的與智性的真空，讓人存在其中並清清楚楚地思考。但是我們沒有能力這樣做。在思想上，正如生活的每一方面，我們面對平凡的事實：身為人，我們是互相依靠的。全然的「自由的」（即自主的）思考，從所有承繼下來的影響與決定之中釋放出來；或是批判的思考，其為真正的批判，乃相對於任何不能自己顯明自己為真的來說，但這全是自欺，這只是把其作為理想來擁抱，卻無情地向時代精神的操控與搖擺敞開自己，而錯誤地把其作為「客觀理性思考」的聲音，予以擁抱。他們從一個傳統的後嗣退位下來，成了另一個傳統的奴隸，卻全然相信自己是自由的。如果有甚麼比盲從一個傳統更糟糕的，肯定就是那種沒有能力認識其自身的盲從。

因此，我們必須放棄啟蒙運動的理想：自主的批判思考，而面對我們無可避免地置身於並對其虧欠的某些或其他傳統這一事實。我們都在一個人類羣組之中出生與成長，從過去繼承一龐大的知識體系與生活方式，以至可以思考、溝通、生活，我們都全然自己自由地參與這一共有的思想與行動的傳統，我們永遠都不可能找到甚麼合適的位置，親自去核實這一龐然大物。要想做到，就要真正地把人類歷史的錄影帶倒帶，追溯並核實多方面的發展。事實上，我們人類能夠在智性上與社交技能上運作，只因為我們都被預備好，在信靠中接受相當多的傳統。正如米切爾指出，諷刺地，我們對信靠的依賴，從來沒有如此強烈，就是當我們使用某些賜予給我們的傳統，來批判地思考這傳統的某些方面，或是批判某些其他傳統。我們可以說，理性是寄生於傳統的。理性是在一個智性脈絡／處境之中，得到滋養與茁壯成長的，這脈絡／處境為理性提供了固定的指涉點作為架構，因此而讓理性可以找到方向和意義。換句話說，傳統是批判思考的父母、是批判思考得以發展與成長的孕育處，傳統並非批判思考的對立面。

179 ·傳統與變革·

我們再一次看見，把「傳統主義的」與「批判的」（或「教條的／教義的」與「自由的」）研究神學或其他東西的進路，予以兩極化的謬誤，是十分明顯的。這是一個進路，只為反叛的緣故，而反叛那生出它與養育它的傳統，彷彿反叛自身是好的並必須的，而所有過去的信念與踐行都需要被推翻，或是凍結直至重新核實，很明顯這是荒謬的，不可能實現的。神學一如所有其他學科，我們需要的是米切爾所講的「優秀的叛徒」（good rebels）。這些人從傳統中借來視象（vision）與資料以超越傳統，從而取得能力在傳統中站立起來，而當他們與實在對話時，就引使他們對傳統反叛了，因而對傳統自身作出了健康的發展與推進，並為下一代保存了傳統。我會提出，要想從傳統中獲取真正的自由，不在於完全離開傳統而自主（這樣的追求，其結果只是落在自己糊裏糊塗的奴隸之中），而在於以成熟的能力辨識我們對傳統有多虧欠，並且真的願意聆聽其他的聲音、其他的故事，以及在與實在打交道的亮光下，預備在原則上修正（或甚至在某些極端的情況下拒絕）自己的傳統。

因此，可怕地依附傳統——不假思索地拒絕另類與新的方法觀看及思考事物，拒絕與這些另類與新的方法對話；對向其他事物學習的可能性（無論可以學到甚麼）採取封閉的態度——所採取的也是荒謬的態度，同樣是不可能始終如一地維持下去。無論我們怎樣嘗試也好（無論因為甚麼誤導的原因也好），我們都不能像某些以前世代的人那樣生活。我們不能逃離自己在歷史中的位置，我們不能如同我們的先祖那樣看事物。我們可能要想保存他們留傳下來給我們的東西，但是在自己處境中，這些東西對我們的意義，會相當（如果不是全然）不同於在他們的處境中對他們的意義。我們不能阻止時代的步伐，以及時代帶給我們的轉變。正如我們在討論文本及其意義這問題時所看見的，延續性倖存於時代的流逝，但是卻付上了一定程度上斷裂與發展的代價。我們要不就面對這情況，而尋求應付、

回應與塑造這樣的發展，要不就假裝沒有事情發生，這樣我們
180 將欺騙自己，以為自己保存傳統，但事實上我們會缺乏現在存
活的氧氣，我們需要氧氣才能生存。

那麼，在本質上，傳統不是靜態供人向後望的東西。我們要向後望，從當中的遺產學習，但是同樣要向現在和將來張望；在以前世代所擁有的智慧中，挪用處理新挑戰與新情境的方法與途徑；傳統要改寫自己，以致其聲音可以以今日世代能夠聽見及明白的語言說出來；我們要忠於傳統所給予的持久價值，但是又在原則上向修正與改動開放，因著與實在與新發現持續打交道，而可能使得傳統要接受修正與改寫。在下一章，我們會探討在基督教傳統這持續的發展與改動的過程之中，涉及的是甚麼種類的事情。

註釋：

1. 引於 Mitchell, B., “Faith and Reason: A False Anthesis? ,” *Religious Studies* 16, p.144。
2. Saxbee, J., *Liberal Evangelism* (SPCK 1994). p.8.
3. 唯獨聖經。
4. van Dusen, H.P., *The Vindication of Liberal Theology* (Scribners, 1963), p.27；引於 Saxbee, *Liberal Evangelism*, p.8。
5. Mitchell, B., *How to Play Theological Ping-Pong* (Hodder & Stoughton 1990), pp.88 ~ 97.
6. Mitchell, *How to Play Theological Ping-Pong*, p.143.

9.

傳遞與翻譯

> 我們活在其中的傳統，並非靜止不動的。它是不斷變動的，而我們的角色是引導其改變所要採取的方向。
>
> 懷爾斯（Maurice Wiles）

基督徒的基本呼召，是藉著見證福音來服事基督。當然，這見證主要是向那些自認為不屬於可見教會的人，來進行的。這是希望就著他們的情況來讓他們知道，無論怎樣，藉著基督為了他們所作的救贖性行動，他們是屬於基督的，由此而吸引他們全然參與上帝子民的生活。沒有這基本的宣教活動，教會就消失了，因為這是主要的途徑——內在於上帝自己的目的與行動之中——可以保障教會可以延展到下一代。

把福音傳遞給其他人的責任，也是基督徒羣體自身內部的事情。在這裏也一樣，內在於上帝子民的生活之中，涉及一持續「見證」的過程，雖然這是透過參與來見證，而不是藉著跟相異的傳統對質或碰撞。孩童是在處境（context）之中被帶大的，這處境的某些信念與踐行，是大家共同接受的規範；孩童「被教導去相信」福音信息的基本真理，並參與那表達信念並與信念相一致的生活方式。在這條道路上面，他們走到某階段，就會發現他們自己很想對傳統發問或測試。有些時候（特別是青少年，他們已經脱離了孩童時代的許多依附，以及對父母的倚賴），他們會對傳統抗拒，或是跟傳統保持距離，追求另外一些信念或（更可能是）踐行，而這些信念或踐行，並不屬於傳統範圍以內而為合法的。另些情況是，這個過程可以強化與確定他們作為傳統的一個委身成員的身分。

那麼，無論是藉著不同種類的宣教策略，而滲透地吸納
182 新成員，或是忠心地繁殖與孕育羣體內的年青參與者。在本質上，教會所涉及的是傳遞的工作；這工作要能忠心地履行，因為這個羣體想要在將來成為一個有別的羣體，是跟這工作分不開的，但是，我們被呼召要傳遞給別人的是甚麼？對這問題簡短的答案是：「傳統」，只是這答案僅僅過關。或許現在正是時候，進一步剖析這個術語，當用於基督徒的生活與神學的處境之中，所含的意義。準確地，「傳統」這個述語指的是甚麼？

・ 以言與行解釋故事 ・

傳統的核心，是基督教的福音本身，這是教會講述關於上帝創造人類與救贖人類的故事，這是一個罪與拯救、罪過與恩典，絕望與盼望的故事，並且是以耶穌基督被釘十字架與復活與繼後上帝的靈傾倒出來臨在世界為高峯的故事。我們講述這個故事，正是這個故事本身具有能力，以決定性的方式改寫生命與重塑我們的思考和行動。以保羅令人難忘的片語來講，就是「這福音本是上帝的大能，要救一切相信的」。[1] 當然，這故事主要被保存在教會的聖經遺產（scriptural ineritance）之內。換句話説，書卷（Bible）提供了文本的工具，一個年代一個年代

的傳遞先知與使徒對上帝在基督裏的拯救行動所作的見證。而這故事，在聖經中以不同的方式與透過不同的發展階段，傳給我們，不單只是讓我們可以崇敬與珍愛其為神聖的東西，更使得我們可以轉過來傳給其他人，並因此保障了它能延伸到現在與將來。

是以，聖經遠遠不只是一獨特的東西，與「傳統」對立，如同某些講述所提出的看法；事實上，聖經是傳統本身的一個組成部分（an integral part），雖然這部分被賦予在傳統之中一種特別的與清晰的地位與功能。但是聖經所傳遞的福音、我們閱讀本文時所接受到的故事，並不直白地（naked）與未加解釋地，來到我們面前。在信仰羣體之中，故事被講述再被講述，而在講述故事的過程之中，它必須要經常被翻譯、解釋，讓那些不熟悉當中主要角色、主要情節、原來處境的語言與概念等等的人，明白它的意思。因此，我們大多數人閱讀的是 183
現代英文譯本的書卷，而非跟希臘原文與希伯來原文搏鬥，並且我們要想弄清楚內容的意思，可以靠著註釋書、書卷研究批註、講章與其他解釋工具的幫助，在閱讀的每一環節增强我們的理解。這些東西都是用來讓我們讀得更容易更得益的，為我們提供有幫助的例子與説明，以及提供許多經過長時間努力與經文搏鬥所得的又傳給我們的解釋智慧。我們接受故事的每一階段，故事本身都不是以純粹文本的方式，呈現在我們面前，以致我們喜歡怎樣便怎樣，而是伴隨著一部現場評述（running commentary），為我們提供故事意義的解釋，而這是由信仰羣體所辨識及提出來的。換句話説，傳遞福音，經常涉及的不單是聖經的文本工具。這文本無可避免地伴同一幅豐富多彩的掛毯，上面充滿思想、理解、表達的諸種方式，以及生活方式，這些都被視為用來傳遞那在某一特殊人類處境之中，所發生的故事其意義與含義（significance）。

那麼，在這裏，我們就可以辨認（identify）傳統的第二層次。首先，那福音故事本身，是以聖經的文本方式給予我們的。然後，教會經常嘗試弄清楚這故事的意思，解釋及剖析當中的含義。這可以在整個眾多不同層次之中所發生的事情，而可得見。在權威性的信經與信條（confessions）被形構的技術層次，神學專家嘗試使用精準的字詞，以概念與象徵（symbolic）的方式，提煉基督教故事的核心意義。通常所講的「傳統」，就是指這信徒的遺產，而當然，信經構成傳統極為重要的部分。但是我們所講的傳統，要延展至這界限之外的羣體的草根部分，包括所有使得基督教福音的意義可以顯現與具體化的方式。麥金太爾提醒我們，智性傳統常常以不那麼狹窄的智性方式，來在羣體之中顯現其自己，而羣體的身分則緊繫於此。因此，「信念是在與透過（in and through）儀規（rituals）、宗教戲劇（ritual dramas；或譯神劇）、面具與衣著方式、房屋建設，與村落及城市設計，當然還有一般的行動等來表達」。[2] 在教會中我們可以肯定地說：福音故事不單只以信經與信條、書卷註釋書、神學作品、講章，與其他或多或少的智性傳遞方式所「講
184 述」，但是也同樣地（並可以論證，更為有效的是，以坐在教堂長椅上那些一般人士聽得懂的方式來講述）通過禮儀的工具、聖詩與合唱曲的歌詞（或許這是可以找到的最有效率的教義的傳訊者與灌輸人——不管好壞！）、教條（symbolism）、洗/浸禮與聖/主餐的「神劇」、「大眾」的基督徒藝術與音樂、教堂建造，等等。所有這些都影響著基督徒理解與表達他們的信仰的方式，影響著他們解釋福音故事與回應福音故事的方式。由此，它們建構傳統的重要部分，影響我們對自己身為基督徒的反思。但是我們還可以在這方面想得更遠。

在第七章之中，我提出聖經在教會之中的基本功能，是講述上帝的故事，呈現一個關於世界的敘事，以及我們在當中的

位置，這故事影響也塑造我們的存在，就像那些信靠這個故事的中心人物基督的人那樣子。我們把自己置身於這個講述之中、這種看事物的方式之中，並根據這個故事來活出自己的人生。藉著置身於故事之中而為當中角色，我們被提供了視角去弄清楚世界的意思。我會指出，事實上，這樣子我們是譜寫故事的下一章，延長故事到現在與將來。另一個簡單的方法就是，基督徒羣體「解釋」其福音的方式，並不限於對故事作出智性的講述與說明，也不限於上述所講的各種特定「教會的」存在（“churchly” existence）的不同面向，而是延伸至在世界之中的基督徒，他們所採納的整個思考與活動方式。教會嘗試成為上帝在世的子民，即是說，教會要繼續那故事，為那要與其他人分享的福音其意義，提供最動人的註釋。我們被呼召，不單只要講述故事，也要活出這故事。這樣，廣義的「傳統」，即整個信念、認定（assumptions）、踐行與生活方式，都是為了基督徒在世界之中，透過其思考與行動履行其責任的方式，提供了起點，這傳統可說是包括了信仰羣體整個具體的存在，實際上它構成對福音故事以概念、詞語、符號，與行動所作的解釋。

那麼，教會被呼召傳遞的，乃是福音的故事，要在信仰羣
體的生活中，以言語與行為忠心地解釋。這就是一代人傳給另
一代人的故事，也是教會向那些對信仰羣體旁觀的人，所傳遞
的故事。基督徒盼望那些聽見、看見，又經歷這豐富多樣的宣 185
講，藉著聖靈的活動，可以感到被邀請進入故事之中，並因而
進入羣體之中。在上一章我論證傳統——恰當地理解——並
非某些靜態的東西，反而正是某些東西，它為著自己的發展
與改變，提供了條件。我們現在可以再進一步，提出傳遞的
工作自身，是某程度上的發展與改變，是無可避免地必然如
此的。

· 翻譯與變革 ·

事實上，這種情況可以見於如下的考慮：教會把福音帶到某些地方某些文化，而其影響要不是毫不知情就是極為有限（很可能是今天的情況）。換句話説，我們所思考的，是傳統所講的「宣教士」的情境。現在，宣教士的訓練是多層面的，但至少包括兩大元素。首先，宣教士將會接受一全然根植於傳統的訓練與培育，即是説，透過仔細研究書卷、教會歷史與神學，以及其他密切相關的課題，他將會對福音故事，與其在信仰羣體的生活中的解釋，有一豐富與全面的知識。但其次的是，宣教士必須在語言、社羣、踐行與其他技能上，接受訓練，使得他可以有效地向那些屬於另一完全不同文化的人，講述這同一的故事，這工作我們可稱之為故事的翻譯。

麥金太爾描述「翻譯」為：傳統從一個語言羣體，延伸至另一個語言羣體。基督徒宣教士的工作，正正是這一類，嘗試以一種新的語言，與新的以及或多或少有異的觀看事物的方式，來滿有意義地表達福音。大多數的情況是，始於字面翻譯書卷文本的字詞，成為聽眾的語言。當然，為了有效地講述故事，需要做得更多。宣教士也需要有能力向其聽眾翻譯、例示、説明、弄清楚文本的意思，而這些工作要求的，不只是字詞跟字
186 詞、片語跟片語的配對。所要求的乃是，充分浸沉與熟習那認定、聯想、期望與知識的共有資庫，這一切都跟有關的羣體的語言，緊密不分，宣教士要能創意地挪用這資庫，並正中聽者的心懷。要能越過只是傳遞聖經在字詞上的意義，而能為其意義提供一個講述，換句話説，宣教士必須成為這個羣體的替代成員（surrogate member），好一段時間參與其生活，吸收其思考與行為的方式，以致在適當時間，他能夠向羣體解釋福音，這同時是概念上的解釋，以及提出適切的禮儀與行為模式，以

回應並體現福音。他必須「講他的聽眾的語言」，而且不只是語言的意思。

只有這樣，有效地跨越兩個十分不同的思想與言說傳統，他才能辨識語言的與概念的對等，並發現合適的例示與類比，可以用來把故事從一個傳統傳到另一個傳統。或許更重要的仍然是，只有藉著這辛苦地獲取麥金太爾所講的「第二種母語」（second first language），宣教士將會辨識「不可翻譯性」（untranslatabilities）——在基督教的傳統中的字詞、概念與確信，未能在受眾文化之中找到現存對等的；沒有創意地修改語言與例示，就不可能向那個羣體説他們所説的言語了。不能辨認這種情況，借用與隨便調動不合適的語言、概念與象徵的材料，是最有可能創造雜種式的基督教故事，從而以某種方式出賣了福音自身的關鍵核心，或是全然喪失福音。

那麼，宣教士就像第六章所講的歷史鑑別學者，必須首先培育「聆聽的藝術」，好能恰當地運用他現在居住的地方所講的言語。事實上，正如我早前提出過，這只是突出而明顯的例子，在本質上，是近似翻譯過程中，兩個人溝通中間的每一行動所發生的事情。當涉及兩種語言或文化，我們會意識這個過程，但是每日我們在潛意識層次卻演練很多。為了保證我們所聽到的，基本上跟其他人向我們所講述的是相同的，
我們必須嘗試調校自己與講述的人的看法和理解相一致。傳 187
遞者與接收者，必須調校至相同的頻道。但是這帶引我們到了根本的要點。因為無論我們打交道的是鄰居，或是另一完全不同種族與文化的成員，我們都永遠不能完全準確無誤地相一致。每次翻譯、每次解釋，都有滑轉的時刻，有些東西得到，有些東西失去。因此，意義的溝通永遠不會完全或絕對。一個人聽到的，永遠不會完全是我們所講的，第六章我們討論這事情時，就多次提到其中的原因。當中，（我們相信）

有某種相當大程度的延續性，在送出的信息與接收的信息之間出現，但是同樣也常常出現某程度的斷裂性。翻譯員的工作，是要保證延續的程度是足夠的，而斷裂的程度並不會模糊阻礙信息的精髓。但是，無論甚麼時候我們嘗試以另外一種語言講述同樣的事情（即翻譯），我們必須面對事實：我們不能真正準確地講述「同樣的事情」，總是巧妙地有所不同。那麼，翻譯的工作，總是涉及傳統自身在形式上與內容上的變革（transition）、發展、改變。

初看這似乎是承認失敗，是宣教戰略家要辨認與克服的難題。但是我們應以以下的方式，來看待這種情況。肯定地，這難題是不能克服的。這難題只能被面對並加以考量。只要謹慎小心，傳遞者與接收者之間的足夠延續性是能夠達至的，使基本的信息可以有效地溝通。而結果看來跟我們（個人或是文化上的基督徒羣組）所熟悉的基督教，並非完全相同，就不應驚訝或失望。要想達到理想的結果，即傳統在新的處境中浮現的形式，其作為福音故事，以言以行來講述來生根來解釋，應該精確地好像其於我們自己文化處境中出現的方式來呈現，可是這種想望卻否定了雙方文化所具有的合法特殊性，以及想要僭越教會宣教工作的職權範圍。我們被呼召使人作門徒，不是複製我們自己那套特殊的基督教形式。因此，透過翻譯而進入新的文化處境，傳統會發展與適應，並採取新的形式。如果不
188 這樣做，則不可能生根與成長。事實就是這樣，而的確能夠這樣——福音能夠越過文化界限，並把自己翻譯成思想與生活的形式，而這些思想與生活的形式，構成了那在特殊時間空間底下對福音的解釋——這是應該高興而非遺憾的原因。感到氣憤，或是認為這種新的顯現，某程度是比我們自己的較差，這種反應是滑進了最壞形式的傳統主義之中。

・　翻譯與再生　・

但是，翻譯並不只是努力嘗試，把不同傳統或文化的語言與智性鴻溝，連接起來。翻譯也內在於特殊的傳統與文化之中發生（也必須發生），就是這一代跟下一代溝通。因此，接收基督教的故事、解釋這故事，並以現在而不是過去的方式傳遞下去，這工作並不純是翻譯。隨著時間流逝，處在特殊地方的教會，其周遭的人類理解與活動的方式，都會改變。教會與其福音，並非也不能停留在過去而毫無變化。呼召去宣教，在本質上乃是呼召去溝通與分享；而溝通，正如我們已經看見，是學習我們所聽到的語言。因此，教會必須藉著以新方式表達其信息來回應；藉著把信息，跟當代世界觀所恆常修正的對世界的看法，關連起來；藉著回答今日的問題與關注，而非滿足於昨天給予的答案，從而面對恆常的當下所帶來的挑戰。除非基督徒直接了當地面對這挑戰，否則他們的宣教工作就會失敗，就好像去遠處旅行的人，毫不為要學習當地人的語言與理解他們的生活方式而感到費心，注定失敗。結果將會是進入自閉不相干的隔離狀態。如果我們不願正視這要把上帝的故事延伸至現在的任務，只想恆常停駐在故事的先前篇章，我們就不應對別人因為發現我們的進路古老過時，而忽略我們或毫不嚴肅地對待我們，而感到驚訝。如果我們執著這樣的懷舊惰性，我們將會很快成了只是遊人的景點、當代多元主義破碎的畸形展覽旁邊的一個攤位，面對著我們那些在時間中旅行的同伴其需要與擔憂，這是悲哀的而非先知的。

那麼，神學任務的核心是：把福音翻譯成對我們的時空處 189
境，滿有意義的形式，讓那些住在我們身邊的人，在其處境之中可以聽到、理解與發現福音對他們的相關性（relevance）與意義。這種翻譯工作，涉及兩個方面。首先，我們必須尋找表達福音信息、講述故事的當代方式。然後，其次，我們必須參與同樣關鍵的工作：為一個把世界和人類存在了解為不斷前行的社會，解釋這信息，為這信息更為寬闊的意義與含義，提供某些講述。這就是說，我們必須嘗試顯示我們所講的這一特殊故事——以及我們身為基督徒，以這故事為中心來安排自己的生活——如何關連到我們處境之中其他各種權威的聲音，其所提供的其他人類理解的元素；這些聲音包括科學的、科技的、政治的，等等。換句話說，我們必須關注：這故事跟世界之中其他對事物與在世的生活方式，所作出的融貫的（coherent）與理智的全面講述，整合起來。

・ 傳遞與整合 ・

身為基督徒，我們被呼召為我們心中那同時是融貫的與整合的盼望，提出一種講法，我們的基督教信仰必須盡可能融貫，即是說，同時內在於信仰自身而為融貫的，以及我們可以確定，其作為世界其中一整套的信念與生活方式，是理智的東西，概述世界並尋求理解我們對世界的經歷。當然，實情是，教會被交託的這個故事、其所宣講的福音，有一個特殊的焦點。它並不想要回答我們所有關於我們住在其中的世界的問題，它並不那麼直接地觸及我們日常生活所涉及與投入的實在（reality）其重要的議題與層面。它要做的，是講述上帝與祂跟自己所創造的世界的關係，以及特別是跟人類的關係，並以這樣的方式講述故事，以致人們閱讀它的時候，可以被吸引進去，能夠跟祂真的關聯起來，讓祂成為他們的創造者與救贖者。

教會有時會忘記或未能確認這事實，錯誤地以為這故事的內容，可以取代科學、歷史、心理學或甚麼的，並把其聖經遺產視作一種神聖擔保的年鑑，當中日光之下的每一題材，都可

以合法地被挖掘，這種忘記或未能確認，很多時候帶來的是對 190
這故事的傷害。當然，這並非表示教會所講述的故事，對我們了解這些那些事物沒有指示，或者神學是由某類智性部落所開展的。剛剛相反，確認特定神學的關心與宣告其合法的界限，這使我們立即要面對如下的實情：這些界限是與其他人類智性事業共有的，而神學家可以從它們對知識的貢獻有所得益，並因此提出問題：在界限與界限之間的邊境內，大家共享的是一種怎樣的關係。從過去錯誤地佔有的智性領域撤退，打開了繼後跟它們新的行政部門所具有的脆弱但關鍵的外交關係。

因為神學所講的那種故事，使得上述所講的特別是真的；這類形貌與向度的故事擁有潛在的邊界，是與其他在我們世界之中講到我們世界的故事所具有的邊界，互相重疊的。這也就是說，正正因為這是關於上帝及其受造物的故事，它提出了某種可被稱為具有普遍的與終極的地位的宣稱。它提供的（無論是真是假）是一個敍事架構，從中可以弄清楚世界及其歷史的意思，以及意義與目的的範圍，在其中可以把那豐富多樣的人類存在與其對實在的經歷，予以定位。因此，我們可以說，至少在其中一個意義上，福音的確宣稱：在其權限之內，它包括這些被恰當地確認為合法領域的經驗範圍：物理學、歷史、社會科學，等等。但是，它以自己的方式——相當獨特的方式——來處理這些範圍，而有別於涉入其中的專門學科，在有時被稱為另一描述的層次之內運作。換句話說，當它講到同樣種類的事物，它的確使用十分特別不同的字詞，並且在心智裏也帶著十分別異的問題與關心。

・　尋索融貫性　・

然而，這樣的意思是，講述這故事並根據這故事來生活的基督徒，必須嚴肅對待把這故事跟其他故事整合起來的工作：根據基督徒的故事所提供的架構，把其他故事整合到前者之中，並由此而對事情提供某種融貫全面的圖畫。為甚麼需要這樣？

首先，我們可以講講人類對統一而整合的存在（unified and integrated existence）的欲求。在我們的社會之中，人們在愈
191 來愈複雜的生活之中生活，在當中他們扮演很多不同的個人角色，屬於多樣種類的人類羣組，而有相應的要求與期望，並且服從於那些聲稱為權威的聲音與傳統（顯著地過量的），這些聲音與傳統全都要求他們專一與效忠。在我們年紀正輕的時候，這些價值和習慣透過父母的言教與身教，灌輸給我們；還有我們同輩羣組的流行觀點與看法、電視紀錄片中專家那稍為陳舊但包裝得很有説服力的知識、新聞報導員那令人安心與權威的聲調、敵對政治傳統流暢而不間斷的説話——名單還可以列下去，當中每一個都提供了某些對事情的講述，都希望這些講述會被其他人相信，並根據這些講述而行動。並且，當面對雜亂無章的資料與要求，人就有責任在這雜亂的一團之中，理出某種意義來，透過選擇與排拆、消化與擱置而達成。

我們後現代社會的多元氛圍，會叫我們相信參與介入這樣的過程，並不存在任何系統性的方式的判準（criteria）；總之，面對當代充滿諸多傳統與聲音競爭的特大型超級市場（hypermarket），我們應該選擇的是那些可以滿足我們或使我們興奮的東西，因為最終沒有方式決定甚麼（如果有的話）是可以被相信為真或為假的。但是實際上，我懷疑會否有人最後滿足於：上文所講的這種態度所得出的結果：智性的集錦（pot-pourri）。個人的存在（personal existence）的碎片，被投進一個由互不相連的東西所隨意組合而成的混合體之中；這些由後現代所培育出來的密封的包房（compartments），拒絕

「宏大敍事」(grand narrative；即那些嘗試把所有東西，以有意義的方式整合在一起的故事)；這一切看來的結果，是人格解體與心智上智性的分裂；這些對於我們作為特殊的人類「位格」(human persons)來説，在最深的層次上是抗拒的。在內心深處，我們想要能夠把我們的智性、道德，宗教、政治與其他委身，以有意義的方式整合在一起。我們不想我們信念與踐行，其作為一個整體，會像吸塵機袋中的內容，裏面的東西全部都是隨意組合而成、互不相干的各種各樣小塊與碎片，它們走在一起只因為偶然被吸進去，只因為偶然為某一特殊人物的智性精力所致。

我並不懷疑有許多人，在實際上，依附奇怪的選擇：衝突的信念或思考與行為的方式，卻有效地把自己的生活與智性的活動當中不同的部分，彼此分隔開來。事實上，如果我們知道實情，就會發現在某層次上，我們的智性生活，全都每日處於大量未解決的張力與不一致之中。問題並非這種情況是否我們 192
想望的事情的情況，而是在其中我們是否可以完全感到滿足。我的看法是：不滿足。在我們內心深處，我們渴望某種事物統一的圖畫與某種統一事物的進路、某種整合的講述：在其中，我們生活之中的不同線索，可以有條理地織造成一可辨認出來的樣式，由此為我們提供一個可以住在世界之中的融貫基礎。我並不宣稱有人可以在此世之中完成這一事情，只因為這是理想，我們作為具有獨特智性身分的、以上帝的道的形象創造的人，我們努力為此而奮鬥，直至找到方才可以休息。這樣一來，問題自然浮現出來，就是那讓我們進行整合工作的基礎。如果我們拒絕吸塵機的看法，那麼當我們為自己建構一個關於我們所經歷的世界的融貫故事，我們如何決定要拾取的是甚麼，要使用的是甚麼？

·　傳統的「宗教」作用　·

我們已經看見，啟蒙運動回答這個問題的方式是，藉著確認普遍與客觀的標準，來測試信念、意見與故事的可信性，讓我們丟棄任何不可證實的或不可證明的東西，這些都不符合「知識」的恰當描述。這樣的過程的結果，很可能是所有智性的人，都可分享的一個對事情的單一而一致的（single uniform）講述。這樣探究的失敗，並不否定探究本身，而只否定其認定的起點。努力地把真的講述與假的講述分別開來，是值得尊重的。但事實上，沒有一套普遍的判準，可以不被任何理性與精神健全的人所否定，而得以根據這些判準來作出判斷。因此，追求對事物作出融貫的與整合的看法，必須從別處出發。

實際上，這是起始於我們委身與參與一個智性的傳統，這是共同思考與觀看事物的方式，也是一致同意審視實在的看法。由於巴別混亂口音，民眾喧鬧，要搶奪我們的注意，但是他們並非全都可以視為具有同等分量的。某些聲音已經對我們產生了基本的及形塑的影響，為我們提供視角、一套價值觀與認定，由這些東西出發，我們可以從事評估與篩選其他聲音的宣稱。我們每個人，如果挖得夠深，都會發現證據，證明自己
193 屬於這樣的一個傳統，無論我們慣常地承認也好或否認也好。
我們都是根據某些終極的故事——講到我們自己與我們在世界之中的位置、世界處於甚麼種類的位置、其起源與命途，等等——來活出自己的人生，與整合我們的思想世界。這樣的故事，可以合法地戲稱為「宗教的」。當然，我可以包括任何所謂神聖的或超自然的角色在內。但是，它所包含的「一組信念、經驗與踐行，是要掌握與表達事物的終極性質，要形塑生命及賦予生命意義，並要宣告最終的效忠」。[3] 在這樣的意義之下，馬克思主義與自然主義式的人文主義（naturalistic humanism），同

樣起著「宗教的」故事的作用。當然，基督教的福音也是如此。

那麼，整合並非只是把生命與經驗的碎片投放其中，並非只是其他人向我們提供一種講述，在某些完美無瑕的裁決過程下，留下給我們的只是顯現為美與真的事物。它也不是涉及隨意收集不相干但吸引的東西而成的一頓智性的自助餐，以滿足我們特殊的胃口。相反，我們藉著環繞那「宗教的」故事——由我們所屬的智性傳統所講述的——來織造以整合我們的看法。我們以這聲音對我們所講的——那被給予的——來整合其他的聲音，這講述對我們來說，已是權威了。

當然，故事並不是赤條條地來到我們面前。我們所在的傳統，其形式自身就是在我們之前其他人整合勞動的成果；他們像我們一樣，委身於這特殊的故事，並以他們自己的努力，運用他們那時可以取得的材料，調度這故事而塑造融貫的面貌。然而，他們傳遞給我們的這智性的產品，到我們收到時已經過時了。它對昨日的問題與關心，提供昨日的答案，而整合的過程必須重新再做，好跟晚近在思想上最新的變化與發展同步。再者，因為我們個人的經歷與生命的旅程，會跟那些即或是承繼同一傳統的人，有所分別，昔日那傳統採取的明確方式，在留傳到我們手中，每一方面都會有所不同，因為它會烙上我們作為特殊的人的獨特印記、我們所活在其中的特有的關係組合，以及那質詢我們的聲音與故事的結合。那麼，這樣所產生的特定的傳統體現，其結果會為我們繼後所涉入的智性任務，提供了起點。

我們繼承的傳統，因此其自身在與透過其推動的批判的 194
與反思的活動，而再生。通過負責任的「信仰尋求理解」這一運作，傳統引領而至一修正與更新自己的版本。在這個意義上，神學像其他嚴肅的智性活動，以麥金太爾的描述來講，同時是「由傳統建構的」（tradition-constituted）與「建構傳統的」

(tradition-constitutive)。基督教的傳統通過這活動，被翻譯及傳遞至新的與別異的時間與地方與人羣。我們應該再次提醒自己，當這任務是負責任地與有效地執行時，結果是把傳統延續地伸展與更新，是可以與它之前的形式，具有可辨認出來的延續性，但是這傳統永遠不會也不能，跟之前的完全相同。

· 融貫性與創造 ·

對於基督徒來説，對事情作融貫的講述，是環繞著教會所講述的獨特結構的故事，而織造出來的，這是一個關於上帝、人類存在的意義與目的、上帝在祂的聖子與聖靈裏創造地與救贖地涉入世界，等等。因此，當基督徒查看那呈現在他面前的聲音、宣告與故事的範圍，第一個提出的問題，是關乎這個故事的相容性(compatibility)與符應性(correspondence)。

這帶領我們來到第二個原因，為甚麼那些參與神學任務的人，會感到必須尋找一個融貫的與整合的講述，全面處理事情，即是説，這裏涉及基督教的故事自身，含有的某些關鍵元素，要求這樣的舉動。這其中主要的是如下的事實：基督徒所講的上帝，並非部族的或地域的神明，而是「創天造地的上主」。是以，祂不單關心宗教小圈子的屬靈生活，也關心祂整個受造物的每一方面。因此我們不能限制祂，或是把祂劃分為星期日崇拜及日常靈修的上帝。祂不會被這樣的方式所限制，祂已經在祂所創造的世界之中工作，從所有物理物質(physical matter)的亞原子(subatomic)構成要素，到最為精巧的社羣、智力與靈性的活動與過程。如果每一存在的事物，其存在都只在於其跟上帝祂那持續的創造性與維繫性動力有關，那麼很清楚，我們一定要明白，祂是如何跟我們所經歷和認識的實在的
195 不同層面，關連起來。可以説，在我們講到祂的創造物的任何

部分時，必須在故事之中為祂留下空間，把福音的上帝，連繫到我們所認識與所講述的世界。

然後，第三，創造論本身強化對如下觀點的委身：在根本上，實在是統一的，確信「起初，上帝創造天地，〔……〕上帝看〔……〕是好的」，會引導我們合理地期望，我們是棲居於一個物質的與道德的與靈性／精神的宇宙（universe），而非多重宇宙（multiverse），事實上，在我們的思想之外是存在著「客觀的實在」，讓我們去認識的，而這客觀的實在，顯現為一種全面的融貫性與秩序性，能夠被探索、繪畫與描述。我們不能夠證明這是實情，但是對上帝作為創造者的基督教信仰形式，卻帶來這樣的信念。

當然，實在是高度複雜的。實在的任何一方面，都可以以許多不同的方式來接近及描述，每一方面都涉及實在的分層存在（stratified existence），以及其中每一獨特的層次。但是當我們退後一步來觀看，這種複雜性揭示了整個統一體。珀金霍恩（John Polkinghorne）例示了這一點，非常有幫助，他寫道：「實在是多層次的統一體（multi-layered unity）。我能夠把另一個人理解為：一堆原子的集合體、智人（*homo sapiens*）的一個樣本、一個美的對象、某人的需要值得我關注及憐憫、一個基督為之而死的弟兄。這一切都是真的，所有的東西都奧祕地共存於同一個人之內。」[4] 因此我們可以看見，在此我們不需要在眾多權威的聲音所提供對事物的講述之中，選取其一：物理學、化學、生物學、社會學、人類學與神學。他們所講述的故事，在這情況下，並非互相爭競，而是彼此互補，各自處理同一實在的某一獨特面向。

那麼，如果實在的確是一個統一的與融貫的整體，我們就應該期望：在原則上，可能對整體提供一個統一的與融貫的講述；在其中不同的學科與進路，對整個拼圖提供不同的片塊。

換句話說，在某一程度上，我們的神學的、生物學的、社會學的與其他的故事，代表某一種對事物恰當的描述，因而我們可以合法地期望，把每一學科所提供的部分圖畫，終極地聚合與整合起來。因此，基督教這樣的確信，催使我們追求某些這樣的聚合，看看我們哪些特殊片塊的拼圖，與科學家、歷史學
196 家、藝術家、社會學家，以及任何宣稱提供某些洞見或途徑可以加強我們對那共有的人類實在的理解，他們所提供的最可靠與最完全的講述，是否可以彼此整合起來、如何整合起來。透過恆常審查與篩選與重組的過程，我們從這些材料之中，逐漸建立起一幅我們藉此而生活的整合圖畫。我們的拼圖的準確形貌與細節，每日都會變動，正如每日湧到我們眼前的新近數據與解釋，而當我們要整合這些新材料，或許會以之取代其他（現在看來）較不滿意的片塊。

‧ 認真地投標 ‧

第四個原因，要尋求把基督教的福音，整合至其他我們所相信及知道的事物，跟傳統所講的「護教學」（apologetics）有關。護教學這個名稱，是指嘗試把福音舉薦給那些非基督徒，方法是說服他們：福音是「合理的」（reasonable），只要我們以信徒與非信徒所共同分享的判斷準則或標準來量度，或是訴諸大家都可以同樣獲取的證據，就可以了。這樣的進路在教會之中，很多時都受歡迎，而在啟蒙運動的宣教浪潮底下，更是從來不曾如此受歡迎過：中性與普遍的核實方法是可以獲得的。在大量的神學文獻之中，宣稱相信上帝的存在、道成肉身、三一、赦罪等等，這些宣稱與其他講法比較的話，是「合理的」，但這些宣稱和有些信念是全然非理性的，其數量同樣是那麼多的！一旦承認並不存在全球都信服的標準：甚麼是合理的

甚麼是不合理的，這整個觀看事物的進路，看來就開始站不住腳了。[5]

但是，這並非意味著，沒有方法，以一種更廣闊的融貫性與符應性，來向其他人（他們具有人類的理解所共有的元素）推薦基督教的故事。這裏還有一種可能，我們可稱之為「軟性的」護教學（soft apologetics）。這樣的進路，不會要想強逼未信者，以智性扳手腕比賽，來決定是否承認福音的真實性/真相，但是只會指向下述可以辨認的聚合與符應，即在基督教的故事內容，與時下其他講述這個世界的權威聲音之間的聚合與符應，彼此之間作出辨認。我們對這樣的舉動很可能出現的結果，不應懷有不切實際的期望。或許這會使人對基督教的故事，作為一種以前不曾出現的宗教的選項，生起某些意識或興趣，但是這個故事本身，卻不怎麼能説服任何人相信它的真實性/真理。無論如何，這樣的限制，不會使得演練整個護教是浪 197
費時間的。簡單來説，基督教的故事（以及我們這些活出這故事的人），更多時候是會被注意的，而我們的聲音也會在市集地方被聽見，如果一方面我們被看見：認真地介入其他人向我們所説的；另一方面我們被看見：尋求在合適的時候跟其他人所説的，整合自己的故事。我曾經提出，這任務事實是可能的，基督徒有責任在任何層次上追求這整合，他們個人地涉入實在的不同層次，是合適的。例如，出色的科學家如珀金霍恩的工作，顯示出這樣的整合可以達至極高的理解水平。

然而，困境並非來自神學的與科學的（或其他）故事，可能出現的聚合與互補，而是在於：基督教的故事與當代看法的聲音，所具有的元素可能出現的衝突與紛爭。我曾經提出，宣教士其中一項重要的任務，是不單辨認類比與等值，以便使用別人熟悉的故事，來傳遞基督教的故事，也要確認基督教故事的「不可翻譯性」（untranslatabilities）與不等值（inequivalencies），就是在那些熟悉的故事之中，找不到基督教故事相應的面向，或許只找到衝突的地方。當然，這同樣可以應用在我們自己當代西方的處境之中。當我們嘗試把基督教的故事，跟屬於這個處境的故事整合起來，我們很快會遇到這樣的不可翻譯性與不等值，冒犯、醜聞與衝突的場合。當這種事情發生時，我們應該如何細心處理？那時我們的護教關注，會變得怎樣？我們整合的責任，在哪裏開始在哪裏終結？並且這責任跟基督教的故事本身，如何連上關係？這些問題，我們在下一章將會討論。

註釋：

1. 羅馬書一章 16 節。
2. MacIntyre, A., *Whose Justice? Whose Rationality?* (Duckworth 1988), p.355.
3. Newbigin, L., *Foolishness to the Greeks* (SPCK 1986), p.3.
4. Polkinghorne, J., *One World* (SPCK 1986), p.97.
5. 樸萊克（William Placher）在他的作品 *Unapologetic Theology* (Westminster / John Knox 1989)，對這問題提供了很有助益的處理。

10.
整合與改革

> 無論神學背負了其環境多少印記，基督教神學必須記得，當它真的活著與敏銳，就不單順從其時間與空間的文化與概念的架構，並且也再生與改革它，有時更是以相當嚴厲的方式來進行。
>
> 馬斯科爾（Eric Mascall）

我曾經講述，在神學任務之中，涉及基督徒心懷二意，同時向兩個方向張望，處理兩份有別的議程與兩組責任。首先也是最重要的是，他對基督教的傳統自身，要負起責任，對傳統講到與上帝相關的人類存在的故事，要負起責任。他被呼召向其他人翻譯與傳遞的，正是這故事，要明明白白宣講這福音的見證，也要嘗試更廣泛地在日常生活的每一個層面，遵從這個故事的形貌與方向，把故事在現在的基督徒羣體中間延展下去，藉此而同時「講述」這個故事。

但是這個首要的責任，已經在基督徒的另一責任之中涉及了，這就是當我們接收這故事時，嘗試把它與智性的與文化的處境整合（integrate）起來。在這些處境之中，他必須講述這故事，顯出它跟那些有道理的結構」(plausibility structure)——塑造那更為廣闊的人類羣體其思考與生活——的基本成分，如何關連起來，而他是這羣體的一分子。紐畢真(Lesslie Newbigin)曾經描述這為：嘗試在福音與文化之間帶來並完成豐富的「宣教的互動」，這過程有時被稱為：基督教故事的**處境化**(contextualization)。

那麼，處境化真正涉及的，是延伸整合的任務，而至整個智性的與行為的前方；探索基督教的故事，與那些在別的羣體與處境之中所講述與活出的故事，可以織造一起的可能範圍與方法。這任務之中的基督教故事，其自身的內容與形式，至少
199 原則上，要向嚴肅的檢視開放，並且在面對改革的挑戰與可能性時，變得脆弱。當我們向新的方式思考事物與觀看事物，敞開自己，無可避免地改變我們對基督教福音的理解與呈現，問題只是：這是怎麼樣的改變？這改變意涵著甚麼？換句話說，處境化這個任務，在其中基督教傳統的身分與延續性，總是存在風險的。因此，重要的是，某些慎重的問題要提出來，就是如何處理指引改變與發展的方向這一責任的問題。

我想在這一章思考與回應一個進路，這進路在現代有著十分可觀的影響，但是我會提出，它冒險讓基督教的故事實際上解體，因而喪失其身分與整全(integrity)。

·　使福音相關？　·

我腦海裏的進路，通常它自己選擇形容自己為「自由的」(liberal)，我曾經質疑過這個名稱的恰當性，但是因著缺乏任何便利的選項，這也是可以借用的。凡杜森(H. P. van Dusen)的講法值得再次引用，他寫道：「自由神學的核心智性動機，是讓基督教的信仰，對於理智的、博學的與誠實心智的每一相繼

的年代來說，是可理解的與**可信靠的**（credible），全面的與**有說服力的**（convincing）。」[1] 現在，這嚴格來說意指甚麼？其所描述的工作，涉及甚麼樣的事情在內？使得基督教的故事可理解——把故事形構得足以讓人們能夠把握它要說的是甚麼——是一件事。但是，宣稱使得這故事對「理智的、博學的與誠實的」人，認為是**可信靠的**與**有說服力的**，嚴格地又是指甚麼？要回答這問題，我們立即要轉向考慮這類型的一個特殊例子。其中最一貫與最具說服力的倡議者是懷爾斯，他是牛津大學神道學的前任欽定教授（Regius Professor）。在一連串的作品之中，懷爾斯教授對神學活動的性質作出了探索，在他看來，這活動嘗試形構基督教的故事的形貌，因為它要在現代被講述出來。

懷爾斯在他其中一本著作的標題中指出，基督教的神學必定要恆常地再造（remade）。[2] 神學家不能簡單地滿足於由以
前世代所塑造的那一種信仰表達，只被昨天的問題與關心所導 200
引，一如以前那些無可避免的形構。反而應該是，「在教義上，我們的關心應該是此時此地的（here and now）」，因為「不同文化的與哲學的情況，要求對基督教信仰作不同的理解與形構」。[3] 正如我們已經講過，傳統必須恆常重新翻譯以及與轉變中的智性處境整合。事實上，在這方面靜止不動是後退的，而教會是被要求從事宣教工作的，因而這種倒退是不可接受的。但是，翻譯的意象是細心選擇出來的，因為它盛載了如下的意思：要以某些與過去所講的延續，但是又可以辨認的，來對今日說話，這就是轉述同一訊號、傳遞同一精髓的信息。所有翻譯都需要「講述其他的」（saying other than），以及「講述相同的」（saying the same），但是我的看法是，忠誠地進行這工作，斷裂性並不會遮蔽反而會促進溝通那基本的信息，這信息已經由一個年代與處境，傳遞至另一個年代與處境之中。懷爾斯自己那再造傳統的困難是，它明顯地不是全然翻譯基督教的故事，

斷裂性全然遮蔽了留下來的延續性。我會認為，這裏的原因，在於他們實行的整合過程。

懷爾斯催促當代的神學家，需要面對事實：他所生產的，必須在本質上是時代的，而「我們也不願意我們所作的任何決定，束縛著將來，如同我們不願意被過去束縛。對當下足夠（sufficient unto the day）正是此中的難題」。[4] 某個意義來說，這已經夠真的了，這已經涉及了預備面對傳統之中的改變與發展的可能性了。但是在懷爾斯的手裏，這句陳述尚有更為根本的含義在內。在這裏它指到願意（事實上是策略的必要性），這願意是指神學家要全然鬆開他對信仰的委身與基督教傳統的權威聲音。他確認基督教神學家，必定事實上是一個信仰的人，但太多信仰的結果會是神學青光眼，而真正的需要是，在批判地跟傳統保持距離的亮光底下，試驗與測試信仰的信條。[5] 那
201 麼，神學家就要再造傳統，首先依據的是他從那優越的「超然」（detached）有利位置（vantage point）來進行，並委身於這再造的傳統，以及一切其形貌與內容所具有的含義。

那麼，從這一講法來看，神學就不是內在於基督教的傳統來踐行了，而是安全地在傳統以外的地方來踐行，其宣稱與踐行可以更可靠或更滿意地受到評估。神學家就像板球愛好者，他們會在下午時懶洋洋地享受陽光，收聽電台對試賽的評述，儘管如此，有時卻覺得有需要急急走進幽暗的客廳打開電視機，為的只是要親身看看**真實**（really）發生的事情。這裏的認定是：一個人所講的故事，需要被其他更全面與值得信賴的版本，來支持或核實。那麼，在這裏，懷爾斯看來是擁抱啟蒙運動的偏見，對抗傳統與權威，而其推斷是：批判活動不能在一個智性或信仰傳統之內來進行，只能以超然抽離的方式，才可以滿意地完成，我在第九章已經挑戰這些認定，因此無須在這裏重覆。結果是，懷爾斯所提出的再造基督教的傳統，的確

是持續的工作，但卻不必然是延續的。批判的工作必須由每一新一代重新再造；而因為這工作是抽離傳統自己以及其所提供的視角來進行，所以教會由一個年代向另外一個年代講述的故事，就由當前處境的看法來作有效的決定，而可以在內容以及形式上跟傳統完全相異。因此，懷爾斯承認身分或延續性元素很難界定，這更類似於從一完全新的角度觀看事物（事實上，顯現的事物可能看來很不同），而不是把某一語言與生活方式的故事或信息，翻譯成另一語言與生活方式。[6]

當懷爾斯並不心存啟蒙運動樂觀的宣稱：描繪一絕對或最終的視角，並由此而判定我們知識的真與假，但他的進路卻又清楚地根植於如下的認定：當代看法所提供的觀看事物的角度，是我們可以取得的最好的了，並且是最可靠的量器，讓我們可以測試基督教的信念與踐行的真實性／真理與切實可行性。如果這樣，接著的是，基督教的故事與這有道理的結構的整合，應該是其中之一方有效地順應另一方（提供更為可靠的）。懷爾斯為這工作，列出了兩個基本目標。第一個目標是融貫性（coherence），以保證「我們在不同時間為不同目的而作出的不 202
同確定斷言，是彼此一致的」，或者，正如我們曾經說過，我們可以講述一個統一的與融貫的故事。但是，當懷爾斯堅持，原則上追求這樣的融貫性，其判準（criteria）必不能預先設定，實際上，他自己的神學思考所得出的結果，提議——根據一個評論員的說話來講——要作出決定，「不惜任何代價，把基督教神學跟當前的智性看法，相互一致」。[7] 同一作者繼續寫道，因此，「他對教會的傳統所採取的激進／徹底主義，是跟他所活在的世俗工業文化具有的信念與價值所採取的完全的順從主義（conformism），相互攜手的」。[8]

・ 別的福音？ ・

公平地講，順從主義並不十分完整，懷爾斯的第二個神學目標，是他所描述的經濟原則，他的意思是，要預備把「證據要求我們說甚麼與證據並非不容許我們說的東西」，分別開來，[9] 然而選擇只委身自己於前者。當然，問題中的「證據」，是由現代性的「超然」看法所承認與解釋的。因此，懷爾斯自己在這個基礎上再造基督教故事，是一個並沒有絕對清理的基礎，在其上，傳統之中某些核心主題的可能性，被嚴肅地對待（這些主題包括：耶穌的身分乃成人的上帝，祂從死裏復活從某意義來說是超越了一般歷史的延續性的一次特殊事件，上帝在祂的兒子的歷史中使得客觀的救贖歷史發生了而藉此萬物都不再好像從前了，等等）。無論如何，他自己對證據的考量，卻並不**要求**他把故事中的這些事情包括在內，而跟現代性整合而成一融貫的一籃子，很清楚故事會因著這些事情的消失，而變得相當流暢。明顯地，「證據」的確要求懷爾斯維持對「上帝」的相信，以之為他所講述的故事的主角之一，至少在此我們可以找到，其跟基督教傳統有一微弱殘餘的延續性；但是這「上帝」已經從其恰當的敍事脈絡之中，割離出來，而現在這環繞著「上帝」而織造的故事，跟原本的故事，已經沒有甚麼相似的地方了。

我們知道，上帝作為受造物存有／本性（being）的終極根源，為其提供了雄厚根基，但是沒有以特殊方式進入受造物之
203 中，或在其中行動。祂跟世界聯繫，但是沒有親自臨在其中，或至少沒有讓我們注意到。因此，沒有位格的顯現、沒有神蹟、沒有回答請求的祈禱——至少沒有以傳統對事情的理解那樣來工作。事實上，上帝不過是歷史與自然過程中的一位享有特權的觀眾，祂跟祂的世界與祂的子民的「關係」，只是在最低限度的意義來說的，而祂的缺席我們幾乎不曾注意到。如果祂

離開體育館，遊戲會毫不受阻地繼續下去。很清楚，這一切遠離書卷故事（biblical story）的創造主——祂狂熱地關懷祂受造物的景況與前途，祂非常關懷以至祂終極地踏上自我獻上的使命之上，藉著最可能的方式跟世界關連以至救贖它，祂親自成為受造物並承受苦難與羞恥與罪過，這一切本來都是我們應當承受的，但祂卻為我們拿走了。但是，那時那些第一個講述這故事的人，與那些忠實地翻譯、解釋與保留這個故事一個世紀又一個世紀的人（他們有些甚至付上自己的生命），並沒有現代世俗文化所提供的視角這一有利條件，作為工具衡量其可信性。

馬斯科爾對懷爾斯的進路及其成果，作出的最後判斷是嚴厲的，他寫道：「懷爾斯博士的去除超自然化（desupernaturalized）版本的基督教，在其中所發生的事情，在本質上跟任何其他事情沒有甚麼分別，留下給我們的，既不是為之生也不是為之死的信仰，它取代一個活著的救主的，卻是最模糊的、流動的，與主觀的抽象概念。」[10]

・去除大使命？・

當然，基督教的故事一定要批判地評估，正如我反覆在本書所斷言的。但是懷爾斯推薦的進路，實際上等於甘願放棄基督教的傳統所提供的，非批判地偏好另一進路——現代性——所提供的。他從基督教的認信之中，把自己抽離出來，但卻願意擁抱並倚靠另一組偏見，調度這些偏見作為工具，而回來掌握與改革那養育他的傳統。這是一個整合基督教故事的進路，因此，在其中，那同樣的故事，隨著現代性的喜惡、其時尚與潮流，在重建面前變得完全脆弱。無論怎樣思考，對於一個羣體被呼召「去使人作門徒」，這是很奇怪的進路。當我們對那據說是我們所認信的故事，明顯地缺乏自信心或信靠；並且一旦 204

感到有反對、異議或衝突時，則只願意**成為**（become）門徒而非去使人作門徒，這種奇怪就彰顯出來了。在他們所提出的這個進路之中，內含著好些相當重要的難題。

．誰的故事？．

首先，我們要提到，處理我們接收到的信息或福音的手法，就是視之為商品，任由羣體自行處理。在貫徹「批判地抽離」權威的政策上，我們最多時候是，跟信仰上的先祖他們各自的世代提供的東西，保持距離。因此，我們樂意把傳到我們手上的基督教故事，置於當代合理性的準則的判斷底下，這看來也不過是，對某些關乎實在（reality）的形貌的人類確信或傳統，表明了對其鍾愛，是勝過另一些確信或傳統。在這樣的情況下，選取更為可靠的或被啟蒙的羣組的見證，看來是完全合理的。如果我們認定（如懷爾斯實際所作的，而不只是原則上的），我們文化所提供最新的關於事情的圖畫，是更為可靠的，勝於任何人類可知的，那麼，我們如果寧選書卷作者（biblical writers）「初始」（primitive）看法的見證，以及由教父、中世紀、文藝復興與其他解釋者，所提供但已經過時的實在的看法，就是在智性上失職了。

然而，在這種興奮而衝動地擁抱啟蒙運動的果實時，總是容易損失的是：任何嚴肅地對啟示範疇的估算，換句話說，就是宣稱上帝已經透過某些決定性的位格性行動與推動，來向人類說話（而——某意義來說是被感動——繼後產生以聖經的形式對此作見證），並且透過持續地感動閱讀及解釋權威的文本，來跟今日的信仰羣體繼續說話。在這個意義之下，如果有些在教會之外的東西，已經並且現在被賜給教會，啟示雖然是透過有血有肉的歷史實在而被傳遞，但仍不只是人對世界對我們所活在的處境，作出反思而已，卻是來自上帝的道與靈的闖入，超越並且甚至擾亂與挑戰我們那掌握和理解事情的自然能力；那麼我們必須考慮，在這個我們所處理與翻譯的故事之中與背 205
後，遠不只是純粹人的權威。確信這的確如此（而這確信是基督教故事內在固有的傳統形式，並且事實上，故事自身是環繞這中心的），看來至少建議以一更為謹慎與辨別的態度，對待教會的神學遺產，以及基督教的信仰與理解所隱含的權威，而不像懷爾斯的神學那樣子。

當然，我們必須留心把事情弄得比它們的本來面目，更為直接明瞭。廉價地訴諸神聖啟示，是很容易的，但要分析一個不簡化的神學模型，並用它來做事，則相當不容易。確信上帝已經讓祂自己給人類認識，並且確信基督教的故事，在某方面乃這自我啟示的活動的產品，肯定不會免除我們批判地反思這故事，或把這故事與我們對事情更寬闊的理解作出整合的責任。或許，如果我們能夠辨認（identify）清楚某些明確的成文或口傳的存留，是神聖所提供的智慧或資料，我們被呼召而為教會，無論任何代價都要保存它，這會變得省事。在這樣的情況下，神學責任，可能總的來說，是處理「啟示」，它好像無價的古董或藝術寶藏，假定這古董或藝術品被封存於智性的聖殿之中，遠離那在世界（以及其不斷發展與改變的人類理解）之中的破壞景況。我們不追求跟其他知識資源整合，而應把啟示隔離，並高舉勝過其他知識資源，確信其在形式與內容上，都是圓滿的，並拒絕承認或考量任何聲音的宣稱，因為這些聲音的宣稱與我們所理解、向我們說話的啟示，互相衝突。在我看來，這是傳統主義與聖經基要主義，以不同方式所犯的基本錯誤。這是取得才幹但埋葬才幹，沒有因著上帝國度的要求，而作智性上的投資。

但是，若我們把這指向耶穌比喻的引喻（allusion），進一步延伸，跟我們在懷爾斯那裏發現的自由主義作對比，會合理地控訴其喪失了那一度被給予，但因著不明智的智性投資而失掉的智性，這種情況已經長久如此，因為它容許自己被主導的世俗文化，所提出的吸引的收購叫價所吞噬，而現在變得一無所有，完全破產。懷爾斯沒有完全忽略啟示的觀念，但他的看法是：因為被啟示的東西來到我們面前，是在與透過（in and
206 through）肉身的、文本的，與其他日常的此世現象的中介，而達成的，那麼，這樣的啟示所涉及的真理與價值，就不能逃得過要被置於評估的測試與判斷之下，而這些測試與判斷，是應用在我們日常所經驗的世界之上的。宣稱啟示不能夠被拆解後，還剩甚麼零七碎八，可以收拾起來，足夠以歷史的及科學的核實詞項（verifiable terms）來講述；宣稱上帝一旦在與透過自然事件與現象，讓自己為人所認識，那麼啟示的東西就超越經驗上可以獲取的，只讓信仰的眼睛看見卻對其他人隱藏起來。這些宣稱對懷爾斯來說，像潘寧博一樣，是要公開拒絕的。[11] 他看來是想望或要求，所涉及的啟示其內容與真理，應該對公共所接受的核實模態（modes of verification）來說，是脆弱的，在原則上，它啟示的東西，沒有一樣不在人類這種努力或那種努力下，已經是發現了的。

對此要作回應，可以有很多東西要說，但是足以回應的，只需觀察教會。她在上帝有血有肉的位置之中，辨認祂的智慧與能力；對於世界來說，這只是羞恥、羞辱與愚拙，但教會的表現，卻表示了對懷爾斯的不認同。在被釘十字架的耶穌這個人物身上，尋找啟示的上帝，我們不能逃避歷史的與文本的，並其他模態的批判思考的迫切要求，但是某些有別於此的東西，必須進入方程式之中，某些他們不能轉述、解釋，或核實的東西。上帝必須言說。祂必須讓祂自己被認識。多個世紀以來，書卷作者（biblical writers）與基督徒男女所一貫見證的，正是上帝言說，而他們的神學的樣貌，就按著他們順服地回應他們相信那是上帝對他們的言說，而被規限。未能充分考慮或講述這神聖的言說，以致認為來到我們中間的神聖言說其所透過受造的媒體，無異於其他東西，就是在實在面前未能履行道德的責任。

・「時代勢利」的危險・

自由進路的第二個難題的面向，是其對魯益師（C. S. Lewis）所講的「時代的勢利」（chronological snobbery）的敏感。這是廣被持守的想法：今天西方文化為才智之士所認識的或所相信的任何事物，當然較昨天所知與所信的，對人類來說是更
好的或更真的或更有益的，更不用說兩千年前或更久遠的，那 207
時基督教的故事開始在形貌上與內容上，獲取其獨特性。因此就有主張，認為負責任的基督教，應經常把其信仰條款（articles of faith；或譯信條），帶到當代理解的尺度面前，尋求一種智性上的「舊車性能檢測」（MOT test），這檢測是設計用來檢視有哪一部分看來有點用舊了與需要替換。這看法，即時間的通道，帶來了人類的理解與生活的方式，無可避免的進步，看來包含著危險的但又彌漫著的假像。

當然，我們不能對特別近幾個世紀，人類對自己世界的理解並與自己世界的接觸，所取得的真正進步，視而不見。舉例來說，在科學與科技上的發展，現在已可以使得長途旅行，只花幾個小時，與這個星球另一邊的人，可以即時溝通。小家電有助我們家居的保暖、照明與清潔，給我們大多數人正常標準的舒適與利便，是前代人所不曾想過的。在醫藥的領域亦然，不可否認的是，在上個世紀（譯按：指十九世紀）這方面取得的主要進步，增加了我們保存與延長生命的能力，疾病以前可以

迅速使得人衰弱與死亡，今日卻可能被治愈，或其病徵得到舒緩與受到控制。那些我們尚未能夠治愈的，則仍在不斷的研究與探究之中，而專家向我們保證，在突破來到之前，這只是時間問題。誰能在這些與許多其他的事例之中，否定我們現在擁有的知識與技能，較我們的先祖更勝一籌？

當然，我們在這些領域之內的知識，較之前的好這事實，跟其為現代西方知識這事實，沒有甚麼關係，而在於跟所關涉的諸種實在的真相，有更為密切的關係。即是說，現代西方人，已經發展出諸多方法，與物質的自然實在打交道，使得我們可以更為深入及更有效地處理其性質與能力與潛質，更勝於以前或其他介入自然的方式。我們不再去見普通科醫生，而期望他開出水蛭處方，從血液之中吮吸疾病與病痛。今日的醫生較十六世紀的先祖，知道更多人體與其運作方式，能夠為我們提供一連串的藥物與診治，更為對應我們身體的實況，因此，
208 對我們更為合適。醫生處方診治的成功，指出了他們在現代科學羣體所得到的訓練與學徒學習，為他們提供了一更為滿意的視角去處理人類健康，並且提供了更好的工具與技能用來醫治人的身體，這一切都勝過亞馬遜森林（Amazon jungle）的部族巫醫，或十六世紀的水蛭治療法。

換句話說，我們的經驗帶領我們相信，現代醫藥整體來説是較好地掌握人類身體的真相，是其他各種另類的看待與接觸人體的方式所不及的。但是，在其他有關實在的方面，明顯地並不是同樣真確的。近來在我們社會中某些「另類治療」迅速發展與明顯取得成功（我們可以注意到，當中許多並非現代或西方的，而是來自其他社會世代以前的古老智慧）。這個例子就告訴我們，即便是現代西方醫藥，也不可以道盡了整個故事的，還有更多是這個故事所講以外可能涉及的人類健康與其維繫的事情。而關於科技，一方面，現在我們可以很有能力，在我們的

世界之中也跟世界一起，做許多事情；另一方卻十分清楚，這樣的結果對人的幸福與生活素質，遠非一律有利的。對物質世界的具體細節的了解，有長足的進展的同時，我們面對新的困局，這關乎到應該如何處理這些知識，與生活質素下降的可能性，或甚至毀掉生命自身！即便我們嘗試為了自己，而使得生活更愉悦與更有趣味，但是跟前現代社會的文化與藝術與社羣休閒活動比較，幾乎講不上是真正與毫無疑問的進步。

我嘗試要指出的要點是：相對地明顯的，只因為我們的社會在認識上帝的世界的實在的某些方面，有真正的進展而得益，並不因此而可以説，在每一領域都有相類似的進步。這就有很好的理由，懷疑某些領域的進步與豐富，跟其他領域之中的退化與貧瘠，不相上下，或許，至少這涉及非物質的世界。對人類存在的精神方向敏鋭與意識（awareness），或是對人類生命的目的與價值等問題敏鋭與意識，都是可以合理地論證：現代性在這些領域內，已經喪失其方向或對事情的掌握，而其他較少把心智物質化的文化的宿主，可能更適合對事情的位置，提供説明。在我們社會中出現的新紀元運動（New Age 209
movements），就其矚目的與包羅萬有的「精神性」供應——這是從多個世紀與大洲的文化編織而成的——反映了如下的事實：現代西方文化留給其子孫的，是一個叫他們不滿、在精神上軟弱無力的故事；這故事講的是，這個世界與在這個世界之內的人類存在的事情。

對於教會來説，這是羞恥的，因為她差不多沒有甚麼，可以貢獻出來填補這空檔，這種情況之所以出現，正正是因為她以如下兩種方式當中的任何一種方式——都是同樣沒有結果的，去回應現代性的世俗主義：退到停滯不前的傳統主義，這是拒絕嚴肅地介入翻譯與整合的工作之中，認為人類的理解從書卷的（biblical）與中世紀的時代到如今，都沒有改變，而堅持以同樣的方式講述故事；或是屈從時代的勢利，把福音打造成適合世俗的人類，但坦白地說，對於那些不滿足於實在只是由原子在真空中編織在一起，而要在此之外尋找與實在相遇的人來説，這是毫無用處的。這些人要的是一個講述，可以把他們的生活，置放於一個意義與目的與價值的架構之內，這架構提供的，不只是對生命的機械描述，而是道德描述；這架構是以責任的行動與實行來講述的，而不僅是展示物質的/物理的（physical）過程；這架構使得他們隱含的意識：他們同時是自然秩序的一部分但又在某意義上不同於這自然秩序，得以清楚明白；這架構把他們個別的故事，置定於某些更闊大的故事的脈絡與邊界之中。他們想要知道的是，在他們與上帝之間事情是怎樣的。

當基督教對其呼召忠心時，就只講述這樣的一個故事。基督教不是惟一的傳統可以這樣做，而是它有一個故事要講述。在講述這故事之中，其所提供的視角所具有的謹慎的真實性/真理宣稱，並非來自目光狹窄的傳統主義，也不是來自那實際上一籃子屈從的文化的智性趨勢，自由主義常被垢病即在於此。後者迷戀地嘗試針對那些被認為是「今日理智男女」的需要與要求，打造合適的福音。事實上，這樣的後果正好相反。

· 福音作為牀邊的故事？ ·

因此，這個整合進路的第三個難題，是關乎如下的宣
210 稱：這使得基督教的信仰跟當代的男女更相關。事實上，相反的情況才是真的。説服現代性的宿主，基督教是有道理的（plausible），意思是：它並不跟他們已經相信的，有任何矛盾或衝突，這只會使得他們確信這是多餘的，並因而把基督教看成是無須理會，或只是包容的對象，而非值得聆聽。正如富希

士的描述，嘗試「把福音掏空以填滿教會」，並不有效。這並不叫人驚訝，真的沒有效。因為如果書卷故事（biblical story）自身每一處都是清楚的，那麼在講述這故事時，其基本元素就會總是引起反對與不安，這故事不是寫來強化或美化人類對自身處於上帝之下的景況所作的習慣性思考，而正正是挑戰並改變這些思考的方式。福音是呼召悔改的。在耶穌的日子如是，在我們自己今日的日子仍然如是。換句話説，這故事的相關性，正正在於：它對我們的思考與行為作最徹底的挑戰；而想要系統地根除或貶低這挑戰，只會使其更不相關而非更為相關。

我的孩子，像大多數其他孩子，享受睡前跟他們閱讀故事。然而，今日許多兒童書籍的特性，在其出版過程之中，間中會出現某些仔細的審查與編輯，慎重地略過那些引起惡夢而非促使甜睡的細節或描繪！我的妻子和我現在都精於削減這些令人討厭的或令人不安的元素，並理順因而出現的空隙，而在被人發現之前，製造一個合理的敍事流程。當然，這有時就意味著，我們所講的故事的內容與甚至結構，跟原本的有相當分別。坦白地説，這對我們的良心沒有任何負擔，更為重要的是，我們無須在凌晨二時起來，處理孩子的驚恐與不安，這些驚恐與不安，是由於接觸了某些意念或意象——設計用來擾亂他們熟悉的與安舒的世界的安全感——而引起的。然而，講述基督教的故事，不能這樣子。告訴人家，他們已經知道或聽過的事情，總是要求他們，以不同的方式來看他們在世的處境，因而要與某些論及他們自己又使他們不舒服或許甚至不安的宣稱較量，永遠算不得甚麼。最重要的是，任何進路，若只提供 211
給當代男女一個沒有冒犯的故事的講述，這裏跳過一段那裏跳過一個令人不悦的意象，以致他們可以在自己先前信念與委身的熟悉與安全世界之中，平靜地安頓下來，那麼就沒有盡上了傳遞這挑戰的責任了。後果就是缺乏資源復興與轉化文化，這是真正整合福音與文化所需要的（紐畢真稱之為宣教的相遇）。

· 今日，誰是平均智商的人？ ·
（並且他們相信甚麼？）

這自由神學的策略還有另一個難題，就是以當代文化的準則來衡量福音，但當代文化自身卻不曾講述一個一致的或融貫的故事！

在我們「後現代」處境之中的自然科學，其中一個獨特的特徵就是，至少，關於這些自然科學合法的研究與公告領域，不同的科學家所講的故事，他們達至結論的方法，大都是顯著地一致的。科學的同業公會對待其異端，並不如我們今日基督教教會傾向的那樣仁慈！但是後現代性（postmodernity）一般並非如此。雖然科學在我們的智性處境之中是主流聲音，但是它其實是名副其實的巴別的諸種聲音中的其中一種，大聲地在知識信念與意見交易的市場之中，要求我們注意與效忠，而在這個市場之中，基督徒必須透過買賣，來打造一個有關生命的整合的與融貫的看法與進路。在我們社會之中的這個市場，其最大特色，就是任何可以找到的一種智性產品，都有多樣的不同牌子。在任何特殊領域之內——政治、經濟、倫理、歷史、社會科學、宗教、藝術或甚麼的——我們找到的，並非方法與結論的基本共識，所講述的，是使人混亂並且看來是亂糟糟的多樣雜合故事。在這刺耳的嘈雜聲之中，我們被邀請在投標一幅事情的融貫圖畫之中去選擇、消化、挪用與拒絕。

對於全然的後現代的多元主義者來說，這智性的混亂，是某些可以樂在其中的情境，而建立一幅事情的全面圖畫的任務，不過是一個整合的過程，隨意挑選又混合零星物品，好抓住你的注意與騷著你的癢處。沒有絕對，沒有真與假，沒有對與錯，只有不同看事物與做事情的方式，跟著我們被邀請停下來，去嘗嘗自助餐所提供的每一道菜餚，以美食聚寶盆內的極不相同的味道，來滿足我們的味蕾。

然而，我們大都不滿足於擁抱如此令人困惑的進路去接觸事物，而想要總合起來而成一幅圖畫，在當中我們對世界所經歷的不同面向，都以包容的態度來連貫起來，但事實仍然是，我們以這方式建立起來的圖畫，是非常多樣的，不只是一個「宏大敍事」(grand narrative)，把其他故事合理地織造進去；有許多故事，是由「今日的理智男女」所織造的結果，但彼此可以是大有差異的。那麼，這會把我們引領到確認：訴諸「現代男女能夠合理地被期望相信些甚麼」，但這只是假裝，實際上乃是：訴諸「我(及其他恰巧跟我的想法一樣)能夠合理地被期望相信些甚麼」。混淆了這兩件事，並假定「沒有任何一個理智的人，可以合理地對待信念，除了我所持有的信念」，是違反事情的實況(因為非常多理智的人這樣做)，以及對某類「公共」知識作出隱默的宣稱，這「公共」知識我們曾經仔細考量，拒絕視之為磷火(will-o'-the-wisp)。被算為「合理地」，乃在於誰人提問。

因此，自由神學家像我們其他人，必須面對這樣的事實：我們所有的真理宣稱，是來自那誠然是較少優勢、但無可避免的信仰與個人的委身的立場。就在這裏，在智性的市場裏，我們參與負責任的買賣任務，賣出我們手上擁有的，以獲取我們缺乏的，使我們可以有意義地跟實在的所有多樣性打交道，對質素與粗製濫造的產品作出判斷，向其他人推介我們自己的貨品，真正的相信我們有優質的產品供應。在這樣的確信(conviction)之中，我們不會以之來跟別的其他廉宜的品牌交換，也不會要求獲取那些在基本上跟自己貨品不相容的東西。缺乏這確信，我們或許最好收拾自己的貨攤，因為沒有人會由於售貨員喋喋不休的説服，而購買一些對他們的需要來說，是多餘的貨品。

213
· 持久雜質的重要性 ·

在福音與處境之間那豐富的宣教相遇之中，整合雙方都會有付出也有得著，一方面是我們智性處境所提供的對實在的真正洞見，要求教會重新考量，其對上帝創造性及救贖性地介入祂的世界的理解；另一方面是我們福音所提供的：對實在的真正洞見，挑戰我們的處境再思與修正某些虛假的態度與認定。因此，馬斯科爾提醒我們：「無論神學背負了其環境多少印記，基督教神學必須記得，當她真的活著與敏鋭，就不單順從其時間與空間的文化與概念的架構，並且**也再生與改革它，有時更是以相當嚴厲的方式來進行**。」[12] 這是一個過程，透過信仰的批判活動，基督教的傳統與我們文化的傳統，都被改革與重新核定。

擁抱這公開的雙邊進路，在其中神學容忍的，並非這巨細無遺的基督教故事的霸權，也不是當代文化的霸權，而是要考慮傳統主義與自由主義，兩者都迴避的一個重要的特質。我們不能忽略福音故事歷史的特殊性質，這在我們所接受的書卷文本（biblical text）中就已經存在的。即是説，福音故事來到我們跟前，是穿著跟我們這個時代所想所説、在許多方面完全不同的思考方式與表達模式的，即便當我們嘗試把它們翻成現代英文，也逃避不了這分別。

今日英國街上一個平常人，大概很少能即時明白書卷的意念（biblical notions），例如彌賽亞身分、獻祭（sacrifice）、悔改，而這些是聖經所講的故事情節的中心所在。基督教福音有許多元素，即便對昔日首先聽聞的人來説，也是奇異的，因為耶穌這個人與祂的信息，強行闖入新的與不安的領域，拒絕完全切合祂那時的猶太人宗教文化所提供的範疇，而因此轉化猶

太教，以實現其先知式的盼望。換句話説，在某些方面，這故
事總是「奇異的」。它永遠不會與「那時候人們」大多對事情的
看法相一致。但是，我們也不能忽略如下的事實：我們自己的 214
處境與書卷作者（biblical authors）的處境之間的空隙，並非一
道我們嚷著可能跨不過的鴻溝，因為這空隙事實上是由各個年
代的基督徒羣體，不斷嘗試翻譯故事、解釋及剖析其意義，來
搭橋連接起來的。即便在我們自己的文化之中，也有需要以言
以行保存與弄清楚彌賽亞、獻祭與其他意象的意義，並且加入
這個羣體，是要或多或少被提供一種解釋，跟那些舊約與新約
已然記載其經驗與理解的人物，有直接的接觸。但是聖經的奇
異性這事實，仍然存在，而我們必須嚴肅地與之博鬥。

傳統主義者的聖經主義，以不同的方式回應以下兩者之差異：「書卷的」（biblical）思考方式，以及那些表徵著我們現代或後現代處境中的思考方式，其方法是不惜任何代價，在所有情況下高舉前者。這是很大膽的講法，但是我不認為在廣義上的聖經學者的神學的策略上，它使我們失望。換句話説，如果的確有一種可以辨認的「書卷的」思考方式（即是，如果我們能夠辨認作者對某些事物的看法，或是他所講述的故事其中一個角色的看法），那麼這在所有情況下肯定遠勝我們自己社會眾多聲音所提供的另類選擇。是以（採取一個許多人可能覺得極端與微不足道的例子，但是正因如此剛好可以用來講出要點），保羅對教會中的婦女蒙頭的看法，被某些人視為具有同等的啟示分量與含義，一如他對耶穌的死與復活的了解，而必須把這個觀點在二十世紀末，加進基督教對生活的看法之中。較不極端而廣被認同的是，接受他對婦女在教會中的地位的看法，或他對人類性別的看法。當然，保羅對這些與別的事情的想法，在許多方面都直接反映他作為活在一世紀的小亞細亞的一個虔誠的猶太人，所具有的歷史的與社會的位置。無疑，他的思想在許多

方面越過特殊的處境，但是也反映了其特殊的處境。因此，聖經學者的策略嘗試要高舉「書卷的」文化（或那些在聖經中反映及啟示的元素）過於我們的文化，特別在其甚為重要的認定、踐行與看法上這樣做。事實上，這已正是把自由主義的年代勢利（chronological snobbery）顛倒過來，假定書卷的思考與行為方式，始終如一地優勝過任何書卷之外的另類選項。

215 然而，最簡要的反思就指出，這是站不住腳的。這非常遠離如下事實：書卷文件（biblical documents）所反映的文化背景，其自身就並非一致的，而是相當多樣的，各種不同的文件由各樣不同的時間、地方與環境之中生發出來，不可能讓我們只從一世紀的猶太人或基督徒的眼睛來看世界，而忽略或否定人類的理解，自書卷寫成以來已經從後趕上來，有長足的見識與改變。聖經學者布特曼（Rudolf Bultmann）臭名昭著的提議是：「不可能使用電燈與利用現代醫藥與外科手術的發現，而同時又相信新約世界的鬼魔與精靈。」[13] 布特曼的結論不必然是負面的，這事實沒有否證他的基本論點：即是，我們不能住在現代世界並利用其科技的好處，而同時又忽略或隨意拒絕現代性向我們提供那意義重大的一大塊，只因為這些東西明顯地跟書卷作者觀看事情的方式，十分不同。我們必須誠實地提問。例如，是否書卷作者訴諸邪靈的活動，事實上就較現代科學以精神失常或癲癇，更好一些，而這些詞項都是書卷時代找不到的。承認這類問題的合法性、面對整合任務的責任，就決不預設布特曼的答案。事實上，對這樣特殊的事例，有很好的理由認為，科學的講述與（更直率來說）「神話」（mythology）的講述，兩者同時可以攜手對應各別的描述層次。

當然，布特曼的進路，是自由主義偏見的經典例子：贊同現代。當確認基督教故事的歷史的與文化的特殊性，一如聖經所講的，自由主義通常的結論是：這故事受到歷史的與文化

的約束與限制，因此很大部分跟我們很不同的處境，是不相關
的。舉例來説，保羅對婦女、性別、基督死亡的含義等看法，
都是過去的，因為保羅是那時的人，處在過去的地方，我們不
能合理地期望把過去的看法，跟我們這些身處很不同且智性上
優越的文化環境的人，有任何關聯或相關的地方。為了處理這
意識到的難題，自由主義神學家經常從那可廢棄的文化特殊形
式的基督教故事之中，提煉出某些可被保留而為普遍地相關的
倫理或宗教原則。但是辨認這「純粹福音」的任務，確實是困難 216
的。尋找「基督教的本質」的喊叫，其所產生的結果，數量與形
色之多，就如參與其中的人那樣子，而大多數都形迹可疑，跟
十九世紀或二十世紀神學家最好的意見一樣，都不可信任，不
是某些上帝跟人類迫切或滿有盼望的溝通。

實情看來是：基督教要講述的故事，其核心即基督教的本質，至少跟書卷故事（biblical story）其用以表達的文化方式，是十分實切地分不開的。換句話説，沒有「純粹的福音」，只有被摩西、以賽亞、瑪拉基、耶穌、保羅與其他人的聖經文化所污染而成的不純粹版本。如果這文化**沒有甚麼東西**關於上帝的創造性與拯救性目的與成就，可以告訴我們，只是由其歷史的與社會的特殊性其中無望的妥協，所產生出來的，那麼我們要面對困難的選擇。我們必須選擇，要不就放棄所有基督教神學的任務，要不就從傷痕重新開始，只從我們特殊的處境之中的權威與聲音開始繪畫，而實際上這是相當於我們之前所講的。我提出的另類選項（而實際上大多數基督徒也是這樣追求的），是要求確認：需要作出細心與重要的判別。我們必須要在書卷敘事（biblical narrative）之中，判別下述兩種元素：一種元素是我們認為對書卷敘事的基本重點與目的更為核心的，這有可能在辨認上挑戰我們的思考，以及向我們啟示那上帝所賜予的語言與概念工具，而可以跟實在打交道；另一種元素是更為外圍周

邊的，就是說故事的特定文化載體或形式，可以被摒棄，或承認可以由其他更為充分的講述與描述取代。這樣子思考，即承認拿撒勒**能夠**出好東西，是正視這樣的看法：上帝自己是在人類歷史中工作的（在建立發展以色列民族的生活之中），塑造一歷史的、文化的與智性的處境，在這處境之中並藉著這處境，祂在耶穌基督這個人身上的最終自我啟示與拯救活動，其意思就得以弄清楚，並可以被理解。跟據這個看法，神學任務涉及每一世代，都需要辨識聖經所講的故事，哪些部分才是屬於持久或恆常元素的範疇，這些元素其有效性或真實性/真理，是超越特殊的時間與空間的，並要求每一世代都將之重新翻譯；而另一方面，哪些元素是要放手而毫無損失，可以換取一些更滿
217 意的思考與行為的方式。保留某種形式的「持久的不純粹」，看來是提供了一合理的延續性的判準，讓基督教的傳統一直可以在不同世紀留傳下來。

那麼，如果教會努力翻譯基督教的故事給現代性的智性處境，並且把這故事與這處境整合起來，是誠實地面對改變與發展的可能性，而在這個過程之中，她自己的傳統無可避免地進行一種謹慎地批判的重新評估與改革，那麼它就不能像懷爾斯提議的那一種一面倒的神學工作，在其中文化決定調子，並要求神學樂於與之跳舞。**真正的**批判的神學，不單批判其自己所繼承的認定與信念，也同樣批判別的認定與信念批判。我會提議，作為一可辨認的基督教神學，它相當地敞開其原初的立場，並堅定地站在基督教傳統所提供的基礎之上，吸收其基本信念與理解事物的方式，並以之作為一架構，去判定其他人另類的、當代的，與牴觸的故事。當衝突出現，要開放地聆聽他人所講的，真誠地考察他們的視角，並在這樣的視角的亮光底下來看事物。一旦這樣做，就要作出判斷，是否有些基督教傳統的元素，需要被修正或再思，或者事實上，這傳統所提供的

視角，其對事物的講述，是否仍然較其他提出的另類視角，更為滿意。

但是，在甚麼基礎上，可以作出這樣負責任的判斷？如果我們拒絕總體性的文化霸權（無論我們自己的或書卷〔Bible〕的），如果啟蒙運動那種訴諸普遍的測試來決定真與善的做法，叫我們失望，而如果我們不願意擁抱後現代主義那種隨意性，以及其「流動的意象與虛構」，[14] 增添已經各式各樣的碎片化與非理性的信念與踐行，那麼仍然沒有回答這問題。這些充滿欠缺的策略，在認識上每一個都躲開實踐個人的責任。那麼，一個負責任的整合過程，是怎樣進行的？

註釋： 218

1. van Dusen, H. P., *The Vindication of Liberal Theology* (Scribners 1963), p.27；另類字體為筆者所強調的。
2. Wiles, M., *The Remaking of Christian Doctrine* (SCM Press 1974).
3. Wiles, *The Remaking of Christian Doctrine*, pp.2, 7.
4. Wiles, *The Remaking of Christian Doctrine*. p.2.
5. 見 Wiles, M., *What Is Theology?* (Oxford University Press 1976), pp.7～10。
6. 見 Wiles, *The Remaking of Christian Doctrine*. p.7。
7. Mascall, E. L., *Theology and the Gospel of Christ* (SPCK 1977), p.38.
8. Mascall, *Theology and the Gospel of Christ*, p.39.
9. Wiles, *The Remaking of Christian Doctrine*, p.18.
10. Mascall, *Theology and the Gospel of Christ*, p.41.
11. 見 Wiles, *The Remaking of Christian Doctrine*, pp.23～24。
12. Mascall, *Theology and the Gospel of Christ*, p.45；另類字體為筆者所強調的。
13. 刊於 Bartsch, H. W., ed., *Kerygma and Myth*, vol. 1 (SPCK 1964), p.5。
14. Cupitt, D., *Creation Out of Nothing* (SCM Press 1990), p.77.

11.

冒著實在的風險

沒有思考的信仰是空洞的，沒有信仰的思考是盲目的。[1]

在這最後一章之中，我想重拾上一章結束時懸而未決的問題。對這個問題的回答，將會提供一個上佳的機會，重述整本書討論過程中某些討論過的關鍵要點，並把當中某些尚未交代的東西了結。

・ 辨認我們的身分 ・

我曾經論證，真正的批判的基督教神學（critical Christian theology），是要牢固地植根於信仰的傳統，但又透過與新的知識來源、新的看事物的方向，批判地反思與互動，使得該傳統作無可避免與必然的改革開放。故事必須向新的人羣聽眾重述，信息必須翻譯成新的智性與文化語言。活潑的話語（Word），必須再次成肉身。

但是批判的神學，同樣要批判地對待其他聲音所提出的看法，根據基督教故事自身所提供的標準與判準（criteria），來對它們作出最初的判定。它肯定不會選取變色龍的方法，改變膚色以便可以在新的環境之中不被發現，或是調整它所講的故事，以致跟流行的看法吻合。福音的相關性（relevance），是我們被委託並被呼召傳遞給其他人的一部分，而關鍵正正在於其抗菌預防針與先知式挑戰：針對許多人所接受並熟悉的故事，就是那些人們告訴他們有關這個世界與他們住在其中的處境的故事。我們可以說，基督教的故事，並不單只是恆常改革的對象，並且它自身也是改革的有力施事者／行動者（agent），具有影響的潛質，可以轉化任何以及每一文化的與概念的架構。上帝所堅持的愚拙，無疑是令人難堪的，挑戰人類的智慧。成肉
220 身的話語，並不化成不能感知的背景，而是創造了醜聞，宣稱上帝的國度臨近，催促我們悔改。因此，神學家不能只是屈從於他那時代的社會與智性壓力，成為一個宗教上的「惟命是從的人」，只講述他那政治的與智性的主子能夠承受的說話。就像舊約先知，以及這些先知所指向那來臨中的一位，神學家必須經常冒著被輕視與辱罵的風險，向那些固執的人羣宣講一個叫人不安與難以接受的信息。這是現時代神學家太容易忘記的真理。

無論如何，批判的神學（跟封閉的與自我消費的唯信主義或基要主義相反）經常敞開，聆聽與學習其他聲音所講述的，並改革它所講述的故事，而與這些聲音相一致——**當它判斷這是必要或恰當的**。這意味著神學家必須經常在追求講述一個融貫的與整合的（integrated）故事時，要作出艱難的判斷。甚麼時候傳統應被改革與重組，與新的洞見和知識相一致？甚麼時候它可以行使尖銳的與潛在轉化的角色，從羣眾之中站出來，提供另類觀看事物的方法？甚麼時候我們應該彈性、順著風向的改變？在甚麼的議題上面，我們應該堅穩地站立、為社會作光作鹽，驅走黑暗與腐爛？這裏交關的議題，是跟使徒傳統的連續性。在翻譯信息的工作上，改變多少才是合法的與必要的？

甚麼時候它會完全變異成另一信息？知道會戰死在哪些溝渠，辨認哪些是「持續的不純粹」，而要在每一新的處境之中保存並以有意義的詞項轉述？這些都是那些參與塑造一個批判的並當代的基督教神學，所需要面對的判斷。這些判斷在甚麼基礎上面，來作出的呢？

・　揭開底牌　・

回答上述的問題，同時是簡單的也是高度艱難的。無論如何，我們必須擁抱這問題，並提出：神學家終極地被呼召要做的，是判斷哪些沖上後現代性的智性岸邊的碎片與雜物，可以對事物之本來面目，提供甚麼真實的講述。即是說，哪些聲音是講述真理的，而哪些聲音則相反地提供虛假的故事、一個最 221
終要被判定為無用或不可靠的視角，不能以之作為立場而與在我們手指觸及的界限「之外存在」的東西交往？同樣，基督教的故事哪一部分，對跟實在打交道而又成果豐碩的，是關鍵的？哪些部分，只是另一年代的智性設施，置換新的也沒有損失？

最終來說，只有一種方式測試任何陳述（statement）、故事，或思考事物的方式其真或假，這就是其跟我們所感知的實在的形貌，有多相應符合。可以說，我們要其揭開底牌，把一切都置於測試之中，把手上的東西擺出來，並對這些東西進行測試。我們可能不會吃太多布丁蛋糕，如果之前我們有足夠關於其好處的顯示，以致我們可以決定擁護或毫不理會這東西。因此，如果有人告訴我隔壁房間火燒得很猛烈，我會在未離開大廈之前，先決定查核一下他們所報告的真相，我大概會親自走到隔壁房間的門前看看。如果我沒有看見火，也沒有嗅到煙，我可能確定這報告是虛假的，而繼續我原先的工作。我們不能夠經常核實人們所作的宣稱，或他們相當直接地講述的這些故事，但是廣義來說，我們查探它們的真與假，會涉及它們（譯按：指故事）跟我們經歷真實世界的方式，是否明顯相一致，以及聯結至它們打開了更為豐富地對待世界的方式所具有的價值。

在這樣的意義底下，神學，我們可以恰當地描述為一種「實在主義者」的事業。即是說，最終所關心的就是「探索與順從事物之本來面目」，[2] 所關心的，就是給予一個相信是真實的描述——描述我們所居住的世界的環境。它有一個它相信是真的故事，那是一個講述上帝與其世界的故事。即是說，這故事跟基督徒的生命經歷的形貌與這生命演出的舞台，以及這故事所講的那種對受造與非受造實在的經歷，相互一致。因此，神學家想嘗試整合基督教的故事，是跟其他對事物所作的「真實」講述，整合一起。他要辨認可靠與富有成效的視角，來接觸那在神學範圍以外的上帝的世界其各種面貌，並由此而可以跟他的神學故事，富有成效地織造成一個融貫的敍事，講述事物的面貌。他渴望一個融貫的故事，能忠實地反映上帝所創造的融貫
222 性。因此，他關心的並非只是這敍事的融貫性，而是其作為一個對事物的講述其恰當性，這講述使我們延展自己而至世界，並有意義地與其多方面的實在打交道。

讀者若從開始時，一直跟隨本書的論證，就可以發現他們在這個關節上徘徊：這直接訴諸實在，並以經驗為路徑通往實在，豈不跟較早前的章節對客觀主義的批判相符。我曾經論證：我們對事物的經歷，以及我們對這些經歷作出的報導，永遠不能直接辨認為「事物之本來面目」。我們只能在我們現時所站之地，對那向我們顯現或彰顯的實在，作出描述。對某些擁有一種不同的肉身或智性的視角的人來說，事物可能看來十分不同。他們對事物的經歷會有異，他們提出的報導、所講的故事，跟著也會有異。我們永遠不能逃避這樣的處境。無論我

們選擇站在哪裏，無論我們改變自己位置多少次，我們總是從某一視角或另一視角來接觸事物的。因此，我們沒有天賦的能力，以「事物之本來面目」，來跟某人對事物之講述作比較。我們只能以其他可能的觀點所看到事物之樣貌，來跟其比較，這些其他可能的觀點，也包括我們自己的觀點。換句話說，「真理」並不以任何直接的或即時的方式，可以為我們獲得。那麼，難道這不是破壞如下的建議：神學家應藉著探究那由別處向他呈現出來的故事或聲音的真或假，從而應付整合的任務？答案是：不。

・追求對事物的最佳看法・

如下的事實：真理並不以任何直接的或絕對的方式而可以獲取，並不表示我們不可以追求真理，或是我們完全不能掌握真理。知悉我們的知識無可避免是由某些視角或別些視角來傳遞，並不會自動引致叫人絕望的結論：在回答真理的問題上，所有觀點都同樣有用——並且因而都同樣沒有用。放棄客觀主義與其尋找確定性的惡運，無須引致我們進到特雷西所討人歡喜的描述：「一種羅傑斯（Will Rogers）的多元主義：在這裏神學家永遠不會遇上一個他們不喜歡的立場」。[3] 某些立場的確較其他立場，對事物提供更佳的看法。某些進路的確較其他進路，更能引領我們有成效地跟實在打交道。因此，相信在我們之外，確實有某些東西要被我們認識、相信確實有真理可以掌 223
握，但是無論如何得確認我們那特殊的觀點，正正是：無論我們怎樣努力尋找，「從無立足處觀看」是不能獲得的，我們的關注是要肯定：**我們所站之地，是提供最佳看法的地方**。我們物色物質的、概念的或語言的工具與方法，用來提供優秀的與最令人滿意的途徑，延伸我們至世界並與之交往，因而越過了我們的特殊視角，但是仍然安穩地置定於這個視角之內。

因此，無論我們尋求的知識是甚麼，我們恆常關注的，總是爭取最佳的可能看法，或是最有幫助可以與事物打交道的工具與方法。來到這裏，我們可能發現自己被帶引至要考量及比較眾多不同的可能另類選項，嘗試從其他而非自己的觀點來看事物，同情地聆聽其他報導與其他故事，嘗試不同進路與工具。然而，一旦我們辨認出某個視角看來可以提供最有利的立場，我們將委身於這視角，信靠它可以為我們促進更多我們對實在的論述與理解，並且推許那提供給我們的有關事情的報告，是我們可以獲取的最真實的講述。我們不會因為任何其他觀點，而準備放棄或交換這一視角，這是因為實在對我們的要求，使得我們受到道德責任所規限。因著確信我們所發現的視角或進路，其所具有的真正優越性，我們以普遍的意含（universal intent）注入其中，宣稱其為真理，不只是「對我們」來說，更是「對所有人」來說；我們渴望邀請其他人來分享我們的看法，而基礎是「你可以從這裏得到事物較佳的看法」。我們不能證明其為如此，但是我們熱切地相信其為如此，而我們邀請其他人測試這視角，希望這真理可以抓住他們，一如其在我們自己之外抓住我們那樣。

這種思考方式，包含一個重要的特色，就是沒有犯上：它相繼引至客觀主義與相對主義，進入相生、同等但相反的錯誤。一方面，我們確認事物在任何時間與空間，以及對每一個人與羣體，都是真的。即是說，實在是合理性的，它具有一種秩序結構，在許多方面不會因著時間與空間的轉移而改變。這些事物是真的，並且離開我們對它們的認識，仍是真的。但
224 是，另一方面，我們得承認，實在可以在這意義上，提供某些固定的指涉點（point of reference），而我們對其認識引入了變化的視角與觀點。可以說，在這個意義上，知識是交易之產

品，這交易發生在下面兩者之間：受造秩序的普遍性，與我們個人觀點（無論是肉身的、智性的，以及其他的）的不可約化的特殊性。因此，我們所知的，永遠不只是「事物之本來面目」，而是從某一特殊立場與事物打交道的結果。某些立場較其他立場，對事物提供更佳的看法。未能作出這種分別，會引致客觀主義者，把他們特殊的視角，跟實在自身那持久的真理，混淆起來；而相對主義則會從視角的明顯變動，而得出結論：真理自身從某一時間空間的，變動至另一時間空間的。

因此，那種可以合法地地被宣稱為「對事物可以獲得的最佳看法」的真理，永遠不是絕對的確定性，或是在實在自身與我們的報告之間的一一對應關係——這是啟蒙運動所打造出來的。頂多我們能夠說的是，我們相信我們已經辨認了一個較其他時下認識又已在手的立場，更為真實的或更為成效豐富的立場。我們必須經常面對如下的可能性：存在或發現某些更好的或更令人滿意的看法。事實上，因為我們對工具與技能的操控，成了每一人類認知行為不可分割的一部分，並且永遠不會完美，所以我們必須承認，所有我們的成果內在地是可糾正的、經常冒著失敗的風險，並且因而無可避免地，將會最終達至某些觀看事物的更為優勝的方式。正是這個確認——拒絕把實在自身，跟我們對實在最好的也最忠實的報導，混淆起來，並且接受人類最好的知識產品，也只是暫時的——這標誌著這種「批判實在主義」（critical realism）的特色，而這我已在本書提倡給讀者。

然而，帶著這個關鍵的條件，對於追求整合任務的神學家來說，也就同時是可能與合理的，方法是藉著對那些向我們呈現其自己需要被考量的聲音，扣問其是真是假。神學家可能對其他學科缺乏專門知識及訓練，但是他必須對這些學科有足夠的認識，以致可以採納他們所提供的觀點、聆聽他們要講述的故事，然後按照神學家自己在上帝世界之中對生命的寬廣經驗，來作出某些判斷。如果他所聽見的與看見的，看來與他的經驗相一致，或是那些觀點提出了一條看來成果豐碩的路徑，
225 可以對世界的某些方面，有更深入層次的理解，那麼，他將會對這些觀點採取同情的態度。某程度來説，看來是實在自身抓緊他，並透過他選取這立場，來向他揭示它自己，即是説，他會判定這立場所提供的講述為真的，並且這講述將被整合進他整個有關事物的圖畫之中。他所作的判斷，可能經常被證明為是錯誤的，而他整合的結果，也可能在這情況下而為錯誤的。這就是實在主義的本性了。它一貫地涉及風險，並因而涉及伴隨而來的個人要為結果當付的責任。按其性質來説，作為相信與盼望而非確定或失望的活動，它總是想要越過即便是最好的先前努力，總是渴求並願意修正與改善它所講述的故事，當實在作用在這個活動之上。

・ 危機與皈依 ・

有些時候，向其他人所講的故事敞開自己，可能引起麥金太爾所講的：在傳統的生命中（或者，我們可以設想是對傳統的追隨者）出現的「知識論危機」（epistemological crisis）。換句話説，這個時候接受了某些東西，作為我們傳統的核心的與重要的組成部分，而傳統所講的故事（並非邊緣的）則被質疑，因為某些另類對事物的講述，看來更為叫人滿意或可信。在這樣的情況底下，我們被迫認為我們繼承的傳統基本上有所不足，並想要修正其所提供的事物視象（visions），以符合我們從別處學到的東西。這樣叫人難受的調整，組成了發展過程的重要部分。這些調整是智性「成長的痛苦」，無可避免地，是伴隨著思考與察看事物方式逐漸成熟這進程而出現的，而這樣子，傳統

自身最終是可以從其中有所得益而非受到傷害的。這些調整，磨利與再調校這個傳統所講的故事，使其與實在自身的結構更為一致。

這方面一個重要的例子是，十九世紀中葉教會所遇到的危機：關於人類起源，與我們星球的史前歷史的新假說與新發現的湧現。這些最終迫使教會重新考量其對某些書卷文本無法挽回的破壞（如某些人所推測的），卻促使鑑定這教義的合法範 226
圍，與教會聖經遺產那重要部分的性質。這同時是一種新的欣賞方法，在其中科學與信仰的故事並非互相競爭，而事實上是豐富地互相補足。但當時的危機確是痛苦的，不足為外人道。

然而，在某些極端的情況之中，知識論危機的性質可能其結果是遠比上述的更為徹底的；而其難受——遠非被視為在時間中成長的痛苦——實際上乃預告整個傳統（或至少是我們對傳統的個人效忠）死亡的劇痛。當某些傳統其真正不可約化的面向、某些故事情節的基本脈絡的延續身分乃關鍵的，被顯示為是假的（即是，被認為較某些對事物的另類及不相容的講述，是不那麼足夠的或智性上不那麼令人滿意的），那麼就可能決定放棄整個傳統，並擁抱某些另類想法。

這樣徹底地改變我們觀看事物的方式、跟別的方式交換基本的委身與前設，是人們在宗教「皈依」經驗之中明顯地發生的事情。某些在他們對事物的看法之中所具有的基本元素，出現了危機，他們被迫要放棄先前許多的委身，而結果擁抱一個新的與徹底不同的對實在的視角。當然，基督徒宣講福音，正正是希望發生這樣的事情，他們渴求（並非建基於部族的忠誠，而是在於他們對基督教的故事，投放了普遍的意含）人們會聆聽故事，並發現自己被拖拉進這故事所提供的架構之中，而當這故事所見證的實在，抓緊他們並讓它自己被認識，就把他們置於道德責任之下。他們像科學家，對自然世界有了某些新的與叫人興奮的發現，一旦他們看見了，就不會否認它，也不會把這新知識收藏不公開，反之很渴望與其他人分享，希望他們也從中得益。

因此，把自己置身於宣講福音信息之中，發掘基督徒教會所講和所活出的故事，是冒著與一個活著的上帝真正相遇的風險，這相遇可能相當猛烈地改變事情，至少，基督徒會如此聲稱。但是基督徒必須面對如下的事實：真正願意嚴肅地跟現代
227 性（modernity）與後現代性（postmodernity）的聲音打交道，必然在原則上涉及同樣的風險，即是，我們自己會被迫進入某些同樣的危機之中。活的傳統真正關心的是，要發現並提供一個恰當的真理的講述，而非只保存其所承繼的生活方式與思想方式——沒有一個這樣的傳統，能夠避免實在對其要求時所出現的脆弱。這就是令人難受的真理，一切的神學涉入，就在這亮光底下來進行。因此，藉著嚴肅地聆聽其他提出來的講述，而與實在交涉，潛在地是一件危險的事情。我們可能正好發現自己被迫要改變自己的心智！

・跟仍然微小的實在聲音對話・

惟一讓自己遠離這風險的方法是，以某種方式躲避實在。相對主義與客觀主義兩者在這方面同樣成功，只是以十分不同的方式而已。相對主義拒絕承認跟實在真正接觸的可能性，或是拒絕承認有可能知道我們或其他人曾經這樣做。因此，它自由地按其心意徘徊、無拘無束地與消遙自在的，從一個觀點走到另一個觀點，而無須委身自己於任何事物，或者，索性留在家裏，把自己限定於粉飾與保護所繼承的，不受任何外在要求的修正、發展或整合所擾亂。同時，客觀主義創造自己的實在。它確信它所看見的、觸摸的、嘗到的，就是「事實」，它覺

得無須再看遠一點、考量任何另類觀點。它盲目地把其自己的特殊視角，跟「事物之真實情況」混同起來，它使得自己對實在的宣稱不受影響；但是實在仍然是跟其視角截然不同的。知識論的危機這事實，把這兩種進路叫停。在這裏，偶然地，某些事物闖入了熟悉又已接受的領域，並打擾我們，某些事物拒絕符合我們傳統所提供的現成範疇，某些事物還找不到地方安置。這事物就是實在，靜靜地提醒我們它的臨在，我們既不能假裝不見，也不能以為已經把它乾淨地確切理解了。

麥金太爾把傳統定義為：

> 一個論證，穿延時間，期間某些基本的一致看法，以 228
> 兩類的衝突矛盾來定義與再定義：一種是在傳統之外的批評者與敵人，他們拒絕這些基本一致看法的所有或至少關鍵部分，另一種是內在的、解釋的論辯，透過這些論辯，基本的一致看法其意義與理據得以表達，並藉這進展而建立起一個傳統。[4]

我們可以用不那麼理智的詞項，來講述事情，就是傳統是在時間中的**對話**（dialogue）：當這個傳統之內的遺產，恆常地再解釋與被傳遞，這對話就是內在於傳統自身；此外，對話也跟那些站在別的傳統講述別的故事的人進行。這樣的對話，可能會以分歧與衝突的形式出現，但是當不同傳統的面向被發現是互為補足與相融的時候，也可以令大家互相豐富、彼此啟發。然而，以這一章到此為止的重點來講，我們必須進一步提出另外一點：對話最終並非與傳統進行——無論是自身的還是其他的——而是與實在自身；當我們要繪畫出實在的地形，並交出一個我們發現實在的忠誠報導，棲居於傳統之內（以及其他傳統那些部分），最能使得我們可以以這種方式，把我們自己延伸進入世界。

因此，神學是並且必須經常進行這種對話。我們不單只講述我們自己的故事，更應預備聆聽並在原則上學習其他人所講述的故事，無論是科學的、政治的、理學的、歷史的、其他宗教的，或甚麼的故事。我們不這樣做，是因為我們對自己的傳統的真理不確定，因而參與一趟妄想探究更佳真理的旅程。剛剛相反，正是因為我們對傳統的真理充滿信心，我們想望跟其他人分享我們的故事，把它們暴露於傳統的真理面前，並把傳統跟其他人的故事可能交付出來的真理，互相整合而成富有成果的綜合。再一次，我們仍然更為委身於真理，而我們拒絕以任何簡單及傲慢的方式，把這一方的內容弄錯而為另一方的內容。

・ 當上帝在教會現身 ・

那麼，跟實在對話，在基督教的傳統自身之中，是如何發生的？即是說，基督教故事所講的實在，是怎樣被知道的，當
229 然，這正是我們需要重新介紹啟示這主題的原因。在無聲的或非位格（impersonal）的實在的情況之中，發動認識關係的責任，完全落在認知者的肩頭上，但當我們所認識的對象（object）是位格的（personal），這對象就同時是這一關係的主體（subject）了，祂必須給出自己讓人認識祂。基督教傳統正是如此宣稱，並為基督教神學必需的恰當起點，即認為上帝已經以這種方式並繼續如此，讓祂自己被認識。那麼，可以在哪裏與如何認識祂？

對這問題有許多部分要回答，方能完全，而我們必須滿足於對某些較為顯明的所作出的簡潔講述。上帝是在與透過（in and through）我們對信仰羣體之中某些歷史的與受造的現象所

作的專注，而被認識的。或許閱讀與解釋聖經，在這些專注活動之中是首要的，而我們早已經給予這種活動相當的關注。還有祈禱，在祈禱之中，我們祈求上帝臨在我們當中，向我們啟示祂自己。如果上帝只在祂所選擇的時間，向我們啟示祂自己，那麼很明顯這請求指明了，這祈禱作出了一次誠懇的與謙卑的嘗試，即是，站在上帝跟前（under-stand God），是重要到不得了的，即是，把自己的心智、意志與表達的方式，都置於祂在我們中間的自我啟示之中，而被這啟示所塑造。富士希很好地概述這事情。他告訴我們，祈禱是神學家所作的第一手研究，就如科學家所作的。就因為祈禱，我們就把自己置於與那要被認識的實在相接觸的景況之中。沒有祈禱或是沒有祈禱這請求的神聖活動，基督徒認識上帝的不同媒介，仍會模糊不清。我們的認識終止於教會生活的文本、語言、肉身與其他受造的實在上面。但是當上帝主動讓祂自己被認識，這些媒體就獲取透明的面向，成為工具，而可藉其讓我們延伸自己進至世界，以及抓住（或更恰當的是，被抓住）上帝自己的實在——父、子與聖靈的實在。

與其個別地列出這些媒介，倒不如簡單地指出，非常重要地，整個基督徒羣體——其崇拜、事工，與向廣大人類羣體作見證、嘗試解釋基督教的故事、以其自身在世的生活撰寫這故事的下一章——提供了脈絡、架構、工具與方法，透過這些， 230
上帝的實在可以足以被認識。這是說，過去上帝這樣做，現在上帝這樣做，而我們相信祂在將來也繼續這樣做。在這個基礎上，也只在這個基礎上，我們向其他想要認識上帝與祂跟世界的關係的人，推薦基督教的故事，推薦教會為這個故事（我們盼望）被忠心地解釋與傳遞的地方。我們邀請他們來，並在這個羣體之內觀看事物，住在這個羣體的認定與思考方式之中，參與其禮儀與踐行、根據其所講的故事的情節來活出生命，並且看看這一切所提供的視角，是否讓他們真的與故事所指向的實在接觸。我們不能保證他們會找到這實在。那責任不在我們，而在我們所講的故事的主角，我們可以請求祂活動，但是卻永遠不能強逼祂活動，我們可以信靠祂的恩典，但是卻永遠不能利用祂的恩典。我們所作的，只是對祂過去所作的作順服的見證、講述祂的故事，並引領其他人，去到祂今天我們知道祂仍在其中行動與讓自己被認識的地方之中。無論這知識的媒介會變成透明或仍然模糊不清，無論會或不會被賜下相信，無論是否讓眼睛張開了耳朵開通了，這一切並非也永遠不是由教會的恩賜（gift）所決定的。

・ 沒有思考的信仰是盲目的 ・

我在這裏提出的神學涉入的模式，最要緊的是，嚴肅地正視我們作為思考存在物那不可避免的情境。我曾經提出，神學是信仰尋求理解的活動，但是在這當中，神學跟其他理性活動的分別，只在其特定的對象。其所尋求的知識，是在與透過上帝的兒子耶穌基督來認識上帝。但是「信仰思考」，對於無論甚麼時候人類涉入負責任地追求任何種類的知識來説，是同樣恰當的描述。否則，那些裝假的人不過是愚弄自己。沒有信仰的思考——即是，因為不相信任何東西，反思就沒有任何東西可以反思了——必定無可避免地是空洞的。但是，沒有思考的信仰是盲目的，並且有些時候十分危險。

基督教神學是在羣體之中的信仰思考——在教會的羣體之
231 中發生的批判性反思。我們始於傳統，傳統是我們現在的一部分，是我們在信仰中繼承我們先祖的，是他們在其特殊傳統之中，對世界的看法與生活的樣式，是把聖經中的基督教故事，跟他們那時代的文化與智性處境整合起來的。他們在那從基督復活至世代末了的漫長接力賽之中，把接力棒交給了我們。而我們被呼召不要依附過去，但要重覆進行翻譯與整合與重新發現的複雜工作，這一切都是為了我們自己的世代，好回應世界在我們面前呈現的新智性、道德與踐行的挑戰，並在這個過程之中，把接力棒交給那些在我們之後的人，並傳到將來。堅穩地站在這活的傳統之中，我們在與實在無盡的對話之中被抓住；這實在是永活上帝與祂所創造的世界的實在。這對話是透過熟練地使用工具與資源來進行的，使得我們能夠延伸我們自己進到世界：聖經的文本資源——必須細心解釋；基督徒羣體自身的解釋遺產——多個世紀以來，在智性上、道德上與踐行上，這個羣體的生活方式要弄清楚其意思；以及我們那廣闊處境的資源——充滿使人糊塗的巴別眾聲，要求我們聆聽與弄清楚其意思。

如此定義的神學，並非基督徒可以選擇的活動。無論他們在最技術與精巧層面的參與，或是最基礎與在地層面的參與，神學都是基督徒他們必須向自己説話的工作。嘗試把信仰的故事跟我們居住與經歷生命的廣闊的處境，關連起來，在某意義上，是我們作為基督徒在上帝世界之中，自己的身分與存在的問題所在，也是我們在這個世界之中，見證基督主權的關鍵部分。我們不能夠真的回避不被捲入其中。無論是否存在真正的信仰，某種神學將會繼續往前發展，因為不多不少，神學就是信仰思考的活動。我盼望的是，我們通過這本書的旅程，將對更恰當更常作的神學工作的總的緣由，有所貢獻。

註釋： 232

1. 致謝：改寫自康德。
2. Polkinghorne, J., *One World* (SPCK 1986), p.97.

3. “Defending the Public Character of Theology,” in *The Christian Century* 98 (1981), p.355；引於 Placher, W., *Unapologetic Theology* (Westminister/John Knox 1989), p.17。
4. MacIntyre, A. *Whose Justice? Whose Rationality?* (Duckworth 1988), p.12.

譯跋

二○○三年一月，我開始在香港浸信會神學院任教，除了西方哲學與中國哲學這兩科人文通識科目之外，主要負責的就是基督教神學（神學學士課程）和系統神學（道學碩士課程），當然還有神學碩士課程這方面的研討課。二○○四年春季學期，我接手道學碩士課程的「神學與神學方法」一科。在我此前的學習及教授神學的歲月當中，完全沒有這方面的累積，因此需要從頭打造這個課程。很快我就想起哈特這本 *Faith Thinking*。從此之後修讀這科目的道學碩士一年級學生，只要是我教授的，都要閱讀本書、分組簡報和討論，以及就本書撰寫文章，處理傳統、理性與聖經的關係，並神學知識的本性。

經過幾年的教學，發覺本書在現代與後現代的哲學與文化氛圍之中，提供了一條很值得參考的神學知識道路，讓基督教神學不再受困於客觀主義和多元的相對主義，而可以走第三條批判實在主義的道路。因為這個原因，筆者就想要把本書翻成中文，可惜基道出版社一直取不到版權。後來跟哈特的學生歐力仁博士談起此事，經他聯絡哈特而得以跟此書的出版社商討中文譯本事宜，終於二○一一年取得版權。

因為筆者事忙，所以邀請歐博士合作，一起翻譯此書。筆者負責致謝、第三部及第四部，花了兩個月時間於二〇一三年六月完成初譯。歐博士也在教學行政兩忙之中，於今年二月完成導論、第一部及第二部的譯稿。由於我們兩人的翻譯風格不同，某些術語的翻譯也有分別，所以最後由筆者審定並統一全書用語。在這裏必須指出，歐博士譯文精妙的地方自是出於他的巧手，至於失誤之處則當係出於筆者之劣筆。兩個同在蘇格蘭現在炙手可熱的聖安德烈斯大學取得博士學位的神學院老師，一起合作翻出聖安德烈斯大學老師的神學著作，當係美事一樁。願三一上帝使用這譯本，造福華人教會。

鄧紹光

二〇一五年七月十三日

參考書目

Achtemeier, P. (1980), *The Inspiration of Scripture* (Philadelphia: Westminster Press)

Arendt, H. (1958), *The Human Condition* (Chicago: University of Chicago Press)

Bartsch, H. W., ed. (1964), *Kerygma and Myth*, vol. 1 (London: SPCK)

Barton, J. (1988), *People of the Book?* (London: SPCK)

Berger, P. (1971), *A Rumour of Angels: Modern Society and the Rediscovery of the Supernatural* (Harmondsworth: Penguin Books)

Church of England Doctrine Commission (1976), *Christian Believing* (London: SPCK)

Cupin, D. (1990), *Creation Out of Nothing* (London: SCM Press)

Dampier, W. (1946), *A History of Science and Its Relations with Philosophy and Religion* 3rd edn (Cambridge University Press)

Dulles, A. (1992), *The Craft of Theology* (Dublin: Gill and Macmillan)

Eagleton, T. (1983), *Literary Theory: An Introduction* (Oxford: Basil Blackwell)

Fish, S. (1980), *Is There a Text in* This *Class? The Authority of Interpretive Communities* (Cambridge, MA: Harvard University Press)

Frei, H. (1974), *The Eclipse of Biblical Narrative* (New Haven: Yale University

Press)

Green, G. (1987), *Scriptural Authority and Narrative Interpretation* (Philadelphia: Fortress Press)

Hebblethwaite, B. (1980), *The Problems of Theology* (Cambridge: Cambridge University Press)

Hirsch, E. D. (1976), *Validity in Interpretation* (New Haven: Yale University Press)

Joad, C. E. M. (1936), *Guide to Philosophy* (London: Victor Gollancz)

Klein, W., Blomberg, C., and Hubbard, R. (1993), *Introduction to Biblical Interpretation* (Dallas: Word Books)

Lindbeck, G. (1984), *The Nature of Doctrine* (London: SPCK)

MacIntyre, A. (1988), *Whose Justice? Which Rationality?* (London: Duckworth)

234 Macquarrie, J. (1977), *Principles of Christian Theology* revised edn (London: SCM Press)

Mascall, E. L. (1977), *Theology and the Gospel of Christ* (London: SPCK)

Migliore, D. (1992), *Faith Seeking Understanding* (Carlisle: Paternoster Press)

Mitchell, B. (1990), *How to Play Theological Ping-Pong* (London: Hodder & Stoughton)

idem (1980), "Faith and Reason: A False Antithesis? ," *Religious Studies* 16

Nagel, T. (1986), *The View From Nowhere* (Oxford University Press)

Newbigin, L. (1986), *Foolishness to the Greeks* (London: SPCK)

idem (1989), *The Gospel in a Pluralist Society* (London: SPCK)

idem (1991), *Truth to Tell: The Gospel as Public Truth* (London: SPCK)

Pannenberg, W. (1969), *Revelation as History* (London: Sheed and Ward)

idem (1970), *Basic Questions in Theology* vol. 1 (London: SCM Press)

idem (1971), *Basic Questions in Theology* vol. 2 (London: SCM Press)

Placher, W. (1989), *Unapologetic Theology* (Louisville: Westminster/ John Knox)

Polanyi, M. (1958), *Personal Knowledge* (London: Routledge & Kegan Paul)

Polkinghorne, J. (1986), *One World* (London: SPCK)

Saxbee, J. (1994), *Liberal Evangelism* (London: SPCK)

Steiner, G. (1992), *After Babel* 2nd edn (Oxford University Press)

Thiemann, R. F. (1991), *Constructing a Public Theology: The Church in a Pluralistic Culture* (Louisville: Westminster/ John Knox)

Thompson, J. B., ed (1981), *Hermeneutics and the Human Sciences* (Cambridge University Press)

Tracy, D. (1981), *The Analogical lmagination* (London: SCM Press)

van Dusen, H. P. (1963), *The Vindication of Liberal Theology* (New York: Scribners)

Watson, F. (1994), *Text, Church and World* (Edinburgh: T. & T. Clark)

Wiles, M. (1974), *The Remaking of Christian Doctrine* (London: SCM Press)

idem (1976), *What Is Theology?* (Oxford University Press)

索引的頁碼為英文原書頁碼，而原書頁碼已標於正文兩旁。

索引

八劃

九劃

十劃

十一劃

十八劃

十九劃

二十一劃

二十二劃